SIXIÈME ÉDITON

LES FEMMES DES TUILERIES

LA FRANCE & L'ITALIE

PAR

IMBERT DE SAINT-AMAND

PARIS
LIBRAIRIE DENTU
78, BOULEVARD SAINT-MICHEL, 78

LA FRANCE ET L'ITALIE

(1859)

OUVRAGES DU MÊME AUTEUR

LES FEMMES DE VERSAILLES

I.	La Cour de Louis XIV....................................	3 50
II.	La Cour de Louis XV......................................	3 50
III.	Les Dernières Années de Louis XV................	3 50
IV.	Les Beaux Jours de Marie-Antoinette.............	3 50
V.	La Fin de l'ancien Régime..............................	3 50

LES FEMMES DES TUILERIES

I.	Histoire du Château des Tuileries...................	3 50
II.	Marie-Antoinette aux Tuileries.......................	3 50
III.	Marie-Antoinette et l'Agonie de la Royauté...	3 50
IV.	La Dernière Année de Marie-Antoinette.........	3 50
V.	La Jeunesse de l'Impératrice Joséphine..........	3 50
VI.	La Citoyenne Bonaparte................................	3 50
VII	La Femme du Premier Consul........................	3 50
VIII.	La Cour de l'Impératrice Joséphine................	3 50
IX.	Les Dernières Années de l'Impératrice Joséphine..	3 50
X.	Les Beaux Jours de l'Impératrice Marie-Louise....	3 50
XI.	Marie-Louise et la Décadence de l'Empire.......	3 50
XII.	Marie-Louise et l'Invasion de 1814.................	3 50
XIII.	Marie-Louise, l'Ile d'Elbe et les Cent-Jours....	3 50
XIX.	Marie-Louise et le Duc de Reichstadt.............	3 50
XV.	La Jeunesse de la Duchesse d'Angoulême.......	3 50
XVI.	La Duchesse d'Angoulême et les deux Restaurations.	3 50
XVII.	La Duchesse de Berry et la Cour de Louis XVIII.	3 50
XVIII.	La Duchesse de Berry et la Cour de Charles X....	3 50
XIX.	La Duchesse de Berry et la Révolution de 1830....	3 50
XX.	La Duchesse de Berry et la Vendée................	3 50
XXI.	La Captivité de la Duchesse de Berry.............	3 50
XXII.	Les Dernières Années de la Duchesse de Berry....	3 50
XXIII.	La Jeunesse de la Reine Marie-Amélie...........	3 50
XXIV.	Marie-Amélie et la Cour de Palerme..............	3 50
XXV.	Marie-Amélie au Palais-Royal........................	3 50
XXVI.	Marie-Amélie et la Cour des Tuileries............	3 50
XXVII.	Marie-Amélie et la Duchesse d'Orléans.........	3 50
XXVIII.	Marie-Amélie et l'Apogée du règne de Louis-Philippe.	3 50
XXIX.	Marie-Amélie et la Société Française en 1847.....	3 50
XXX.	La Révolution de 1848...................................	3 50
XXXI.	Les Exils...	3 50
XXXII.	Louis-Napoléon et Mademoiselle de Montijo....	3 50
XXXIII.	Napoléon III et sa Cour.................................	3 50
XXXIV.	La Cour du Second Empire (1856-1858).........	3 50
XXXV.	La France et l'Italie (1859).............................	3 50

Les Femmes de la Cour des derniers Valois...........	3 50
Deux Victimes de la Commune..............................	3 50
Souvenirs (poésies)...	3 50
Portraits des Grandes Dames................................	3 50
Madame de Girardin...	3 50
Histoire du Château des Tuileries illustrée.............	5 00

ÉDITIONS SPÉCIALES DÉDIÉES A LA JEUNESSE

La Cour de Louis XIV..	3 50
La Cour de Louis XV..	3 50
Les Beaux Jours de Marie-Antoinette....................	3 50
La Jeunesse de l'Impératrice Joséphine.................	3 50

EN PRÉPARATION

L'Apogée du Second Empire (1860)......................	3 50

LES FEMMES DES

LA FRANCE

ET

L'ITALIE

(1859)

PAR

IMBERT DE SAINT-AMAND

PARIS
LIBRAIRIE DENTU
78, boulevard Saint-Michel, 78

Tous droits réservés, y compris la Suède et la Norvège

INTRODUCTION

Nous pensons trop à nos malheurs ; nous ne pensons point assez à nos gloires. Hypnotisés par le souvenir de nos désastres, nous perdons de vue les triomphes dont le récit est pourtant plus que toute autre chose de nature à fortifier le sentiment militaire qui est l'espoir et la consolation de la France. Nous nous occupons trop de Sedan et de Metz, pas assez de Sébastopol, de Magenta et de Solférino. Que dirait-on des héritiers du premier Empire s'ils s'obstinaient à ne jamais parler que de Leipzig et de Waterloo? L'utilité de la guerre d'Italie est contestable. Mais ce qui ne l'est pas, c'est l'héroïsme des hommes qui y prirent part. Beaucoup d'entre eux vivent encore. De quel respect ne devrait-on pas les entourer, et avec quel empressement ne devrait-on pas les prier de nous raconter leurs exploits ! Il leur appartient de donner des enseignements utiles à notre jeune armée. Pour bien faire, elle n'aura qu'à les imiter.

Les historiens des guerres du premier Empire sont innombrables. Ceux des guerres du second sont encore très rares. Et cependant il n'y eut peut-être jamais de siège comparable, comme importance, à celui de Sébastopol, et peu de victoires ont été aussi mémorables que celles de Magenta et de Solférino. Je voudrais aujourd'hui faire un court récit de ces deux batailles de géants, tout en étudiant l'ensemble d'une année qui a joué un grand rôle dans les destinées de la France et de l'Italie : 1859. Cette étude rentre dans le cadre de mes précédents travaux, puisqu'une femme des Tuileries, l'impératrice Eugénie, a été régente pendant la guerre. J'étais, à cette époque, attaché à la direction politique du ministère des Affaires étrangères ; et depuis j'ai relu les dépêches écrites avant, pendant et après les hostilités. J'ai pu suivre toutes les fluctuations de l'opinion publique, examiner comment à l'origine les éventualités belliqueuses étaient appréciées à Paris par les différentes classes de la société, noter jour par jour les impressions du public, ses critiques, ses éloges, ses appréhensions et ses joies. J'ai assisté aux *Te Deum*, aux fêtes populaires, à la rentrée triomphale des troupes, et je crois entendre encore le bruit des fanfares et des acclamations.

Aucunes guerres ne se ressemblèrent moins que celles de 1870 et de 1859. Autant l'une fut longue et lamentable, autant l'autre avait été rapide et joyeuse.

Hélas ! elle ne fut que trop brillante. Quelques revers auraient été utiles. Ils auraient évité à la France cette confiance exagérée en elle-même qui fût plus tard une des principales causes de ses malheurs. Si elle avait eu en Italie un mélange de victoires et de défaites au lieu d'une série non interrompue de triomphes, elle aurait reconnu que les effectifs de ses troupes de terre et de mer n'étaient pas suffisants pour lui permettre de jouer le rôle prépondérant auquel elle aspirait dans le monde entier, et elle n'aurait point fait d'opposition à l'Empereur quand il voulait modeler nos institutions militaires sur celles de la Prusse. La guerre d'Italie laissa des souvenirs trop flatteurs pour l'amour-propre national. On s'habitua à ne voir dans les choses militaires que les côtés lumineux, on oublia les côtés sombres, et ce fut à travers le prisme des victoires de 1859 que les hommes de 1870 envisagèrent une lutte disproportionnée. Hélas! elles ont été payées bien cher, nos illusions ! Mais comme elles étaient séduisantes ! Comme elles faisaient battre les cœurs ! La France se complaisait dans sa gloire, comme une belle femme dans son miroir. Elle se persuadait à elle-même qu'elle était la grande nation par excellence, comme Paris était la capitale des capitales. On aurait traité d'alarmiste, de trembleur, quiconque se serait avisé de dire que notre pays n'était pas à jamais invincible. Aujourd'hui, une cruelle expérience a prouvé ce qu'il y avait de fragile dans le décor dont on admirait la splendeur. Mais ce souvenir des jours d'énivrement et d'apothéose a son charme. Les vieillards aiment à se rappeler leur jeunesse, et en hiver on se plaît à évoquer les images radieuses du printemps.

La guerre d'Italie a cela de remarquable, qu'elle met en pleine lumière le caractère de Napoléon III et fait ressortir ses qualités comme ses défauts ; son énergie, sa force de volonté, sa hardiesse, son courage, mais aussi son esprit d'aventures, son imprudence, ses instincts de conspirateur et son tempérament de joueur politique. Tel nous l'avons vu à Strasbourg, à Boulogne et au coup d'Etat, tel nous le retrouvons en 1859, cachant ses desseins même à ses confidents les plus intimes, préparant la guerre comme on organise un complot, bravant avec un flegme imperturbable les dangers les plus grands, se jetant tête baissée dans des entreprises dont personne ne pouvait prévoir les conséquences, ne s'arrêtant devant aucune objection, confiant dans son étoile et jouant le tout pour le tout, en véritable fataliste que rien ne trouble et rien n'effraie.

On a représenté Napoléon III comme un rêveur, un homme indécis, chimérique, soumis à la fluctuation des événements et obéissant aveuglément aux suggestions de ses conseillers. Rien de moins ressemblant que ce portrait. Tant que la maladie n'eût pas brisé ses forces, l'Empereur fût, au contraire, un homme d'action par excellence, ne relevant que de lui-même, et aucun personnage politique n'eut à un plus haut degré l'esprit d'initiative personnelle. Quel prétendant imagina jamais des tentatives aussi hardies que les expéditions de Strasbourg et de Boulogne?

Quel coup d'Etat fut jamais aussi téméraire que celui du Deux-Décembre ? Quelle guerre fut jamais plus mystérieusement préparée et engagée plus imprudemment que la guerre de 1859 ?

Des documents inédits nous permettront de déterminer d'une manière précise l'attitude des diverses puissances dans cette grande crise européenne. Ils montreront les difficultés extraordinaires que l'apôtre des nationalités rencontra non seulement sur les champs de bataille, mais dans les chancelleries, pour pouvoir défendre utilement la cause italienne. Nous verrons qu'il fut à peu près seul en France pour désirer la guerre, qu'il la prépara malgré l'avis de sa femme, de ses ministres, de son gouvernement, du Sénat, du Corps Législatif, de l'opinion publique, que, par son adresse, il parvint à donner à l'empereur d'Autriche le rôle de l'agresseur, tandis qu'en réalité, l'agresseur véritable était le roi Victor-Emmanuel ; qu'en Italie il cessa, malgré ses victoires, d'être le maître des événements ; qu'il fut forcé de s'arrêter après Solférino, et que la Russie ne l'aurait pas défendu contre l'Allemagne qui se levait tout entière ; qu'il désira sincèrement l'établissement d'une Confédération italienne, mais qu'il ne trouva personne pour appuyer sérieusement cette combinaison ; enfin que ce fut malgré lui, et après de nombreuses hésitations, qu'il fut conduit à adopter une politique dont la conséquence devait être l'unité italienne, et, après l'unité italienne, l'unité allemande.

Sans doute l'Empereur n'a réussi qu'imparfaitement dans sa tâche. Mais, malgré bien des déceptions, l'on ne peut s'empêcher de reconnaître que sans lui Milan et Venise seraient encore sous la domination autrichienne, et l'on ne saurait nier ce qu'il y avait de chevaleresque dans sa politique. Elle était la négation de la maxime : la force prime le droit. Elle proclamait la faculté que les peuples devaient avoir de disposer de leur sort. Elle préconisait la marche en avant du progrès et de la civilisation. Depuis sa chute, d'autres idées ont prévalu. Peut-être feront-elles regretter les siennes. Le comte Albert Vandal l'a dit éloquemment dans son discours de réception à l'Académie française : « On a vu se retourner contre nous les forces que nous avons mises aux mains des peuples ; elles ont servi à nous frapper, à nous blesser, à nous atteindre au plus profond de nous-mêmes, mais qui sait si la conscience universelle ne nous vengera pas, si elle ne nous venge pas déjà en se souvenant ce que l'humanité a perdu depuis que la France est moins grande ? »

La guerre d'Italie, aussi importante par elle-même que par ses conséquences, a inauguré une ère nouvelle. Elle a produit dans la situation diplomatique et le droit international des modifications profondes. Elle a posé des problèmes qui ne sont pas encore résolus, et au triple point de vue politique, religieux et social, elle est encore l'objet de nombreuses controverses. Il faut, toutefois, se féliciter que son souvenir n'ait laissé aucune trace d'animosité entre l'Autriche et la France. Rien ne divise les deux nations, et si elles réfléchissent sur leurs véritables intérêts, elles reconnaîtront que toutes les deux sont également nécessaires à l'équilibre européen. La France de 1859 avait salué l'héroïsme de l'armée autrichienne, et l'on peut affirmer qu'aujourd'hui il n'y a pas un seul Français qui ne désire la prospérité de la monarchie austro-hongroise et le maintien de son intégrité. L'empereur François-Joseph, qui fut jadis pour nous un adversaire vaillant et chevaleresque, est aussi respecté par les Français que par ses sujets.

D'autre part, nous sommes persuadé que l'étude consciencieuse des événements de 1859 doit avoir pour effet d'inspirer des méditations salutaires aux deux nations alliées qui combattirent héroïquement l'une à côté de l'autre. L'Italie ne doit pas oublier qu'aux jours des grandes épreuves elle n'eut qu'une seule amie : la France, et le temps semble venu de mettre un terme à des malentendus funestes. Jules Favre écrivait à M. Rothan au mois de mars 1871 : « Avec la transformation de la science, deux peuples qui habitent les rivages de la même mer, qui sont liés par la communauté d'origine, par les échanges de la navigation, par la ressemblance des mœurs et des caractères, ne pourraient être ennemis que par l'ineptie criminelle de leurs gouvernements. » Une guerre entre la France et l'Italie serait une guerre civile. Puisse un pareil spectacle ne jamais être donné aux patriotes des deux nations ! Aujourd'hui les affinités de race, de religion et de langage auront peut-être raison de faux calculs, et l'on peut signaler des tentatives de rapprochement. L'heure est donc peut-être opportune pour évoquer des souvenirs qui devraient être entre les deux peuples les liens d'une amitié indissoluble. Non, non, il ne sera pas dit que tant de sang généreux aura été inutilement versé, et que la race latine aura fait en pure perte tant de sacrifices héroïques.

C'est aux survivants de la guerre d'Italie que nous dédions ces modestes pages. Si quelques-uns de ces hommes intrépides nous font l'honneur d'y jeter les yeux, puissent-ils trouver quelque intérêt à lire le récit de leurs exploits et agréer le respectueux hommage rendu à leur courage et à leur patriotisme !

IMBERT DE SAINT-AMAND.

LA FRANCE ET L'ITALIE

I

LE COMMENCEMENT DE 1859

Le matin du 1ᵉʳ janvier 1859, l'année qui commençait semblait devoir être une année calme. A Paris, la saison d'hiver s'annonçait comme brillante. Une foule de soirées et de bals se préparaient. Le commerce et l'industrie étaient en pleine prospérité. Personne ne soupçonnait qu'un incident quelconque pourrait se produire aux Tuileries, lors de la réception diplomatique du jour de l'an. Aussi les représentants des puissances furent-ils très étonnés quand ils entendirent Napoléon III dire au baron de Hubner, ambassadeur d'Autriche : « Je regrette que nos relations avec votre gouvernement ne soient plus aussi bonnes que par le passé; mais je vous prie de dire à l'Empereur que mes sentiments personnels n'ont pas changé. »

Cette simple phrase, bien que prononcée d'un ton calme et courtois, retentit comme un coup de foudre dans un ciel serein.

Les transactions se ralentirent, la bourse baissa, le monde des affaires fut sérieusement inquiet. Mais l'émotion ne tarda point à s'atténuer. Le 2 janvier à la réception de l'Impératrice, la souveraine et son époux témoignèrent au baron de Hubner des égards particuliers, comme pour effacer la pénible impression de la veille. Dans ses entretiens avec les représentants des puissances, le comte Walewski, ministre des Affaires étrangères, s'efforça de ramener les paroles impériales aux proportions d'un incident n'ayant rien de belliqueux. L'optimisme fut de mode dans les sphères officielles. Il n'y eut aucun changement dans la vie des salons. Les théâtres continuèrent à faire de belles recettes ; les bals furent aussi nombreux que les hivers précédents. Les journaux officieux se gardaient bien d'effrayer inutilement les esprits et de sonner prématurément la cloche d'alarme. Les inquiétudes achevèrent de se dissiper quand on lut dans le *Moniteur* du 7 janvier: « Depuis quelques jours l'opinion publique est agitée par des bruits alarmants auxquels il est du devoir du gouvernement de mettre un terme en déclarant que rien dans nos relations diplomatiques n'autorise les craintes que ces bruits tendent à faire naître. »

Voyons maintenant comment on envisageait les choses en Autriche. Le marquis de Banneville, chargé d'affaires de France à Vienne, adressait, le 8 janvier, cette dépêche chiffrée au comte Walewski : « L'émotion générale qui, depuis quelques jours, semble s'être emparée du monde politique en Europe, devait être ressentie à Vienne plus vivement qu'ailleurs, puisque les incidents qui, à tort ou à raison, motivent cette émotion, se rapportaient pour la plupart aux relations internationales de l'Autriche. Il s'est produit une sorte de panique que la déclaration du *Moniteur* a dissipée aujourd'hui en grande partie. Je sais, du reste, que le baron de Hubner, en rendant compte des paroles qui lui ont été adressées par l'Empereur, leur attribuait une tout autre signification que celle que l'opinion publique leur a prêtée un moment, et il ajoutait que le ton et l'accent avec lequel elles avaient été prononcées rendaient ces paroles encore plus conciliantes et amicales. »

A Turin, le prince de La Tour d'Auvergne, ministre de France, avait tout de suite compris la gravité de la situation. Il écrivait, le 3 janvier, au comte Walewski : « L'inquiétude est dans tous les esprits, et l'opinion publique s'attend plus que jamais à de grands événements pour un avenir prochain. La présence du célèbre général Garibaldi à Turin a donné lieu à de nombreux commentaires. J'ai su qu'il a eu la semaine dernière une longue conférence avec le comte de Cavour. Il aurait pris vis-à-vis du président du conseil, en présence du général La Marmora, l'engagement formel de se tenir, en cas de guerre, à la disposition du gouvernement sarde, renonçant à toute alliance avec le parti mazzinien, et s'en rapportant entièrement, assure-t-on, à M. de Cavour quant à la solution qu'il conviendrait de donner, le cas échéant, à la question d'Italie. Il n'en fallait pas davantage pour autoriser toute espèce de supposition, et peut-être eût-il été plus habile de la part du comte de Cavour, si tant est qu'il lui fût nécessaire de se mettre en rapport avec Garibaldi, de conserver à cette entrevue un caractère tout à fait secret. »

Le 10 janvier, Victor-Emmanuel ouvrit la session du Parlement sarde. Ces paroles du discours royal produisirent une grande impression : « Fortifiés par l'expérience du passé, allons résolument au devant des éventualités de l'avenir. Cet avenir sera heureux, notre politique étant basée sur l'amour de la liberté et de la patrie. Notre pays, dont le territoire est petit, a acquis de la considération dans les conseils de l'Europe, parce qu'il est grand par les idées qu'il représente et par les sympathies qu'il inspire. Cette situation n'est pas libre de périls puisque, tout en respectant les traités, nous ne sommes pas insensibles aux cris de douleur qui s'élèvent de toutes les parties de l'Italie. Forts par la concorde, confiants en notre bon droit, nous attendons avec prudence et résolution les décrets de la providence divine. »

Dans une dépêche du même jour, le prince de La Tour d'Auvergne rendait ainsi compte de la séance : « La dernière partie du discours dans laquelle Sa Majesté fait allusion aux éventualités de l'avenir a été couverte de chaleureux applaudissements auxquels les tribunes elles mêmes ont pris part. L'impression produite dans le corps diplomatique par les paroles du roi m'a d'ailleurs paru plutôt favorable. On a vu avec satisfaction, dans les circonstances actuelles, Sa Majesté parler de son respect pour les traités. Mes collègues de Russie et de Prusse, qui se trouvaient placés à côté de moi, rendaient justice à la modération de ce langage. Le roi, à son entrée dans la Chambre, aussi bien qu'à son départ, a été accueilli avec beaucoup d'enthousiasme. »

Le lendemain, 11 janvier, le ministre de France, écrivait dans une nouvelle dépêche : « L'opinion des membres du corps diplomatique sur le discours de la couronne est loin d'être unanime. S'il a été jugé avec bienveillance par quelques uns de mes collègues, le plus grand nombre se montre fort ému par la phrase dans laquelle Sa Majesté avoue qu'elle n'est pas insensible aux cris de douleur qui s'adressent à elle de tant de points de l'Italie. L'opinion publique elle-même, je dois le dire, paraît considérer le discours du trône comme plutôt belliqueux. »

A Vienne aussi, les idées belliqueuses s'accentuaient. Le marquis de Banneville ne s'y trompait pas. Il s'exprimait ainsi dans une dépêche du 14 janvier : « Le gouvernement autrichien, j'ai bien lieu de le croire, s'est depuis quelque temps assez familiarisé lui-même avec l'idée d'une guerre à soutenir pour en être arrivé à trouver le cas échéant, à cette suprême nécessité, ses compensations relatives. Les chances d'une guerre sont sans doute pour lui fort incertaines, et il ne se dissimule pas que ses provinces italiennes en sont l'enjeu ; mais il se croit militairement en état d'affronter ces chances, sans téméraires espérances, mais sans de trop grandes inquiétudes et sans découragement. Il est soutenu par la confiance qu'une guerre qui lui serait faite à seule fin de lui arracher la Lombardie et la Vénitie lui amènerait inévitablement des alliés dans un temps donné. Enfin, entre le retour possible des faits révolutionnaires qui, en 1848, ont, dans toutes ses provinces, menacé de dissolution la monarchie autrichienne, et une guerre extérieure, il n'hésiterait pas à choisir cette dernière extrémité. Le premier de ces dangers domine ses autres préoccupations, et il affronterait le second pour écarter l'autre. »

Les choses en étaient là quand on apprit une nouvelle qui fut considérée comme le symptôme d'une guerre prochaine dans laquelle la France serait l'alliée du Piémont : les fiançailles du prince Napoléon et de la princesse Clotilde, fille du roi Victor-Emmanuel.

II

LE MARIAGE DU PRINCE NAPOLÉON

Le *Moniteur* du 14 janvier annonça que le prince Napoléon était parti la veille pour Turin et que son absence serait de peu de durée. On savait déjà en Europe le but de ce voyage. Le même jour le marquis de Bonneville, chargé d'affaires de France à Vienne, écrivait au comte Walewski : « Le comte Buol (ministre des Affaires étrangères d'Autriche) m'a adressé de fort bonne grâce et sans contrainte aucune ses félicitations au sujet du mariage de S. A. I. le prince Napoléon avec la princesse Clotilde de Savoie. Il m'a parlé des liens de famille que cette union établissait entre les maisons Impériales de France et d'Autriche. Je désire sincèrement, a-t-il ajouté en souriant, que cette alliance vous soit plus profitable que ne nous ont profité à nous nos alliances

si nombreuses avec la maison de Savoie. »
Les fiançailles furent officiellement annoncées par le *Moniteur* du 24 janvier. La feuille gouvernementale s'exprimait ainsi : « Les rapports intimes qui existent depuis longtemps entre l'Empereur et le roi Victor-Emmanuel et les intérêts réciproques de la France et de la Sardaigne avaient engagé les deux souverains à resserrer par une alliance de famille les liens qui les unissent. Depuis plus d'un an des pourparlers avaient eu lieu dans ce but, mais l'âge de la jeune princesse avait fait différer jusqu'ici la fixation de l'époque du mariage. » A la suite de cette communication, et pour empêcher le public de la considérer comme un symptôme de guerre, le *Moniteur* écrivait : « Le journal l'*Union* n'a pas craint de reproduire les lignes suivantes de l'*Indépendance belge* : « On affirme que le roi Victor-Emma-
« nuel n'a consenti au mariage de la princesse
« Clotilde qu'à la condition qu'un traité offensif
« et défensif fût signé entre la France et la
« Sardaigne. On ajoute que le traité a été signé
« avant-hier entre la France et la Sardaigne. »
Nous regrettons d'avoir à relever et à démentir dans la presse française une pareille assertion non moins fausse qu'elle est injurieuse à la dignité des souverains. « L'Empereur doit désirer que ses alliances de famille soient d'accord avec la politique traditionnelle de la France, mais il ne fera jamais dépendre les grands

intérêts du pays d'une alliance de famille. »

Le prince Napoléon débarqua à Gênes, dans la matinée du 16 janvier. Il y fut reçu par le comte Nigra, ministre de la maison du roi, par le général Cialdini, aide de camp de Sa Majesté, et par le prince de La Tour d'Auvergne, ministre de France. Le même jour, il partit pour Turin, où il arriva à trois heures.

Le lendemain, le ministre de France écrivait au comte Walewski: « Le prince a rencontré sur la route de Gênes à Turin et particulièrement à Alexandrie l'accueil le plus flatteur et le plus empressé; mais rien ne saurait donner une idée du concours immense de population, et des témoignages d'ardente sympathie qui attendaient Son Altesse Impériale à Turin. Toutes les rues, depuis le chemin de fer jusqu'au palais, étaient remplies d'une foule avide de contempler le cousin de l'Empereur, et qui se découvrait respectueusement sur son passage. Les cris nombreux de vive Napoléon ! se faisaient entendre. Le roi a reçu son auguste hôte de la manière la plus cordiale. Après le dîner, auquel les ministres du roi, les chargés de cour et le personnel de la légation étaient seuls conviés, le roi s'est rendu accompagné de Son Altesse Impériale et du prince de Carignan au théâtre Reggio, brillamment illuminé pour la circonstance. La salle était comble, et Sa Majesté, ainsi que Son

Altesse Impériale ont été saluées par de chaleureux applaudissements. »

Dans la soirée du 17 janvier, après un dîner de famille qui eut lieu à la cour, le prince Napoléon se rendit à la réception du comte de Cavour, où la réunion était fort nombreuse, tous témoignèrent au cousin de l'Empereur une grande sympathie.

Le 18 janvier, nouvelle dépêche du prince de La Tour d'Auvergne au comte Walewski : « L'arrivée à Turin du prince Napoléon a causé une sensation générale et profonde. Le sentiment qui me paraît dominer est celui d'une confiance entière dans les sympathies de l'Empereur pour le Piémont et dans l'appui de son gouvernement pour sortir honorablement d'une situation dont les dangers n'échappent à personne et commençaient à inquiéter sérieusement même les partisans les plus ardents de la politique de M. de Cavour. Le projet d'union entre S. A. I. le prince Napoléon et S. A. R. Madame la princesse Clotilde, connu de tous aujourd'hui, et accueilli très favorablement par l'opinion publique, à part quelques exceptions beaucoup moins nombreuses d'ailleurs qu'on ne l'avait pensé d'abord, vient confirmer ces espérances. Il est à souhaiter, et c'est là, monsieur le comte, le vœu de tous les esprits sages, que ces motifs de confiance réagissent dans le sens du calme et de la patience sur l'attitude et les projets du cabinet de Turin...

Au fond, il y a en ce moment chez les représentants des gouvernements étrangers qui résident à Turin comme un sentiment d'incertitude, je dirais même d'inquiétude à l'endroit de l'avenir et aussi de nos intentions, sentiment que je crois de mon devoir de signaler à Votre Excellence, et dont il serait peut-être bon de tenir compte dans une certaine mesure. »

22 janvier. — Autre dépêche du prince de La Tour d'Auvergne : « Les relations les plus cordiales se sont établies entre le roi et Son Altesse Impériale. La jeune princesse se montre également satisfaite du sort qui lui est réservé. Les partisans de l'indépendance italienne saluent le mariage avec joie. Ils le considèrent comme un gage certain de l'appui que l'Empereur accordera à leur cause dans un avenir rapproché. Dans les classes élevées les impressions sont différentes et moins favorables. La crainte habilement entretenue par quelques-uns, que la guerre que le Piémont livré à lui-même n'oserait soutenir contre l'Autriche, ne soit le résultat prévu d'avance des nouveaux liens qui vont unir les maisons de France et de Savoie, est très vive... La Chambre ne refusera certainement pas les moyens qui sont nécessaires pour mettre le pays à l'abri d'une attaque de l'Autriche, mais l'opinion publique craint évidemment plus que jamais en ce moment les entreprises imprudentes et les coups de tête, et M. le comte de Cavour agira sagement s'il profite de la circonstance pour rassurer l'opinion publique autant qu'il dépendra de lui de le faire. »

23 janvier. — Le général Niel fait au roi la demande officielle de la main de la princesse Clotilde pour le prince Napoléon. Cette demande est agréée par le souverain de la manière la plus cordiale. Dans la journée, les députations du Sénat et de la Chambre des députés s'étant rendues au palais pour porter au roi la réponse du discours du trône, Sa Majesté leur fait part du mariage de sa fille.

Le soir, il y a à la cour un banquet suivi d'un spectacle gala au Théâtre Royal, où les fiancés sont acclamés.

24 janvier. — Le prince Napoléon dîne à la légation de France, et se rend ensuite à un splendide bal de cour. La princesse Clotilde, qui danse plusieurs fois avec lui, est l'objet de l'attention générale. Chacun remarque l'aisance et la grâce dont la jeune princesse fait preuve pendant toute la soirée. Elle semble déjà très attachée à son futur époux. Le prince vient de faire une chose dont elle a été très touchée. Il est allé voir le prince Othon, troisième fils du roi, au château de Moncalieri, où réside Son Altesse Royale. Le jeune prince, qu'une infirmité d'enfance tient forcément éloigné de la cour, a été profondément ému de cette visite. « Je ne connaîtrai peut-être jamais mon beau-frère, » disait-il avec tristesse quelques instants auparavant.

25 janvier. — Le ministre de France signe, de concert avec le comte Nigra, ministre de la maison du roi, la convention matrimoniale. D'après l'article III, le roi, conformément aux lois du pays, assure à la princesse une dot de 500.000 francs. L'article IV mentionne que le Roi fait présent à la princesse d'une somme de cent mille francs spécialement destinée à l'acquisition de son trousseau, indépendamment de bagues et de joyaux d'une valeur approximative de 245.000 francs.

28 janvier. — Une députation du conseil municipal et du conseil communal de Turin présente à la princesse un beau candélabre en argent ciselé, qui a été admiré à la dernière exposition comme un chef-d'œuvre de l'industrie piémontaise.

29 janvier. — Le contrat de mariage est signé au palais, en présence des ministres et de toute la cour. Le comte de Cavour remplit les fonctions de notaire de la couronne. Il lit l'acte de renonciation de la princesse à recueillir toute succession dans la famille Royale, et le contrat que signent toutes les personnes présentes. Le soir, la ville est brillamment illuminée.

Dimanche 30 janvier. — Le mariage est célébré, à dix heures du matin, dans la chapelle du palais. Assisté des évêques de Diella, de Pignerol, de Casal et de Savone, l'archevêque de Verceil donne la bénédiction nuptiale.

A une heure et demie les époux, le roi, le prince de Carignan, toute la cour, le ministre de France et tout le personnel de sa légation partent pour Gênes. La garde nationale et les troupes en garnison à Turin sont sous les armes. Toute la population attend avec anxiété le passage du cortège royal. Victor-Emmanuel, dans un beau carrosse découvert attelé de six chevaux, a à sa droite la princesse Clotilde. Vis-à-vis de la princesse est le prince Napoléon. Le prince de Carignan est en face du roi. Le souverain et les époux sont touchés de l'émotion de la foule. C'est une acclamation universelle; les bénédictions, les vivats, les souhaits de bonheur ne cessent d'être adressés à la jeune princesse, qui remercie en saluant avec autant de grâce que d'affabilité. L'embarcadère est décoré de fleurs. L'ovation ne prend fin qu'après que le sifflet aigu de la locomotive s'est fait entendre.

Sur toute la ligne du chemin de fer, depuis Turin jusqu'à Gênes la population des campagnes est accourue pour saluer de ses acclamations le roi, sa fille et son gendre. Le train s'arrête à Moncalieri, puis à Asti, où sont réunis cinq cents Piémontais décorés de la médaille de Sainte-Hélène, et où la municipalité offre à la princesse un bouquet et une bonbonnière, puis à Alexandrie, où la foule est immense, et à Novi, où se trouvent aussi beaucoup de médaillés de Sainte-Hélène. Partout Victor-Emmanuel reçoit avec sa bienveillance accoutumée les hommages des autorités locales. Partout l'attitude noble et la physionomie gracieuse de la princesse excitent une sympathie profonde.

On arrive à Gênes. En se rendant au palais, le cortège royal est précédé par les étudiants. Quatre-vingt-cinq députés et vingt sénateurs sont dans la ville. Le soir, le Roi et les nouveaux époux assistent à une représentation de gala au théâtre Carlo Felice. On les accueille avec transports. A chaque instant retentissent les cris : Vive le roi ! Vive le prince Napoléon ! Vive la princesse ! Vive l'Italie ! Très brillamment illuminée, Gênes la superbe, avec ses palais de marbre et sa rade splendide, présente un aspect féerique.

31 janvier. — Le roi et Leurs Altesses Impériales se rendent à bord des vaisseaux français venus à Gênes pour escorter les époux jusqu'à Marseille. L'ensemble et la précision des manœuvres de ces navires sont très appréciés. Le soir, un grand bal réunit au palais l'élite de la société génoise, ainsi que le corps diplomatique, qui a suivi la cour à Gênes.

1ᵉʳ février. — Victor-Emmanuel est attendri au moment de se séparer d'une fille chérie, il se demande ce qu'elle deviendra sur cette terre de France tourmentée par tant de révolutions, et si souvent fatale à ses princes et à ses princesses. Il est onze heures moins un quart. Les époux s'embarquent sur la *Reine Hortense*. La princesse emmène sa gouvernante, la marquise de Villamarina del Campo, qui doit passer un mois auprès d'elle. Le roi ne veut dire adieu à sa fille que lorsque la *Reine Hortense* a déjà quitté le port. Il rentre à Gênes sur une chaloupe, et son mâle visage laisse apparaître son émotion.

III

LA PRINCESSE CLOTILDE

La princesse qui débarque à Marseille le 2 février 1859, aura seize ans le 2 mars.

Fille du roi Victor-Emmanuel (né le 14 mars 1820) et de l'archiduchesse d'Autriche Adélaïde (née le 3 juin 1822, morte le 20 janvier 1855), elle a bien profité d'une éducation excellente. Il y a dans son attitude, dans son langage, dans toute sa personne, un mélange de simplicité et de noblesse, de modestie et de dignité qui est plein de charme. Dès qu'elle touche le sol de France, cette fille des rois, cette descendante de héros et de saintes, est saluée avec vénération. Elle inspire une sympathie profonde à tous les Français, même à ceux qui ne sont point partisans d'une guerre pour l'Italie. Est-ce la faute de cette douce créature si son mariage se rattache à des négociations belliqueuses ? A elle dans les veines de qui le sang de Habsbourg coule avec le sang de Savoie, peut-on reprocher une lutte qui sera entre deux maisons rivales une sorte de guerre de famille ? Qu'y a-t-il de commun entre les horreurs des champs de bataille et la bonne princesse qui, fidèle aux préceptes de l'Evangile, aurait voulu que tous les peuples pussent vivre unis fraternellement et chrétiennement ? Il y a dans la foule comme un vague pressentiment que la jeune princesse ne sera pas heureuse. Sur ses traits juvéniles on distingue déjà la trace d'une tristesse et d'une mélancolie précoces.

2 février. — En arrivant à Marseille, le prince Napoléon et la princesse y trouvent le général Fleury, aide de camp de l'Empereur, ainsi que la comtesse de Rayneval et Madame de Saulcy, dames du palais de l'Impératrice, chargés de les complimenter à leur entrée en France. Leurs Altesses Impériales, après avoir reçu les autorités, déjeûnent à la préfecture et partent pour Paris à trois heures et demie. Une foule immense stationne dans les rues conduisant au chemin de fer. On crie Vive l'Empereur! Vive le prince Napoléon ! Vive la princesse Clotilde!

3 février. — Leurs Altesses Impériales s'arrêtent le matin à Fontainebleau pour y prendre quelques heures de repos; ils y sont reçus par la princesse Mathilde, qui embrasse sa nouvelle belle-sœur.

Trois heures. — Arrivée à Paris. A la gare de Lyon se trouvent le maréchal Magnan, le général de Lawoëstine, le préfet de la Seine, le préfet de police, les officiers de la maison du prince Napoléon, le personnel de la Légation de Sardaigne. Un régiment de ligne est rangé à l'entrée de la gare; un escadron de cuirassiers forme l'escorte. Les rues que doit suivre le cortège sont pavoisées de drapeaux français et sardes. Les époux et leur suite montent dans des voitures de la cour. Le carrosse du prince et de la princesse attire tous les regards. Le général prince de la Moskowa, aide de camp de l'Empereur, est à cheval, à la portière de droite, le commandant de l'escorte de cuirassiers à la portière de gauche, Le cortège parcourt la rue de Lyon, la rue de Rivoli, la place Saint-Germain-l'Auxerrois, la cour du Louvre, la place du Carrousel. La garde nationale et les voltigeurs de la garde impériale forment la haie depuis l'entrée du Louvre jusqu'à l'arc de triomphe du Carrousel; le 1er régiment de cuirassiers de la garde et un régiment de dragons sont en bataille sur cette place. La haie est bordée dans la cour des Tuileries par un bataillon de voltigeurs de la garde.

L'Empereur descend au bas du grand escalier pour recevoir Leurs Altesses Impériales. L'Impératrice les attend au haut de l'escalier. Elle embrasse la princesse. Les présentations ont lieu ensuite dans le salon blanc, situé entre la salle des Maréchaux et le salon d'Apollon. Quelques instants après, Leurs Altesses se rendent avec le même cortège au Palais-Royal. Le roi Jérôme, entouré des officiers de sa maison, reçoit la princesse à sa descente de voiture, et, après l'avoir embrassée, la conduit aux appartements qu'elle doit habiter. Le soir, les époux dînent à la table de l'ancien souverain de Westphalie.

5 février. — Grand dîner aux Tuileries, dans la salle des Maréchaux, en l'honneur de la nouvelle mariée. Parmi les convives de l'Empereur et de l'Impératrice, les princes et princesses de la famille impériale, la princesse Marie de Bade, duchesse de Hamilton, les ministres, les grands dignitaires de l'Etat, les ambassadeurs et ministres plénipotentiaires étrangers et leurs femmes, tout le personnel de la légation de Sardaigne, les grands officiers de la couronne, les premiers officiers des maisons de Leurs Majestés et des princes. Après le dîner, il y a spectacle dans la galerie de Diane.

La princesse Clotilde est tout de suite appréciée à la cour. Son extrême simplicité ne l'empêche pas d'avoir très grand air. Sa réserve, sa modestie, son tact, lui concilient tous les suffrages. Au moment où elle s'installe au Palais-Royal, on a bien soin d'en écarter les idées tristes qui pourraient assombrir ce séjour. Paris apparaît à la jeune princesse comme une ville magnifique et jouissant d'une prospérité extraordinaire. On se flatte encore que les questions à l'ordre du jour pourront se régler pacifiquement, par voie diplomatique. L'ambassadeur d'Autriche se rappelant que la femme du prince Napoléon est la fille d'une archiduchesse, lui témoigne la plus grande déférence et assiste à toutes les fêtes données en son honneur. Parlant du mariage, objet de tant de commentaires, le comte de Buol assure le marquis de Banneville que, quant à lui, « il n'est pas de ceux qui ont pu y chercher un *indice caché*, et que les motifs de cette union lui ont toujours paru tels que l'empereur Napoléon les expose, naturels et convenables. »

Certains journaux viennois, notamment la *Presse*, ayant reproduit, en leur donnant une origine piémontaise, quelques propos inconvenants au sujet du mariage, que fait le gouvernement impérial et royal? Il publie dans la *Correspondance Autrichienne*, feuille officielle, un article pouvant avoir pour conséquence la suppression de la *Presse*, déjà frappée de deux avertissements. Le marquis de Banneville écrit à ce sujet au comte Walewski le 2 février : « Le comte Buol m'a dit qu'il n'avait fait qu'obéir à un sentiment bien naturel de haute convenance, en provoquant la répression d'aussi indignes écarts, et que, sans se faire aucun mérite d'un acte de simple bienséance, il avait du moins voulu témoigner de son empressement à flétrir et à réprimer spontanément d'inqualifiables attaques ». Le gouvernement français apprécie le bon procédé du gouvernement autrichien et lui exprime sa gratitude.

La princesse Clotilde sera partout et toujours respectée. Pendant les onze ans et demi qu'elle passera en France, elle y donnera l'exemple de toutes les vertus. On la verra paraître dans les fêtes officielles avec l'attitude noble d'une femme née sur les marches d'un trône, mais elle mènera dans un palais la vie austère du cloître. Elle souffrira sans parler jamais de ses souffrances ; elle les offrira humblement à Dieu. Les hommes politiques de tous les partis rendront hommage à cette pieuse et charitable princesse qui ne sera pas moins honorée dans l'infortune que dans les jours prospères, et qui, faisant admirer de tous sa résignation, son calme et son courage, sortira de France avec autant de dignité qu'elle y était entrée.

IV

LA BROCHURE ANONYME

Victor-Emmanuel, après avoir assisté, à Gênes, au départ de sa fille pour la France, était rentré à Turin, afin d'adhérer à un projet d'emprunt de cinquante millions qui lui fut soumis par son ministre des Finances, M. Lanza. C'était un véritable emprunt de guerre, dont on ne chercha point à dissimuler le but. Le ministre termina ainsi l'exposé des motifs : « Vous savez que dans la vie des peuples il y a de ces moments suprêmes où le sacrifice est un devoir sacré, une inexorable nécessité. » Chacun se demandait avec anxiété quel serait le rôle de Napoléon III dans les grandes crises qui se préparaient.

Le 3 février 1859, c'est-à-dire le jour même de l'arrivée de la princesse Clotilde à Paris, l'Empereur annonça à ses ministres, tout surpris, l'apparition d'une brochure qui reflèterait ses pensées sur la question italienne. Quelques heures après, cette brochure s'étalait aux vitrines de toutes les librairies. Elle contenait soixante-quatre pages et ne portait point de signature. Son titre était : *l'Empereur Napoléon III et l'Italie*.

Dans ses *Souvenirs du Second Empire*, M. A. Granier de Cassagnac a dit de l'Empereur : « Son trône a distrait de ses livres ; mais ceux qui les ont lus savent que jamais ni la France, ni les autres pays ne possédèrent un souverain préparé à régner par une plus haute culture intellectuelle. Voilà pourquoi il avait une idée si juste de l'action de la presse sur la société moderne, et pourquoi il cherchait à diriger cette action avec tant de sollicitude. L'Empereur, qui fut toute sa vie un journaliste, aimait beaucoup la presse ; prisonnier à Ham, il fit du journalisme dans le *Progrès du Pas-de-Calais*: à l'Elysée, il en fit avec M. de La Guéronnière ; aux Tuileries, il en fit avec M. Duvernois et avec M. Vitu ; partout, depuis 1850, il en fit avec moi, même à Wilhelmshœhe, même à Camden-Place, où, quelques mois avant sa mort, il corrigea les épreuves d'une brochure écrite en commun, et publiée par Amyot. »

Le journaliste couronné mettait la presse au-dessus de la diplomatie ; il préférait un bon article à une bonne dépêche. Tout naturellement ses ministres voyaient d'un mauvais œil sa passion pour la publicité, et ne s'apercevaient pas sans dépit que souvent ils étaient beaucoup moins bien renseignés que certains journalistes sur les idées et sur les intentions de leur maître. Napoléon III gouvernait parfois contre son propre gouvernement. Il n'avait pas dit à son ministre des Affaires étrangères, le comte Walewski, un seul mot de la brochure qu'il préparait mystérieusement avec le vicomte de La Guéronnière, et qui était, en définitive, absolument opposée à la politique officielle suivie au quai d'Orsay.

L'auteur anonyme de la brochure *L'Empereur Napoléon III et l'Italie* était un homme d'un grand charme qui unissait à des manières exquises un véritable talent d'écrivain. Légitimiste d'origine, il était devenu le disciple favori de M. de Lamartine, dont il prit le style pour modèle. En 1848 il écrivait dans le journal le *Pays*, qui soutenait la candidature de l'illustre poète à la présidence de la République. En 1851, il publia une série de *Portraits politiques*, parmi lesquels figuraient ceux du comte de Chambord et de Louis-Napoléon. Cette publication eut beaucoup de succès. Le Prince-Président en fut frappé, et chercha à s'attacher l'auteur. Elu député du Cantal en 1852, le vicomte de La Guéronnière résigna son mandat pour entrer au Conseil d'Etat, et fut, en fait de publicité, l'auxiliaire et l'intime confident de l'Empereur.

La brochure inspirée par le souverain était l'apologie ardente et enthousiaste de la cause italienne. Il y était dit dans un style vraiment lamartinien : « L'Italie est plus qu'une sœur pour les autres nations, c'est une mère. Son génie, sa puissance, ses institutions, ses conquêtes, ses chefs-d'œuvre, et, plus tard, ses malheurs, ses ruines, ses troubles, tout enfin dans l'ère ancienne comme dans les temps nouveaux, ses consuls, ses tribuns, ses historiens, ses empereurs, ses martyrs et ses papes, ont contribué à lui donner un caractère générateur en quelque sorte. Dans la politique, dans la guerre, dans la législation civile et pénale, dans les arts, dans l'éloquence, dans la poésie comme dans la religion, elle a été la patrie commune de tous les Etats civilisés. On peut donc dire que son influence sur le monde n'a jamais cessé. Après l'avoir subjugué, elle l'a éclairé ; quand sa domination matérielle est tombée, sa domination morale a commencé. L'oubli de l'Europe serait de l'ingratitude ; l'oubli de l'Italie serait de l'abnégation. Pouvons-nous demander ce sacrifice à ceux qui n'ont conservé de leur grandeur passée que l'orgueil de l'avoir justifiée et l'espérance d'en retrouver un jour quelques débris ? Et si nous le demandions à l'Italie, ne serait-elle pas en droit de nous répondre par cette pensée de Tacite dans la *Vie d'Agricola* :

« Nous aurions perdu la mémoire avec la pa-
« role, s'il était en notre pouvoir d'oublier
« comme de nous taire. »

Dans une magistrale étude intitulée « Napoléon III. Son dessein international », M. Emile
Ollivier a très judicieusement remarqué qu'on a
eu tort de retirer le second Empereur des idées
générales au milieu desquelles son esprit s'est
formé, et dont il a été plus tard un reflet ; on
aurait dû, au lieu de le considérer comme une
individualité solitaire ne relevant que d'elle-
même, le rattacher au mouvement de son
temps. « Prenez les thèses démocratiques, ajoute
M. Ollivier, telles que Lamennais, Armand Car-
rel, à la fin Lamartine, nos penseurs, nos poètes
populaires les avaient formulées, mêlez-y quelques idées du grand poète et du grand penseur
de Sainte-Hélène, relisez les discours frémis-
sants de Thiers avant 1848, en faveur de l'Italie
sous l'épée de Charles-Albert et le bâton pasto-
ral de Pie IX, celui de Cavaignac, le 23 mai
1849, sommant le ministère de sauvegarder
l'indépendance et la liberté des peuples.... Com-
binez ces écrits, ces paroles, ces actes, tirez-en
une règle de conduite, et sans vous perdre en
conjectures, en dissertations ou en étonnements,
vous aurez la définition rigoureuse de toute la
politique de Napoléon III. Une simple formule
la résume : elle fut celle des nationalités. »

Napoléon avait dit sur le rocher de Sainte-

Hélène : « Le premier souverain qui, au milieu de la grande mêlée embrassera de bonne foi la cause des peuples, se trouvera à la tête de l'Europe, et pourra tenter tout ce qu'il voudra. » C'est évidemment cette pensée inscrite dans le *Mémorial* qui inspira la brochure *L'Empereur Napoléon III et l'Italie*. L'idée fondamentale est que les peuples ont le droit de disposer de leur sort.

Ce que la brochure recommande pour l'Italie, ce n'est pas l'unité, c'est une union fédérative, ayant le pape pour président. « Au lieu de gouverner un peuple immobile, il étend sa main sur toute l'Italie pour la bénir et la conduire ; il est le chef irresponsable et vénéré d'une confédération de vingt-six millions de chrétiens qui, classés en différents Etats, aboutissent tous au centre, où se résument l'activité et la grandeur de l'Italie. »

Sous une forme modérée, sous des apparence conciliantes, la brochure développe les idées les plus hardies, les plus contraires à toutes les traditions de la vieille diplomatie européenne. Elle déclare que « le caractère absolument clérical du Gouvernement des Etats Romains est un contre-sens, une cause active de mécontentement, et par conséquent un élément de faiblesse pour le Pape lui-même et un danger permanent de révolution ». Elle ne se contente pas de réclamer des réformes dans la péninsule, elle fait table rase des traités. « Les traités qui lient les Gouvernements, dit-elle, sont les lois internationales des peuples, et ne seraient invariables que si le monde était immobile. Si les traités qui doivent protéger la sécurité de l'Europe la mettent en danger, c'est qu'ils ne répondent pas aux nécessités qui les ont dictées. La sagesse politique conseille alors de leur substituer autre chose. Une puissance qui se retrancherait derrière des traités pour résister à des modifications réclamées par le sentiment général aurait pour elle, sans doute, le droit écrit, mais elle aurait contre elle le droit moral et la conscience universelle. »

La conclusion de la brochure est celle-ci : « Qu'y a-t-il donc à faire ? En appeler à la force ? Que la Providence éloigne de nous cette extrémité ! Il faut en appeler à l'opinion.... Dieu réserverait sans doute une belle part de gloire humaine à ceux qui soutiendraient la lutte. La gloire ne nous tente pas ; nous en avons assez dans l'histoire du passé comme dans nos événements contemporains pour n'en pas désirer davantage. Nous souhaitons donc ardemment que la diplomatie fasse, la veille d'une lutte, ce qu'elle ferait le lendemain d'une victoire. Que l'Europe s'unisse énergiquement pour cette cause de justice et de paix ! Elle doit être avec nous, parce que nous serons toujours avec elle pour défendre son honneur, son équilibre, sa sécurité. »

En résumé, la brochure est pacifique à la surface, mais belliqueuse au fond. Ce qu'elle demande, c'est-à-dire l'abolition des traités et l'affranchissement de Milan et de Venise, ne peut être obtenu que par la guerre. Elle le reconnaît elle-même, car, après avoir énuméré les forces militaires de l'Autriche et ses formidables positions stratégiques dans le nord de l'Italie, elle ajoute : « De ces faits il résulte, pour tout homme de guerre, cette vérité incontestable que la nationalité italienne ne sera jamais le résultat d'une révolution, et qu'elle ne pourrait réussir sans un secours étranger ». Ce secours étranger, c'est celui de Napoléon III et de l'armée française.

Pour la première fois on vient de voir un souverain saisir ainsi l'opinion publique de son programme personnel, et se transformer, pour ainsi dire, en journaliste qui publie un grand article sans le signer.

V

LE DISCOURS DU TRÔNE

On se ferait difficilement aujourd'hui une idée de l'importance des discours du trône sous le second Empire. Napoléon III les rédigeait lui-même avec le plus grand soin ; il en corrigeait les épreuves, et il les prononçait d'une voix forte et sonore, qui se faisait distinctement entendre de tous les assistants. L'Empereur avait le privilège de pouvoir, par une seule phrase, par une simple allusion, faire baisser ou monter les Bourses du monde entier. Envoyées immédiatement par le télégraphe à tous les pays civilisés, les harangues impériales étaient partout l'objet de commentaires innombrables. On en étudiait minutieusement toutes les phrases, et souvent on en tirait des conclusions contradictoires.

Jamais discours du trône n'avait été attendu avec plus d'impatience que celui par lequel Napoléon III devait ouvrir la session du Sénat et du Corps Législatif, le 7 février 1859. La brochure du vicomte de la Guéronnière avait paru trois jours auparavant, et l'on attachait beaucoup de prix à savoir si les idées qu'elle exprimait seraient reproduites, en tout ou en partie, par le souverain. Le public avait sur cette brochure des appréciations variées. Les uns la regardaient comme un événement grave, les autres la considéraient comme un simple ballon d'essai, et s'efforçaient d'en diminuer la portée. Dans le monde des affaires, comme dans le monde diplomatique, on était encore incertain sur les intentions réelles de l'Empereur, et l'on espérait que le discours du trône dissiperait les inquiétudes et détruirait les équivoques.

La cérémonie eut lieu dans la nouvelle salle du Louvre destinée à l'ouverture des sessions législatives, et désignée sous le nom de salle des Etats. Le trône était placé sur une estrade au fond de la salle. A la droite du trône s'élevait la tribune de l'Impératrice. Une demi-heure avant l'arrivée de l'Empereur, les grands corps de l'Etat, les députations et les personnes invitées occupaient les places qui leur étaient réservées. Sur les degrés du trône, à droite et à gauche, étaient placés les cardinaux, les ministres, les maréchaux et amiraux, une députation des grand-croix de la Légion d'honneur et les membres du Conseil d'Etat. En face du trône, à droite, les sénateurs, à gauche, les députés. Dans la galerie supérieure de droite se tenaient les membres du Corps diplomatique et leurs femmes. La galerie supérieure de gauche était occupée par les autres dames invitées.

A une heure, l'Impératrice précédée et suivie des grands officiers, des officiers et des dames de sa maison entra dans la salle aux cris répétés de « Vive l'Impératrice ! » Sa Majesté était accompagnée par la princesse Clotilde, la princesse Mathilde, la princesse-duchesse de Hamilton, les princesses Lucien, Joachim et Anna Murat.

Aussitôt que l'Impératrice eut pris place dans sa tribune, le canon des Invalides annonça le départ de l'Empereur du palais des Tuileries. Précédé et suivi des grands officiers de sa maison, le souverain se rendit à la séance par la grande galerie de tableaux du Louvre. Il se plaça sur le trône, ayant à sa droite le roi Jérôme, et à sa gauche le prince Napoléon. Puis il prononça d'une voix ferme et accentuée son discours. La première partie sembla très pacifique. « L'émotion qui vient de se produire, dit-il, sans apparence de dangers imminents, a droit de surprendre, car elle témoigne en même temps et trop de défiance et trop d'effroi. On semble avoir douté, d'un côté, de la modération dont j'ai donné tant de preuves; de l'autre, de la puissance réelle de la France. Heureusement la masse du peuple est loin de subir de pareilles impressions. » L'Empereur rappelait ensuite sa déclaration de Bordeaux : *l'Empire, c'est la paix*, « voulant prouver par là, ajoutait-il, que si l'héritier de l'empereur Napoléon remontait sur le trône, il ne recommencerait pas une ère de conquêtes, mais il inaugurerait un système de paix qui ne pourrait être troublé que par la défense de grands intérêts nationaux. » Cette dernière phrase commença par semer l'inquiétude. Napoléon III ne regarderait-il pas en effet une guerre pour l'Italie comme la défense de grands intérêts nationaux pour la France ?

L'Empereur s'étendit ensuite sur ses dissentiments avec l'Autriche dans la question des Principautés Danubiennes, et ajouta, à ce propos, que l'intérêt de la France est partout où il y a une cause juste et civilisatrice à faire prévaloir. Au fond, il tenait un langage sibyllin. Quand il disait : « Je resterai inébranlable dans la voie du droit, de la justice, de l'honneur national, et mon gouvernement ne se laissera ni entraîner, ni intimider, parce que ma politique ne sera jamais ni provocatrice, ni pusillanime, » chacun se demandait si le souverain voulait la paix, ou s'il voulait la guerre.

Pendant que l'Empereur parlait, l'attitude de son entourage était curieuse à observer. Sénateurs et députés soulignaient d'abord par leur approbation tout ce qui semblait devoir rassurer les esprits et donner des gages pacifiques, puis, quand le langage impérial devint énigmatique et obscur, ils s'abstinrent de toute démonstration, et ne firent entendre les applaudissements habituels qu'à la fin du discours qui se terminait ainsi : « Lorsque, soutenu par le vœu et le sentiment populaire, on monte les degrés d'un trône, on s'élève, par la plus grave des responsabilités, au-dessus de la région infime où se débattent des intérêts vulgaires, et l'on a pour premiers mobiles, comme pour derniers juges, Dieu, sa conscience et la postérité. »

A la lecture, le discours produisit une impression plus belliqueuse qu'à l'audition. En lisant entre les lignes, en méditant les phrases sur les causes justes et civilisatrices à faire prévaloir, sur la situation anormale de l'Italie, sur la communauté d'intérêts entre le Piémont et la France, les esprits perspicaces trouvèrent dans des paroles en apparence très modérées les signes précurseurs d'une guerre prochaine. A Turin, ce fut le sentiment général, et le roi Victor Emmanuel, comme le comte de Cavour, vit un encouragement et une promesse dans le discours impérial. A Vienne, au contraire, on y donna ou, du moins, on fit semblant d'y donner une signification pacifique.

Le 8 février, on lisait dans la *Correspondance Autrichienne*, feuille officielle : « Le discours que l'empereur Napoléon a prononcé à l'ouverture du Corps législatif est de nature à faire disparaître les craintes de guerre qui s'étaient produites dans ces derniers temps en Europe... L'empereur Napoléon ne fera appel aux forces de la nation qu'il gouverne que pour la défense des grands intérêts nationaux du pays, et comme ces grands intérêts ne sont menacés d'aucun côté, comme personne n'a la pensée de porter préjudice à la position et à l'autorité d'un aussi grand empire que la France, nous nous croyons parfaitement fondés à partager la confiance de l'Europe ; la paix ne sera point troublée. »

Le 11 février, le marquis de Banneville écrivait au comte Walewski : « L'intérêt principal du discours du 7 février se rattachant à la mention qui y serait faite de l'état des relations de la France avec l'Autriche, ce discours était attendu à Vienne, plus qu'ailleurs encore, avec une anxieuse impatience. La sensation a été profonde. Jamais l'autorité et le prestige de la parole de l'Empereur n'avaient frappé les esprits avec plus de puissance. Mais, comme il était naturel de le prévoir, les premières impressions ont été contradictoires, et chacun y a cherché d'abord, selon ses dispositions personnelles, la confirmation de ses craintes ou la justification de ses espérances... Quant au gouvernement, il n'hésita pas à se déclarer satisfait, il interpréta dans un sens pacifique et conciliant le discours de l'empereur Napoléon. Cette déclaration a réagi avec succès contre les impressions contraires, et notamment celles qu'avaient ressenties d'abord la diplomatie allemande, toujours trop disposée à la méfiance envers la France. »

Le chargé d'affaires qui, lui-même, désirait ardemment le maintien de la paix, ajoutait dans la même dépêche : « Le comte Buol m'a parlé du discours avec admiration; il en a loué sans réserve l'élévation, l'habileté, le calme et la franchise. « L'empereur Napoléon, m'a-t-il dit, « en se croyant obligé de rappeler *sa force et « sa modération* à la France, a pris vis-à-vis « d'elle un nouvel engagement de persévérer « dans sa politique *ferme, mais conciliante*. Il « dépend maintenant de l'Autriche, en ce mo-« ment prudente, modérée, conciliante, de lier « l'Empereur à l'Europe par le même engage-« ment. » Le marquis de Banneville conclut ainsi : « Je crois qu'on sent ici la nécessité et qu'on a le désir de tout cela. »

En résumé, le gouvernement autrichien avait voulu dissiper les craintes et donner la direction à l'opinion publique en indiquant immédiatement, par l'article d'une feuille officielle, l'impression qu'il adoptait lui-même. La diplomatie européenne qui allait se mettre à l'œuvre pour demander le maintien des traités et empêcher la guerre, affecta de prendre au sérieux les paroles pacifiques de Napoléon III, et de répéter avec lui : « Loin de nous les fausses alarmes, les défiances injustes, les défaillances intéressées ! La paix, nous l'espérons, ne sera point troublée. » La note optimiste prévalut pendant quelque temps encore. L'Empereur eut bien soin de cacher ses arrière-pensées, et il évita prudemment de rompre en visière avec l'opinion publique qui, en France et partout à l'étranger, excepté en Piémont, se prononçait contre la guerre. On put donc croire pendant quelques semaines encore que les idées d'apaisement et de conciliation auraient le dessus.

VI

LES PARTISANS DE LA PAIX

Au commencement de 1859, j'allais à peu près tous les soirs dans les salons impérialistes. On y parlait beaucoup de politique étrangère, et les conversations étaient intéressantes. Je fus à même de constater combien non seulement dans les ministères, dans les ambassades, à la présidence du Sénat, à celle du Corps législatif, mais aux Tuileries même, on faisait des vœux pour la paix et l'on critiquait les tendances belliqueuses. A part quelques militaires, avides d'aventures et de gloire, d'avancement et de décorations, je ne rencontrais personne qui se déclarât partisan d'une guerre avec l'Italie. Quand les préfets venaient à Paris, les ministres eux-mêmes leur recommandaient de ne pas laisser ignorer à l'empereur que leurs administrés désiraient ardemment le maintien de la paix. C'était là dans le monde officiel une sorte de mot d'ordre.

Seuls quelques confidents intimes du souverain souhaitaient comme lui la guerre, mais ils se gardaient bien d'en faire l'aveu, car Napoléon III voulait que, s'il tirait l'épée, on crût que c'était l'Autriche qui l'y avait contraint. Toute sa politique tendait à conduire les choses d'une telle façon que l'empereur François-Joseph semblât jouer le rôle d'agresseur. Il évitait donc tout ce qui aurait pu être regardé comme une provocation, et ne décourageait aucune des personnes qui plaidaient auprès de lui la cause de la paix.

Les membres du Corps législatif disaient à peu près tous qu'à part quelques libéraux avancés et quelques révolutionnaires, leurs électeurs se prononçaient avec la plus grande énergie contre les tendances belliqueuses. L'universelle soumission empêchait seule la Chambre de témoigner ses sentiments d'une manière éclatante, et, chez ceux-là mêmes qui protestaient avec le plus de fracas de leur dévouement à l'Empereur et à la dynastie, on distinguait déjà les germes d'une opposition sourde aux idées dont le discours du trône avait été le premier symptôme. Les députés imaginèrent une petite manifestation assez bénigne, mais qui avait sa signification. Appelés à nommer les présidents et les secrétaires des bureaux, ils ne choisirent aucun de leurs collègues ayant un grade militaire ou une charge de cour.

Le comte de Morny, président du Corps législatif, était un des plus grands partisans de la paix. Il ne le cacha point dans le discours qu'il prononça, le 8 février, à l'ouverture de la session. Lorsqu'il dit que « la religion, la philosophie, la civilisation, le crédit, le travail ont fait de la paix le premier bien des sociétés modernes », des applaudissements unanimes éclatent. « Le sang des peuples, ajouta-t-il, ne se répand plus légèrement. La guerre est le dernier recours du droit méconnu ou de l'honneur offensé. La plupart des difficultés s'aplanissent par la diplomatie, ou se résolvent par des arbitrages pacifiques. Les communications internationales si rapides, la publicité, ont créé une puissance européenne nouvelle avec laquelle tous les gouvernements sont forcés de compter, cette puissance, c'est l'opinion. Elle peut un moment être indécise ou ignorée, mais elle finit toujours par se placer du côté de la justice, du bon droit et de l'humanité. » Quand il parlait ainsi, le comte de Morny exprimait le sentiment de toute la Chambre.

Dans le monde des affaires, des dispositions analogues se manifestaient partout. Financiers, spéculateurs, boursiers, manufacturiers, commerçants, exprimaient les mêmes vœux que les paysans et les agriculteurs, que les populations des villes et des campagnes. Le désir de la paix était universel.

Les journaux, même ceux qui témoignaient les plus vives sympathies au Piémont et la plus grande admiration au comte de Cavour, se prononçaient contre la guerre. M. Eugène Forcade, qui rédigeait alors la chronique de la quinzaine dans la *Revue des Deux-Mondes*, y écrivait le 31 mars : « Pour être acceptée par la conscience des peuples, il faut aujourd'hui que la guerre leur apparaisse comme une inévitable nécessité. Rien dans ce qu'a pu apprendre jusqu'à ce jour le public français ne donne ce caractère d'irrésistible nécessité à la guerre dont nous sommes menacés. Cette guerre ne peut sortir que de la question italienne. Il serait possible que la guerre parût nécessaire aux Italiens eux-mêmes, qui brûlent d'affranchir leur patrie de toute domination étrangère. Nous professons, quant à nous, une sincère sympathie pour les patriotes italiens, et nous leur reconnaissons le droit d'être juges du moment où ils doivent tenter de conquérir par les armes leur indépendance, mais à une condition, c'est que leur résolution les liera seuls, et qu'ils reconnaîtront que les Français n'ont ni les mêmes droits, ni les mêmes devoirs, ni les mêmes intérêts que les Italiens, lorsqu'il s'agit pour eux de décider s'il y a lieu de coopérer par une guerre immédiate à l'indépendance de l'Italie. »

En 1852, au moment où le comte de Cavour venait d'être nommé premier ministre du roi Victor-Emmanuel, M. Thiers, de passage en Piémont, écrivait : « J'ai vu un pays sage, un gouvernement excellent et une armée admirable. Le Piémont, s'il continue à se bien conduire, et si la France ne l'entraîne pas en se jetant elle-même dans une carrière de *folles aventures*, sera un jour le fondement sur lequel on pourra construire une Italie ; mais il lui faut beaucoup d'années de paix et de bonne conduite. La guerre le perdrait. » En 1859, telle était encore l'opinion non seulement de M. Thiers, mais de presque tous les diplomates français.

M. de Persigny, M. Drouyn de Lhuys, M. de Morny étaient partisans, le premier de l'alliance anglaise, le second de l'alliance autrichienne, le troisième de l'alliance russe ; mais il y avait un point sur lequel tous trois étaient d'accord, c'était leur opposition au principe des nationalités ; M. de Morny trouvait que ce principe était surtout appuyé par les révolutionnaires, et il disait : « Les révolutionnaires ne sont jamais des amis bien sûrs ; ils se servent des sympathies qu'ils excitent pour arriver à leurs fins, mais ils n'ont ni reconnaissance, ni modération. »

Le comte Walewski, ministre des Affaires étrangères en 1859, appartenait, comme son prédécesseur M. Drouyn de Lhuys, à l'école du passé. Essentiellement conservateur, défenseur convaincu du pouvoir temporel du pape, ami personnel du roi de Naples et du grand-duc de Toscane, il considérait les traités comme une arche sainte, et se montrait partout et toujours opposé à la révolution. Les diplomates français partageaient à peu près tous les opinions de leur chef. Ils regardaient comme dangereux un auxiliaire tel que Garibaldi, et, en dépit du *Mémorial de Sainte-Hélène*, ils étaient hostiles au système des grandes agglomérations nationales. A leurs yeux, la force de la France consistait dans son unité, et son intérêt était de ne point travailler à donner à ses voisins une force dont elle avait le privilège. Ils croyaient que plus les Etats limitrophes étaient petits, plus la France était grande, et se déclaraient, en conséquence, les partisans du particularisme en Allemagne comme en Italie. Telles étaient notamment les idées du duc de Montebello, ambassadeur à Saint-Pétersbourg, du duc de Gramont, ambassadeur à Rome, du marquis de Moustier, du prince de La Tour d'Auvergne, du marquis de Ferrière le Vayer, ministres de France l'un à Berlin, l'autre à Turin, le troisième à Florence. Ainsi donc la diplomatie impériale était en opposition absolue avec le programme de l'Empereur. Il le savait très bien, et loin de s'en plaindre, loin de désavouer ses agents, il les maintenait tous à leurs postes, et s'en servait pour mieux dissimuler aux puissances étrangères ses arrière-pensées et ses véritables desseins.

Ce n'en était pas moins un spectacle curieux de voir un souverain conspirer, dans sa politique étrangère, non seulement contre les Chambres, mais contre ses ministres, ses diplomates, ses préfets, en un mot tout son gouvernement.

Napoléon III avait-il au moins, pour le soutenir dans ses projets en faveur de la cause italienne, l'appui matériel ou moral de l'Angleterre? En aucune façon. Nous allons prouver par des documents incontestables que, loin de favoriser le programme du roi Victor-Emmanuel et du comte de Cavour, la reine Victoria et le gouvernement britannique se prononcèrent avec la plus grande énergie pour le maintien des traités, et, par conséquent, pour celui de la domination autrichienne à Milan et à Venise.

VII

L'ANGLETERRE ET LE PIÉMONT

Le 3 février 1859, la reine Victoria ouvrait le Parlement : « Je reçois de toutes les puissances étrangères, disait-elle dans le discours du trône, des assurances de bons sentiments amicaux. Cultiver et consolider ces sentiments, maintenir intacte la foi des traités publics, et contribuer, autant que mon influence peut s'étendre, au maintien de la paix générale, tels sont les objets de ma constante sollicitude. » Le même jour, les deux Chambres discutèrent l'adresse. Les tories, alors à la tête des affaires (lord Derby était premier ministre, et lord Malmesbury chef du *Foreign Office*), furent complètement d'accord avec les whigs au sujet de la question italienne.

A la Chambre des lords, le premier ministre

s'exprima ainsi : « C'est mu par l'amitié la plus sincère pour la Sardaigne que nous avons vu avec inquiétude l'attitude qu'elle semble disposée depuis quelque temps à prendre. Cette attitude est tout à fait contraire à ses intérêts, à ses devoirs envers la société européenne et à la durée de la sympathie que sa conduite antérieure lui a conciliée dans le monde civilisé... Ce furent des paroles de bien mauvais augure que les paroles prononcées par le roi Victor-Emmanuel à l'ouverture des Chambres ; mais je suis sûr que la Sardaigne suivra de meilleurs conseils. »

Lord Granville, le leader des whigs, déclara qu'en vertu des traités l'Autriche possédait sur ses provinces italiennes des droits dont personne, à aucun titre et sous aucun prétexte, ne pouvait la dépouiller, et ajouta qu'il faudrait que les Italiens oubliassent les leçons de l'histoire pour supposer que l'Italie puisse être délivrée en appelant une nation étrangère pour en expulser une autre.

Lord Brougham dit qu'arrivé récemment de France il y avait pu constater que l'opinion était unanime, dans tous les rangs et toutes les classes de la société, à repousser la guerre. « Tout me porte à croire, ajouta-t-il, que la France ne se joindra pas à la *spéculation sarde*, ainsi qu'on l'a nommée et que cette spéculation échouera totalement. »

A la Chambre des lords tous les orateurs se

prononcèrent comme à la Chambre des communes, pour le maintien de la paix et le respect absolu des traités. Lord Palmerston lui-même, qui, en 1847, avait envoyé lord Minto dans la péninsule pour y encourager bruyamment les aspirations les plus hardies de Charles-Albert, et qui écrivait, le 29 octobre 1848, à l'ambassadeur d'Angleterre à Vienne « qu'il n'y avait aucune chance pour l'Autriche de pouvoir conserver d'une manière utile et permanente la haute Italie, dont tous les habitants étaient profondément imbus d'une haine invincible contre l'armée autrichienne, » lord Palmerston ne faisait plus aucune objection à la domination de l'Autriche dans la Lombardo-Vénétie. « Les traités doivent être respectés, disait-il. Si, au nom de quelque préférence théorique, on pouvait mettre d'un côté les stipulations d'un traité, toutes les affaires de l'Europe seraient à vau-l'eau, et personne ne pourrait prédire les conséquences auxquelles aboutirait un tel principe. »

On avait annoncé que lord John Russell se ferait, au sein du Parlement, le champion de la nationalité italienne. Il n'en fut rien. « J'ai toujours eu, dit le grand orateur libéral, une sympathie profonde pour l'indépendance et la liberté de l'Italie, mais il m'est impossible de croire que la cause de la liberté italienne soit jamais servie par une guerre comme celle dont on nous menace... Le traité qui donne à l'Autriche la Lombardie et la Vénétie fait partie du droit public, et personne ne pourrait songer à troubler par la force cet arrangement territorial sans commettre une offense contre l'Europe. »

Enfin M. Disraëli disait : « Je ne peux pas croire qu'un prince aussi sage que l'Empereur des Français aille bénévolement troubler la paix du monde et détruire à jamais la confiance si justement inspirée à l'Europe par la sagesse pleine de modération de sa conduite passée. »

La Cour n'était pas moins inquiète que les ministres et le Parlement. Le prince Albert, resté Allemand dans l'âme, partageait, comme son oncle le roi des Belges, toutes les défiances de l'Allemagne contre Napoléon III, et avait la conviction qu'une guerre en Italie serait le prélude d'une guerre sur le Rhin. Il croyait que la Belgique était menacée, et que l'Empereur voulait rendre à la France ses frontières naturelles. La reine Victoria avait à cet égard les mêmes appréhensions que son époux. Elle jugea nécessaire d'intervenir personnellement dans la question, et le 4 février elle écrivit à Napoléon III une lettre qui n'était qu'un ardent plaidoyer en faveur de la paix. « Rarement, disait la reine, il a été donné à un homme d'exercer sur la tranquillité et le bonheur de l'Europe une influence personnelle aussi puissante que celle de Votre Majesté. » Comme conclusion, la reine déclarait formellement à l'Empereur que, s'il entrait dans une voie belliqueuse, l'Angleterre serait dans l'impossibilité absolue de s'associer à une telle politique.

Napoléon III répondit longuement, le 14 février, à la lettre de Sa Majesté britannique. Il tentait de se justifier des accusations portées contre lui, et soutenait n'avoir fait aucun préparatif de guerre. Il reconnaissait que les traités ne peuvent être changés que par un assentiment général, mais il ajoutait cette phrase significative : « Cependant, les traités ne sauraient aller à l'encontre de mon devoir qui est de suivre partout la politique la plus en harmonie avec l'honneur et les intérêts de mon pays. » Cette réponse n'eut d'autre résultat que d'augmenter les inquiétudes de la reine Victoria, de son époux et de son gouvernement. C'en était fait de l'alliance cordiale.

Le Cabinet de Londres donna une nouvelle preuve de ses sentiments pacifiques en chargeant l'ambassadeur d'Angleterre à Paris, lord Cowley, de se rendre à Vienne pour y travailler officiellement à établir les bases d'une entente entre la France et l'Autriche. Ce diplomate arriva le 7 février à Vienne, où il reçut de l'empereur François-Joseph le plus cordial accueil. Il se prononça pour l'évacuation des États Romains par les troupes autrichiennes, comme par les troupes françaises, et demanda l'octroi de réformes en Italie, mais il ne dit pas un seul mot en faveur de Milan et Venise, où les droits de l'Autriche lui paraissaient devoir être considérés comme inviolables. Non seulement l'Angleterre n'encourageait pas les visées de Victor-Emmanuel, mais elle lui demandait de désarmer. Lord Cowley quitta Vienne le 10 mars. Avant de partir, il rendit compte de sa mission dans une dépêche adressée à lord Malmesbury. Il y exprimait l'espoir d'avoir préparé une solution pacifique du différend. La dépêche se terminait ainsi : « Aussi longtemps qu'on laissera le Piémont demeurer armé, je doute que l'Autriche veuille entrer en négociations, parce qu'elle regarde l'armée piémontaise comme l'avant-garde de la France, destinée à permettre à celle-ci de prendre son temps pour armer, et elle n'aura aucune confiance dans les intentions pacifiques d'autrui tant que cette avant-garde subsistera. Le désarmement du Piémont est donc, aux yeux de l'Autriche, le gage de la sincérité de la France. »

En résumé, le principal but de la diplomatie anglaise était le maintien absolu du *statu quo* territorial en Italie. Si lord Cowley avait réussi dans sa mission, tout l'échafaudage des plans de Victor-Emmanuel et du comte de Cavour se serait écroulé comme un château de cartes. Malgré ses instincts anglophiles, l'homme d'État piémontais savait parfaitement qu'il n'avait rien à attendre de l'Angleterre et qu'en dehors d'un concours armé de la France la politique des nationalités en Italie n'avait pas la moindre chance de réussir. Les Italiens doivent avoir aujourd'hui la loyauté de le reconnaître. Sans Napoléon III Milan et Venise seraient encore sous la domination de l'Autriche.

VIII

LA PRUSSE ET LA CONFÉDÉRATION GERMANIQUE

Le Piémont n'avait rien à espérer de l'Angleterre. Quant à la Prusse, à la Confédération germanique, ce qu'il pouvait seulement souhaiter, c'est qu'elles ne prendraient pas les armes contre lui. Toutes les défiances, toutes les rancunes, toutes les colères de 1813 venaient de se réveiller contre la France impériale. Chacun répétait en Allemagne que Napoléon III ne commencerait la guerre en Italie que pour la terminer sur les bords du Rhin, et sa politique n'avait, disait-on, d'autre but que de conquérir ce qui, dans sa pensée, constituait les frontières naturelles de son empire. En vain multipliait-il ses efforts pour dissiper de pareilles alarmes. Il n'y parvenait pas, même en se faisant le précurseur et le champion de l'unité allemande.

La brochure *l'Empereur Napoléon III et l'Italie* contenait à l'égard de l'Allemagne de bien curieux passages.

Il y était dit : « La Confédération germanique n'a obtenu aucune des garanties d'unité et de liberté d'action qu'elle poursuivait ; soumise à l'influence de deux grandes puissances, elle n'a d'espoir peut-être que dans leur rivalité nécessaire... La Prusse qui tend à devenir la tête du corps germanique a un immense intérêt à contenir l'Autriche. En devenant son alliée elle se ferait la complice de son propre abaissement, et elle désavouerait ainsi l'œuvre du Grand Frédéric... La solution de la question italienne, si elle était possible, serait une force nouvelle pour la nationalité allemande... L'Allemagne n'a rien à craindre de nous sur le Rhin. »

Ce n'était pas seulement dans la célèbre brochure, c'était dans le *Moniteur* que le souverain français cherchait à rassurer les Allemands. La feuille officielle s'exprimait ainsi, le 15 mars : « Une partie de l'Allemagne répond à l'attitude si calme du gouvernement français par les alarmes les plus irréfléchies. Sur une simple présomption, que rien ne justifie et que tout repousse, les préjugés s'éveillent, les défiances se propagent, les passions se déchaînent, une sorte de croisade contre la France est entamée dans les Chambres et dans la presse de quelques-uns des Etats de la Confédération. On l'accuse d'entretenir des ambitions qu'elle a désavouées, de préparer des conquêtes dont elle n'a pas besoin, et l'on s'efforce, par ces calomnies, d'effrayer l'Europe d'agressions imaginaires dont la pensée n'a même point existé. Les hommes qui égarent de cette façon le patriotisme allemand se trompent de date. C'est bien d'eux qu'on peut dire qu'ils n'ont rien oublié, ni rien appris. Ils se sont endormis en 1813, et ils se réveillent, après un sommeil d'un demi-siècle, avec des sentiments et des passions ensevelis dans l'histoire, et qui sont un contre-sens par rapport au temps actuel ; ce sont des visionnaires qui veulent absolument défendre ce que personne ne songe à attaquer. »

L'article du *Moniteur* se terminait par cette justification de Napoléon III : « L'Empereur, qui a su dominer tous les préjugés, devait s'attendre à ce qu'ils ne fussent pas invoqués contre lui. Que serait-il arrivé si, en montant sur le trône, il avait apporté les sentiments étroits et les souvenirs irrités auxquels on fait appel aujourd'hui pour le rendre suspect ? Au lieu de se faire l'allié le plus intime de l'Angleterre, comme le lui conseillaient les intérêts de la civilisation, il fût devenu son rival, comme semblaient le lui commander les rivalités séculaires des deux peuples. Au lieu d'accueillir les hommes de tous les partis, il eût repoussé avec défiance les serviteurs des anciennes dynasties.

Au lieu de raffermir et de calmer l'Europe, il l'eût ébranlée, en rachetant, au prix de sa sécurité et de son indépendance, les souvenirs de 1814 et de 1815. »

Le *Moniteur* prêchait dans le désert. Les Allemands ne voulaient pas se laisser convaincre. Chose curieuse à remarquer, le seul Allemand qui, en 1859, entrait dans les vues de Napoléon III, c'était peut-être M. de Bismarck. Si le célèbre homme d'Etat prussien avait été alors à la tête des affaires, il aurait probablement conclu avec l'Empereur des arrangements de nature à agrandir simultanément le Piémont et la Prusse aux dépens de l'Autriche. Dans un séjour qu'il fit à Paris, en septembre 1855, lors de l'Exposition universelle, il avait été présenté à Napoléon III, dont il avait reçu le meilleur accueil. En avril 1857, il fut envoyé en mission à Paris pour assister le ministre de Prusse aux conférences qui venaient de s'ouvrir au sujet de l'affaire de Neuchâtel, et ce fut grâce aux efforts de l'Empereur que le roi Frédéric-Guillaume IV parvint à régler d'une manière honorable pour lui, et sans avoir à tirer l'épée, son différend avec la Suisse.

Napoléon III avait une sympathie spéciale pour M. de Bismarck. Il croyait à l'étoile de l'homme d'Etat prussien et s'imaginait qu'il trouverait en lui un auxiliaire pour détruire les traités de 1815, compléter l'affranchissement de l'Italie, et faire prévaloir le principe des nationalités. De son côté, M. de Bismarck professait, au début du Second Empire, une grande admiration pour Napoléon III. Le 2 juin 1857, dans un mémoire destiné à Frédéric-Guillaume IV, il s'appliquait à combattre une à une les objections et les préventions de ce prince contre un accord intime avec la France impériale. « On reproche à la dynastie napoléonienne, disait-il dans ce mémoire, de n'avoir pas une origine légitime ; mais la plupart des trônes ne sont pas plus légitimes : ce qui n'empêche pas que la Cour de Prusse se trouve avec ces dynasties en alliance politique ou en alliance de famille... Louis-Napoléon n'est pas arrivé au trône par une insurrection contre l'autorité établie, et, s'il déposait aujourd'hui le pouvoir, il mettrait peut-être dans l'embarras l'Europe qui le prierait d'y rester. Et puisque la Prusse a reconnu l'empereur Napoléon, comment serait-il contraire à son honneur de nouer avec lui les rapports que commandent les événements ? »

En 1859, M. de Bismarck, qui portait alors le titre de comte, était à Francfort, où, depuis 1854, il représentait la Prusse, en qualité de ministre auprès de la Confédération germanique. Il y combattait l'influence de l'Autriche, la puissance rivale, avec la fougue et l'opiniâtreté de son caractère. Si son gouvernement l'eût écouté à cette époque, la Prusse n'aurait pas hésité, croyons-nous, à renverser le vieil édifice fédéral et à conclure avec Napoléon III une alliance d'ambition.

Depuis le 9 octobre 1858, le roi Frédéric-Guillaume IV, par suite du mauvais état de sa santé, avait confié la régence à son frère, le futur empereur d'Allemagne. Le prince-régent nourrissait des desseins très vastes, mais ne les avouait pas encore, et ses confidents intimes connaissaient seuls le rêve caressé par lui d'expulser les Habsbourg de l'Allemagne pour y faire dominer les Hohenzollern. Mais cette politique audacieuse n'existait qu'à l'état latent, et le prince ne songeait alors ni à se brouiller avec l'Autriche, ni encore moins à conclure une alliance avec le Piémont. Il trouva que M. de Bismarck allait trop vite, et, le 29 février 1859, il lui fit échanger le poste de Francfort contre celui de Saint-Pétersbourg. Le diplomate prussien avait voulu continuer à la Diète germanique sa lutte contre l'Autriche. Il ne s'éloigna de Francfort qu'à regret, non sans avoir critiqué l'hostilité que la Confédération témoignait contre la politique de Victor-Emmanuel et de Napoléon III.

Le 5 février, le comte de Buol, ministre des Affaires étrangères d'Autriche, avait adressé aux agents autrichiens accrédités près des Cours germaniques une circulaire où il exprimait la satisfaction du Cabinet de Vienne en présence des manifestations sympathiques que sa cause avait excitées en Allemagne. C'était surtout dans le sud, à Munich, à Stuttgart, à Darmstadt, à Carlsruhe, qu'on encourageait la cour d'Autriche à recourir aux moyens violents contre le Piémont.

L'empereur François-Joseph envoya près du prince-régent de Prusse l'archiduc Albert, fils de l'archiduc Charles, le célèbre émule de Napoléon. L'archiduc Albert arriva à Berlin le 14 avril, et annonça que l'Autriche adresserait dans le plus bref délai à la cour de Turin un ultimatum dont le rejet entraînerait immédiatement l'occupation du territoire piémontais par les troupes impériales. L'Autriche se faisait alors de grandes illusions. Considérant la guerre d'Italie comme secondaire, elle se préoccupait surtout de la guerre sur le Rhin, qui, à ses yeux, était inévitable, et dont elle offrait de soutenir le poids avec 260.000 hommes. Cette armée aurait été placée sous les ordres de l'archiduc Albert, investi en même temps du commandement de plusieurs corps fédéraux du sud.

En présence des complications que l'explosion de la guerre pouvait amener, M. d'Usedon, qui avait remplacé M. de Bismarck comme ministre de Prusse à Francfort, proposa le 23 avril, à la Diète, une motion ainsi conçue : « La Diète arrête qu'elle invite les Etats confédérés à mettre leurs contingents principaux en état de *préparation de marche;* elle ordonne de prendre les mesures nécessaires pour l'armement des forteresses fédérales. » A l'appui de cette motion le Cabinet de Berlin déclara à ses confédérés qu'il lui semblait urgent de donner à l'Allemagne une organisation défensive en harmonie avec les dispositions militaires prises dans les Etats voisins.

Le gouvernement autrichien observait avec joie toutes ces démonstrations. Le comte Buol disait à lord Loftus, ambassadeur d'Angleterre à Vienne : « Si l'empereur des Français a voulu tâter le pouls de la nation germanique, il en a reçu un salutaire avertissement.

Ainsi donc, pour défendre la cause italienne. Napoléon III n'avait pas seulement à combattre l'Autriche. Il s'exposait à trouver réunie contre lui toute l'Allemagne, sans avoir nullement l'assurance qu'elle serait contenue par la Russie. Rarement souverain courut d'aussi grands risques et engagea avec autant de témérité une partie aussi périlleuse.

IX

LA RUSSIE

La guerre d'Italie ne fut possible que parce que les relations de Napoléon III et d'Alexandre étaient très cordiales en 1859. Si, à cette époque, elles avaient été aussi froides qu'elles le furent en 1870, la France n'aurait pu affronter une lutte où elle eût risqué de rencontrer, outre l'hostilité déclarée de l'Autriche et de toute l'Allemagne, le mauvais vouloir de la Russie.

Au début de 1859, les deux souverains se témoignaient mutuellement une sympathie très vive. Le marquis de Chateaurenard, chargé d'affaires de France à Saint-Pétersbourg, en l'absence de l'ambassadeur, le duc de Montebello, écrivait au comte Walewski, le 13 janvier :

« L'Empereur a tenu un cercle diplomatique à l'occasion du renouvellement de l'année. Sa

Majesté m'a honoré d'un accueil particulièrement bienveillant, et m'a dit : — Chaque jour m'apporte une preuve de plus de la confiance qui préside aux rapports du gouvernement de l'empereur Napoléon avec le mien et des dispositions amicales qui animent la France à l'égard de la Russie. C'est entre les deux Cours plus que de la confiance, c'est de la cordialité la plus intime, et j'en suis bien heureux. Je désire que l'empereur Napoléon sache qu'il peut compter sur moi comme je compte sur lui. Veuillez lui en faire parvenir l'assurance. — Je ne saurais assez insister, monsieur le comte, sur l'accent de profonde conviction dont était empreint le langage de Sa Majesté. Les assistants ne pouvaient entendre les paroles qui m'étaient adressées, mais ils ont tous remarqué l'air de satisfaction et de sympathie avec lequel l'empereur s'est approché du chargé d'affaires de France. »

Dans la pensée de Napoléon III, le principal objet de l'entrevue de Stuttgart avait été de s'assurer, sinon le concours armé, du moins l'appui moral de la Russie, en vue d'une guerre contre l'Autriche. Si Alexandre II avait blâmé cette guerre, il est incontestable que les divers États allemands se seraient levés comme un seul homme pour l'empêcher, et que la Sardaigne ayant contre elle toutes les grandes puissances, excepté la France, aurait pu bien difficilement continuer sa politique de défis contre sa redoutable voisine. Mais l'attitude du Cabinet de Saint-Pétersbourg tempéra l'effervescence germanique et permit à Napoléon III de donner suite à ses idées.

Le marquis de Chateaurenard écrivait au comte Walewski, le 24 janvier : « Le prince Gortchakoff a dit au ministre d'Angleterre, sir John Crampton que, sans aucun doute, la Russie désirait le maintien de la paix autant qu'aucune autre puissance, mais qu'elle ne ferait rien pour arrêter le cours des événements qui pourraient surgir, fussent-ils de nature à conduire à la guerre. Elle se renfermerait dans une politique d'expectative qui lui convient, pense-t-il, mieux que toute autre pour le moment. Ces paroles me paraissent exprimer fidèlement la pensée du gouvernement russe. Le ressentiment inspiré par la conduite de l'Autriche pendant la guerre de Crimée est toujours aussi vif, quoiqu'il ne se traduise plus, comme par le passé, et à chaque occasion, par le langage le plus violent; il suffit à expliquer que le Cabinet de Saint-Pétersbourg, d'accord en cela avec les sentiments unanimes de l'armée et du pays, ne veuille pas prêter ses bons offices pour aider à défendre une situation que la presse signale comme étant de nature à créer des dangers sérieux à une puissance qui est regardée ici comme coupable de trahison et d'ingratitude envers la Russie. »

Alexandre II n'avait consenti à la paix avec

les puissances occidentales qu'à la suite de l'ultimatum autrichien, et il avait la conviction que c'était l'empereur François-Joseph, — sauvé en 1849 par l'empereur Nicolas, lors de l'insurrection hongroise, — qui avait empêché la réalisation du testament de Pierre le Grand. Ajoutons que, depuis le traité de Paris, la politique russe et la politique autrichienne avaient été en lutte perpétuelle dans la péninsule des Balkans. C'est pour cela que le tsar voulait donner une leçon à l'Autriche, et que les embarras dans lesquels cette puissance se trouvait plongée causaient une vive satisfaction à toutes les classes de la société russe. La guerre d'Italie fut, en réalité, une conséquence de la guerre de Crimée. Sans avoir à tirer l'épée, la Russie allait prendre sa revanche contre l'Autriche.

A toutes les instances pacifiques du ministre d'Angleterre, sir John Crampton, le prince Gortchakoff répondait avec un mélange de hauteur et d'amertume. Il formulait timidement quelques vœux pour la paix, mais il avait soin d'ajouter : « Quant à peser la France et l'Autriche dans la même balance, nous ne le ferons pas ; avec la France nos relations sont cordiales, avec l'Autriche elles ne le sont point, et ne tendent, en aucune façon, à s'améliorer. La Russie avait autrefois l'habitude d'offrir aux Cabinets de l'Europe ses avis amicaux. Dans cette politique, elle a été la dupe de son désintéressement. Nous n'avons plus de conseils à donner aujourd'hui. Notre sollicitude se porte, à l'exclusion de tout le reste, sur nos améliorations intérieures, et ce souci est assez grand pour nous absorber. Il ne nous absorbe pourtant pas à un tel point que nous voulions nous engager à la neutralité. Nous n'affirmons pas que nous resterons étrangers à la lutte. Dans l'avenir comme dans le présent, nous réservons notre liberté d'action. » (Dépêche de sir John Crampton à lord Malmesbury, 26 janvier 1859).

M. de La Gorce l'a dit avec raison : « C'est dans la complaisance du tsar que Napoléon III puisa la hardiesse de tout oser ». L'appui que la Russie prêtait à la France était, d'ailleurs, très limité. Il avait un caractère platonique, car le gouvernement du tsar se bornait à donner des conseils de prudence à l'Allemagne, mais n'avait nullement l'intention de prendre les armes contre elle, au cas où elle ne les écouterait point. Dans une dépêche adressée au comte Walewski, le 4 février, le marquis de Chateaurenard s'exprimait ainsi : « Le prince Gortchakoff m'a dit qu'il avait spécialement insisté auprès du ministre de Prusse sur ce point que le Cabinet de Berlin contribuerait efficacement au dénouement pacifique de la situation actuelle, en déclarant hautement l'intention de s'abstenir de prendre part à un débat qui n'affecterait pas directement les intérêts de la Prusse. J'ai cru, par là, me conformer, m'a dit le prince, à la demande que m'a faite le gouvernement de l'empereur Napoléon de l'aider à éclairer l'opinion publique en Allemagne sur les principes qui dirigent sa politique ; vous pouvez donner au comte Walewski l'assurance que je satisferai, autant qu'il dépendra de moi, au désir qu'il m'a fait exprimer à ce sujet. »

D'autre part, malgré son mauvais vouloir contre l'Autriche, Alexandre II ne désirait nullement l'unification de l'Italie sous le sceptre du roi Victor-Emmanuel, bien que cette combinaison n'eût rien de dangereux pour un empire aussi vaste et aussi éloigné que celui des tsars. Mais les idées essentiellement conservatrices du gouvernement russe, son respect pour les traités de 1815, sa crainte de voir triompher dans la péninsule italienne des principes révolutionnaires qui pourraient avoir en Pologne leur contre-coup, le rendaient naturellement hostile aux menées des mazziniens et de Garibaldi. Ajoutons qu'Alexandre II, comme son père, témoigna toujours une sympathie spéciale au roi de Naples qui avait résisté avec tant d'énergie à la révolution, et dont le système réactionnaire plaisait au Cabinet de Saint-Pétersbourg. Mais en 1859, le gouvernement du tsar s'imaginait que les remaniements territoriaux ne pourraient s'étendre qu'à l'Italie du Nord, et qu'en tout cas le royaume des Deux-Siciles ne pouvait courir aucun danger.

Les idées de la Russie étaient en pleine contradiction avec celles des partisans de l'unité italienne, et, en résumé, il aurait suffi qu'Alexandre II encourageât sous mains la Prusse à défendre l'Autriche pour que la guerre d'Italie fût matériellement impossible. Nous verrons plus tard que les Cabinets de Berlin et de Saint-Pétersbourg étaient restés en bons termes l'un avec l'autre, et que le jour où la Confédération germanique parut décidée à marcher au secours de l'Autriche, après la bataille de Solférino, Alexandre II ne dissimula point à Napoléon III qu'il ne prendrait pas les armes pour le soutenir.

On ne doit pas oublier non plus qu'avant la guerre la puissance qui proposa un congrès dans l'espérance d'arriver à une solution pacifique, ce fut la Russie. Détournons maintenant notre attention des efforts qu'elle fit à ce sujet, et jetons un coup d'œil sur la situation de Paris pendant les trois mois qui précédèrent l'ouverture des hostilités.

X

LE CARNAVAL

Pendant le carnaval de 1859, la grande affaire à Paris, ce n'est pas la politique, c'est le plaisir. Jamais les salons n'ont été plus brillants, les fêtes plus nombreuses, plus splendides. Le chroniqueur de l'*Illustration* écrit le 12 février : « Dieu soit loué ! Un rayon d'en haut aura dissipé les derniers nuages qui pesaient sur la situation. *Tout semblait aquilon, tout n'est plus que zéphir.* Ce carnaval qui commence a déjà les allures d'un carnaval finissant. C'est une semaine pleine de bruit, de lumières et d'enchantements; on ne se promène plus qu'en cadence, parmi des buissons de fleurs et des rivières de diamants. » M. Busoni ajoute, le 19 : « Ainsi donc, en dépit des alarmistes, le carnaval parisien sera une vérité. La guerre ou plutôt sa fantasmagorie, on l'abandonne aux conjectures des oisifs et de quelques publicistes en retard... La situation de l'Italie, l'endurcissement de l'Autriche à son égard, de grandes puissances en alarmes et mêmes en armes, il faut oublier tout cela provisoirement. Voici des fêtes mémorables et des spectacles éblouissants. La beauté veille six nuits par semaine, et ne se repose pas le dimanche. »

Le monde officiel, la société aristocratique du faubourg Saint-Germain et la société financière de la Chaussée-d'Antin rivalisent de luxe et d'élégance. C'est une infatigable émulation de soirées et de bals. Mondains et mondaines semblent avoir le don d'ubiquité. Il y en a qui le même soir se montrent à la fois au théâtre et dans trois ou quatre salons.

14 février. — La ville de Paris offre une fête magnifique au prince Napoléon et à la princesse Clotilde. Dix mille invitations ont été lancées pour ce bal féerique, entrée triomphale de la fille du roi Victor-Emmanuel dans le monde parisien. Escortés par un peloton de cavalerie, le prince et la princesse parcourent la rue de Rivoli et passent devant la tour Saint-Jacques illuminée. La façade de l'Hôtel de Ville resplendit de mille feux. La cour centrale est transformée en un *hall* immense. Le vestibule qui la précède et les arcades qui l'entourent forment autant de berceaux en treillages dorés, garnis de verdure et de fleurs. Des myriades de plantes s'étagent en gradins dans les galeries. Au quadrille d'honneur la princesse Clotilde danse avec le baron Haussmann, préfet de la Seine, et le prince Napoléon avec la baronne Haussmann ; la princesse Mathilde avec le baron de Hübner, ambassadeur d'Autriche, et le marquis de Villamarina, ministre de Sardaigne, avec Mme Firmin Rogier, femme du ministre de Belgique ; M. Delangle, ministre de l'Intérieur, avec la princesse Anna Murat, et le préfet de police, M. Boitelle, avec la marquise de Villamarina.

Les idées sont à l'apaisement. Pie IX se fait des illusions généreuses, et s'imagine qu'il pourra conserver son pouvoir temporel sans avoir besoin de troupes françaises ou autrichiennes.

Le duc de Gramont, ambassadeur de France à Rome, écrit au comte Walewski, le 12 février : « Le passage du discours de l'Empereur relatif à l'Italie a donné lieu de la part du cardinal Antonelli et de Sa Sainteté elle-même à quelques observations qui présentent un caractère de netteté que jamais encore je n'avais rencontré dans le langage du secrétaire d'État. Le Pape, a dit Son Éminence, avait regretté de voir Sa Majesté déclarer que l'ordre ne pouvait être maintenu dans les États Romains que par des troupes étrangères et que son gouvernement constituait, par cela même, une cause permanente d'inquiétude pour la diplomatie... Le Pape comptait aujourd'hui 16,600 hommes présents sous les drapeaux, et d'ici à quelques semaines le chiffre serait de 17.000, chiffre jugé suffisant pour pourvoir au service intérieur et à la sécurité des États Pontificaux... Le Pape était tout disposé, pour ce qui le concerne, à calmer les inquiétudes dont on le rend responsable, et si, comme on le disait, l'occupation de ses États par les troupes étrangères était un obstacle au repos de l'Italie et à la paix du monde, il était prêt à entrer en arrangement avec la France et l'Autriche pour combiner l'évacuation simultanée de son territoire. »

Le 22 février, le duc de Gramont adresse au comte Walewski cette dépêche télégraphique : « Le cardinal Antonelli, par ordre de Sa Sainteté, a fait aujourd'hui aux ambassadeurs de France et d'Autriche la demande de l'évacuation des États Pontificaux par les armées d'occupation dans un délai à fixer très prochain. Le Pape ayant appris par le général de Goyon l'arrivée prochaine de 970 hommes de troupes, m'a fait prier de demander par le télégraphe qu'on suspendit cet envoi. »

Le Saint-Père a compté sans les machinations et la propagande incessante du gouvernement sarde. Dans un mémorandum adressé à l'Angleterre, le 1er mars, M. de Cavour résume les doléances des peuples italiens, et les remèdes considérés par lui comme nécessaires. A ses yeux, ces remèdes sont pour la Lombardie, la Vénétie et les provinces pontificales situées à l'est des Apennins, un gouvernement autonome; dans toute l'Italie centrale un large régime de réformes administratives; et enfin la résiliation des conventions militaires de l'Autriche avec le grand-duché de Toscane et les duchés de Parme et de Modène. Évidemment le comte de Cavour a élargi son programme pour fermer la porte à toute politique de conciliation. D'un bout à l'autre du royaume les journaux s'entretiennent de la guerre comme si déjà elle eût été déclarée. Une loi vient de fortifier les cadres de la garde nationale. Des comités sont créés pour recruter et pour armer les volontaires. Napoléon III ne veut pas encore qu'on s'alarme. Il croit le moment venu de ranimer les esprits.

Le *Moniteur* du 5 mars publie une longue note où il est dit : « L'Empereur n'a rien à cacher, rien à désavouer, soit dans ses préoccupations, soit dans ses alliances. L'intérêt français domine dans sa politique, et il justifie sa vigilance. En face des inquiétudes mal fondées, nous aimons à le croire, qui ont ému les esprits en Piémont, l'Empereur a promis au roi de Sardaigne de le défendre contre tout acte agressif de l'Autriche; il n'a promis rien de plus, et l'on sait qu'il tiendra parole. Sont-ce là des rêves de guerre ? Depuis quand n'est-il plus conforme aux règles de la prudence de prévoir les difficultés plus ou moins prochaines, et d'en percer toutes les conséquences ? Nous venons d'indiquer ce qu'il y a de réel dans les pensées, dans les devoirs et dans les dispositions de l'Empereur ; tout ce que les exagérations de la presse y ont ajouté est imagination, mensonge et délire. La France, dit-on, fait des armements considérables. C'est une imputation purement gratuite... N'est-il pas temps de se demander quand finiront ces vagues et absurdes rumeurs, répandues par la presse d'un bout de l'Europe à l'autre, signalant partout à la crédulité publique, l'Empereur des Français comme poussant à la guerre, et faisant peser sur lui seul la responsabilité des inquiétudes et des armements de l'Europe ? Qui donc peut avoir le droit d'égarer aussi outrageusement les esprits, d'alarmer aussi gratuitement les intérêts ? »

La conclusion de la note du *Moniteur* est celle-ci : « Étudier les questions, ce n'est pas les créer ; et détourner d'elles ses regards, ce ne serait non plus ni les résumer, ni les résoudre. Au reste, l'examen de ces questions est entré dans la voie diplomatique, et rien n'autorise à croire que l'issue n'en sera pas favorable à la consolidation de la paix publique. »

La note du 5 mars rassure les alarmistes. A la Bourse, on assiste à un de ces mouvements de hausse auxquels on n'était plus accoutumé.

La veille a eu lieu à l'Opéra la première représentation d'*Herculanum*, paroles de MM. Méry et Hadot, musique de Félicien David. Grand succès pour l'œuvre et pour ses interprètes, Roger, Obin, Mme Borghi-Mamo, Mme Gueymard-Lanters. Triomphe dans le divertissement pour la danseuse Emma Livry. Écoutons le critique musical, M. Fiorentino, sous le pseudonyme d'A. de Rovray : « On ne cesse pas de battre des mains tant que ses variations durent. On a parlé de pointes ; voilà des pointes d'acier ! On a parlé d'élévation, de ballon, de parcours. Ceux qui n'ont pas vu Mlle Livry dans ce pas merveilleux ne pourront jamais se faire une idée de la légèreté, de la rapidité, de l'aplomb de cette jeune artiste. Si Félicien David a cherché dans quelques-uns de ses airs de ballet la poésie et la danse immatérielles, son rêve est réalisé, son vœu est accompli. »

Un autre chroniqueur musical, M. Héquet, s'exprime ainsi : « Mlle Emma Livry dépasse toutes les promesses de ses débuts. On n'a pas plus d'audace, de vigueur et de légèreté ; elle seule suffirait pour faire brûler Herculanum. » Hélas ! ce qui brûlera, c'est la danseuse elle-même. Un peu plus tard, les flammes de la rampe mettront le feu à des jupes de tulle, et elle mourra dans d'atroces tortures.

Le 7 mars, l'Empereur rend un décret qui relève le prince Napoléon de ses fonctions ministérielles. Le prince cède à M. Rouher son portefeuille de ministre de l'Algérie et des Colonies. Les partisans de la paix voient dans cette démission une disgrâce, et ils s'en réjouissent, car le prince, par son mariage aussi bien que par ses sentiments personnels, passe pour être auprès de l'Empereur le principal avocat de la cause italienne.

Le carnaval va finir de la manière la plus brillante. Il semble que tout Paris s'écrie : A demain les affaires sérieuses ! Tous les partis, toutes les classes de la société s'amusent. Laissons encore la parole au chroniqueur que nous avons déjà cité : « Les violons, dit-il, font plus de bruit que la politique; c'est une justice à leur rendre, et le memorandum Strauss où Pilado a plus de succès que ceux de la diplomatie. Le carnaval jette feux et flammes : bals, festins, mascarades, on n'échappe à un enchantement que pour tomber dans cent autres... Ce carnaval a des effets miraculeux; il fait oublier la politique et lui impose silence, pour peu qu'elle s'avise de se mêler à la conversation. Aurons-nous la guerre ? On laisse aux nouvellistes graves le soin de répondre à cette interrogation, qu'ils sont réduits à poser pour leur agrément. »

Les trembleurs, les trouble-fêtes seraient mal reçus. Si la guerre doit venir, qu'elle vienne ! Aucun Français n'en aura peur. En attendant le bruit des bombes et des balles, que celui des joyeux orchestres retentisse; On danse peut-être sur un volcan. Qu'importe ? pourvu qu'on danse. Les particuliers, les ministres, l'Empereur lui-même se lancent dans le tourbillon mondain. Les bals donnés par la baronne de Pontalba, la duchesse d'Istrie, la marquise de Pommereu, la duchesse de Riario-Sforza, sœur de M. Berryer, la comtesse Duchâtel, la comtesse Lehon, la duchesse d'Uzès, sont superbes. Mais rien ne peut lutter avec les grandes fêtes officielles. C'est le gouvernement qui a le dernier mot en fait de luxe, d'éclat, de magnificence. Les ministères sont des palais. Les Tuileries apparaissent dans une lumière d'apothéose.

Napoléon III aime le faste et le considère comme nécessaire au prestige d'un souverain. Il veut qu'aucune Cour en Europe ne soit plus brillante que la sienne.

XI

QUATRE BALS COSTUMÉS

En moins d'une semaine, il y eut quatre bals costumés : le premier au ministère d'Etat, le second à la présidence du Corps législatif, le troisième au ministère des Affaires étrangères, le quatrième aux Tuileries. J'assistais à ces fêtes. Elles me sont présentes à l'esprit comme si elles avaient eu lieu hier. Les invités devaient être soit en costume, soit en domino vénitien, soit en domino avec masque. Les personnes à visage découvert étaient de beaucoup plus nombreuses que les personnes masquées, et la danse tenait plus de place que l'intrigue. On a souvent médit de ces bals. On a eu tort. Ils rentraient dans les traditions de l'ancienne monarchie et du premier Empire. Le tutoiement entre personnes masquées et cachées sous les longs plis du domino était autorisé, mais n'empêchait pas le respect des convenances. On sentait que l'Empereur et l'Impératrice n'étaient pas loin. Cela aurait suffi pour écarter toute incorrection de langage. Les jeunes filles les mieux élevées pouvaient sans inconvénient assister à ces fêtes dont la magnificence, le côté pittoresque et le bon goût étaient vraiment incomparables. L'Empereur et l'Impératrice furent présents aux quatre bals que nous allons raconter, aux trois premiers, en domino avec masque, au quatrième, celui des Tuileries, à visage découvert. Ces travestissements au milieu des complications diplomatiques les plus graves, ces fêtes éblouissantes, qui précédaient de quelques semaines seulement une des plus grandes guerres du XIXe siècle, portaient la marque d'un régime qui voulait mener de front la gloire et le plaisir. Aujourd'hui de pareilles distractions seraient un anachronisme. Se figure-t-on des bals costumés que donneraient le président de la Chambre des Députés ou le ministre des Affaires étrangères, et auxquels assisterait, sous le domino, le président de la République ? Autres temps autres mœurs.

28 février 1859. — Bal costumé donné au ministère d'Etat par M. et Mme Achille Fould. Parmi les costumes les mieux réussis : M. et Mme Anatole Bartholoni en chinois et chinoise authentiques, Mme Dubois de l'Estang, en mariée Louis XV, Mme Alfred Leroux en tsarine, Mlle Errazu en Indienne, la baronne de Mackau en châtelaine du moyen âge, M{mc} Lejeune en Libanaise, M{mc} Eugène Poujade en Roumaine, le vicomte Onésippe Aguado en toréador. Vers minuit, deux dominos ont traversé les corridors qui conduisent des Tuileries au Louvre, où est installé le ministère d'Etat, et sont entrés discrètement dans le bal par une porte dérobée. Après avoir intrigué pendant quelques instants la princesse Mathilde et plusieurs autres personnes, ils ont fait le tour des salons. Sont-ce les souverains ? On s'en doute, mais on n'en est pas sûr. En réalité, c'est l'Empereur, c'est l'Impératrice. Ils disparaissent comme ils sont venus, mystérieusement.

Au moment où les danses sont les plus animées, on voit apparaître deux femmes dont le visage est caché sous un loup, et qui portent deux costumes allégoriques. Elles représentent l'une la Paix, l'autre la Guerre. La Paix, vêtue de draperie blanche, a sur la tête une couronne d'olivier aux fruits d'or, et à la main un rameau vert. La Guerre casque en tête, les cheveux épars, marche en tenant une lance. Passant devant la princesse Mathilde, la Paix s'arrête, et dit, en abaissant la branche symbolique : « Permettez-moi, Madame, de déposer mon rameau et mes vœux à vos pieds. » La princesse répond : « Je les accepte comme augure, mais je ne réponds de rien. » Quant à la Guerre, ayant aperçu un général à qui la guerre de Crimée a valu son grade, elle lui tend la lance :

« Veux-tu la prendre ? dit-elle. — Volontiers, répond le vaillant officier, c'est mon métier de me battre ; mais je te ferai observer, ma chère, qu'une hirondelle ne fait pas le printemps. »

2 mars. — Bal donné à la présidence du Corps législatif par le comte et la comtesse de Morny. Toutes les personnes costumées doivent venir poudrées avec habillements du temps de Louis XV ou de Louis XVI. Dérogeant à cet ordre, le comte de Nieuwerkerque apparaît superbe en chef arabe. Comme on lui fait observer que ce costume ne rentre pas dans le programme : « C'est vrai, dit-il, je suis en Arabe, mais en Arabe du temps de Louis XV. » Parmi les femmes les plus remarquées — toutes poudrées — la comtesse de Morny, la princesse Joachim Murat, la comtesse Walewski, la princesse Lise Troubetzkoy (dont le salon politique sera célèbre pendant la présidence de M. Thiers), la comtesse de Brigode, Mme Dubois de l'Estang, la baronne de Beyens, une belle Brésilienne : Mme Pereira, Mlle Montané, Mme Emile de Girardin, une élégante Américaine de la Nouvelle-Orléans : Mme Piliè, dont la fille a épousé le marquis de Chasseloup-Laubat, Mlles de Bouteville, Mme Fleury et sa sœur Mlle Calley Saint-Paul, plus tard duchesse d'Isly. Les salons du comte de Morny, l'homme à la mode par excellence, sont d'une élégance rare. La galerie de tableaux, remplie de chefs-d'œuvre, tous achetés par lui, produit beaucoup d'effet, avec les réflecteurs éclairant les principales toiles.

5 mars. — Bal costumé donné au ministère des Affaires étrangères par le comte Walewski et la comtesse Walewska. Aucun local ne se prête mieux aux grandes fêtes que l'hôtel du quai d'Orsay. Le palais des Tuileries n'est pas aussi bien distribué. Nulle part on ne circule plus facilement que dans ces salons magnifiques. Grand succès de beauté pour la comtesse Walewska, en Diane chasseresse, pour la comtesse de Brigode, en bacchante, avec une peau de lion sur les épaules, pour Mme Anatole Bartholoni, en nuit, robe bleu foncé, avec étoiles d'argent, pour deux autres femmes également en nuit : Mme Ducos, veuve du ministre de la Marine, en nuit d'hiver, robe noir et or ; la vicomtesse de Janzé en nuit d'été, robe d'un bleu pâle. La plupart des invités soupent dans la salle à manger. Quelques privilégiés sont admis à souper dans une autre pièce avec Leurs Majestés qui ont elles-mêmes choisi les convives.

Le bouquet de ce feu d'artifice chorégraphique sera le grand bal costumé du Lundi gras, 7 mars, aux Tuileries. La femme qui organise le mieux les divertissements, les quadrilles pour ce genre de fêtes, c'est une chanoinesse, l'aimable et spirituelle comtesse Stéphanie de Tascher de La Pagerie, fille du grand maître de la maison de l'Impératrice et sœur du premier chambellan de la souveraine. C'est elle qui nous racontera les préparatifs du bal et le bal lui-même : « L'Impératrice, dit-elle, me chargea d'organiser quelque chose d'original qui semât la gaîté et l'entrain si difficiles à obtenir dans les fêtes officielles. A cette occasion, je fus témoin d'une petite scène qui ne manquait pas de piquant. Je me trouvais au palais avec l'Impératrice au sujet de mon quadrille, lorsque l'Empereur parut et vint s'asseoir près de nous. Le ménage m'a semblé en grande tendresse ce soir-là ; je vois encore la souveraine prendre la main de son mari qui s'avançait pour caresser son cou de cygne et y déposer un baiser, puis jeter autour d'elle de rapides regards un peu effrayés pour voir si personne n'avait remarqué le mouvement... Je me souviens que ce même soir les hasards de la conversation m'ayant amené à dire à l'Empereur qu'il méprisait les hommes en général, il me répondit : — Non, parole d'honneur, mais je crois les connaître. »

7 mars. — Le bal costumé des Tuileries, impatiemment attendu, dépasse en splendeur toutes les prévisions. L'Impératrice est plus belle que jamais dans un costume de fantaisie : toqué de velours cerise, cheveux poudrés et ornés de perles, robe de soie noire avec des palmes rouges et des broderies d'or. L'Empereur porte un riche uniforme ; c'est celui qui avait été proposé pour les cent-gardes, et qui n'avait pas été adopté :

tunique couleur chamois, avec bottes fortes et culotte de peau blanche; sur la tunique le grand cordon de la Légion d'honneur, avec plaque en diamants, et la médaille militaire. La princesse Mathilde est en Cléopâtre ; la princesse Clotilde, en Marie Stuart, large collerette, robe de velours rouge et or, jupe de satin brodé de pierreries. La princesse Anna Murat est en Bohémienne ; le duc de Hamilton, en Ecossais; la comtesse Primoli, en paysanne italienne; Mlle Errazu, en Diane ; la baronne de Bourgoing, en Marie-Antoinette ; la comtesse de Rayneval et Mme de Saulcy, en sphinx, costumes dessinés par M. Viollet-Leduc ; la princesse Joachim Murat et la baronne Caruel de Saint-Martin, en marquises ; le prince Joachim Murat, en Hongrois ; le général Fleury, en officier de la maison du roi sous Louis XV ; le comte de Nieuwerkerque, en croisé, avec un capuchon, une cotte de mailles, un bouclier en pointe ; le baron Robert de Billing, en Rubens ; le baron Reille, en Charles IX ; M. Edmond About, en Espagnol.

Eclairée par des lustres innombrables, la salle des Maréchaux, où l'on va danser, resplendit. Quel cadre radieux pour une fête, cette salle triomphale avec les portraits en pied des quatorze plus anciens maréchaux du premier Empire, avec les grands trophées que surmontent des aigles, et sur lesquels sont inscrits les noms des victoires remportées par Napoléon en per-

sonne ! Une estrade est placée devant les caria-
tides qui supportent le balcon donnant sur le
jardin. Leurs Majestés prennent place sur cette
estrade. Le défilé des quadrilles commence.

Voici celui des Bohémiens qui ont pour souverains le comte Charles de Tascher de La Pagerie et sa sœur, la comtesse Stéphanie. Les
danseuses sont la baronne de Lowenthal, femme
de l'attaché militaire de l'ambassade d'Autriche ;
la princesse Ladislas Czartoryska, fille de la reine
d'Espagne Christine et du duc de Riançarèz ;
la baronne de Wæchter, femme du ministre de
Wurtemberg; Mlle Eugénie de Tascher de La Pagerie; Mme Lecocq; miss Vaughan; miss Lee ;
la princesse Ypsilanti. Le roi et la reine se tiennent dans un grand char couvert de guirlandes
qui s'arrête devant les souverains. Puis bohémiens et bohémiennes dansent une mazurka très
bien réglée. Les danseurs sont le prince Czartoryski, le prince Ypsilanti, le baron Spitzenberg,
M. de Tournon, le baron de Veauce, M. Thé-
roulde, M. Millon de la Verteville, le baron
Rechterer.

Voilà maintenant les Quatre Saisons représen-
tées par la marquise de Villamarina, femme du
ministre de Sardaigne; Mme Firmin-Rogier,
femme du ministre de Belgique; la baronne de
Beyens et Mme Pereira.

Voilà le char des Jardiniers qui s'avance, conduit par le marquis de Lagrange. Sur le char, il

y a deux femmes déguisées en papillons : la comtesse de Morny et la duchesse de Cadore ; quatre déguisées en fleurs. L'œillet, c'est la comtesse de Walewska ; le lilas, Mme de Grétry ; la fleur des champs, la comtesse Walsh ; la rose, la comtesse de Labédoyère. Elles descendent du char et dansent avec les jardiniers un ballet parfaitement réussi.

A deux heures du matin, le cotillon commence, pendant que Leurs Majestés et les personnes qui ne dansent pas soupent dans la salle de spectacle au fond de laquelle on a disposé une décoration ornée de plantes tropicales et dont une cascade retentissante entretient la fraîcheur. Pendant le souper, on entend un orchestre et les chœurs du Conservatoire.

Qui pourrait croire qu'on soit si près d'une guerre terrible ? A voir ces visages rayonnants, ces toilettes éblouissantes, ces splendeurs dignes des Mille et une Nuits, qui donc pourrait s'imaginer que les cris des blessés et des mourants sur les champs de bataille remplaceraient si vite les doux murmures du bal et les sons enivrants de l'orchestre ? Qui pourrait prévoir le sort réservé à ce palais, théâtre de tant de gloires et de magnificences ? Comme il est heureux que les mortels ne connaissent pas à l'avance leurs propres destinées ! Sans cette ignorance, bienfait de Dieu, pourrait-il y avoir une seule fête joyeuse en ce bas monde ?

XII

LE CARÊME

Paris n'est pas moins animé pendant le carême que pendant le carnaval. Les préoccupations politiques n'entravent ni le mouvement théâtral, ni le mouvement mondain. On ne danse plus dans le monde officiel ; mais il y a encore des bals dans beaucoup de salons. Les raouts aristocratiques du faubourg Saint-Germain sont nombreux et brillants. Il y a aux Tuileries des réceptions et des concerts. Les affaires diplomatiques commentées avec ardeur à la Bourse y causent des mouvements qui passionnent les joueurs. On gagne ou l'on perd de grosses sommes, mais le marché est plein d'entrain. Les personnes aisées qui n'ont pas le goût des armes se sont fait remplacer, et l'on se dit que la guerre, si elle éclate, ne causera aucune perturbation dans les carrières civiles. Le nombre des cavaliers, des amazones, des voitures élégantes qui font chaque jour au Bois de Boulogne le *tour du lac* n'a nullement diminué. Les toilettes sont aussi luxueuses, les équipages aussi bien tenus, les théâtres aussi remplis et les soirées aussi fréquentes. Paris n'a rien perdu de son éclat et de sa gaieté.

Le comte Walewski, au ministère des Affaires étrangères, et le comte de Morny, à la présidence du Corps législatif, reprennent le 16 mars, leurs réceptions des mercredis soir. Ce sont des réunions très élégantes, où se montrent parfois quelques légitimistes et quelques orléanistes amis personnels des deux hommes d'État, tous deux très à la mode. Pendant son ambassade de Russie, le comte de Morny a remarqué parmi les demoiselles d'honneur de l'impératrice, Mlle Sophie, princesse Troubetzkoy, qui descend d'un des compagnons de Rurik. Il l'a épousée par amour, et lorsqu'elle est arrivée à Paris, elle y a excité l'attention générale. Blonde, avec des yeux noirs, svelte, d'une tournure distinguée, la comtesse de Morny a des traits délicats et une tête de camée. Les fastueux salons de la présidence du Corps législatif sont un cadre digne d'elle. Ceux de l'hôtel du quai d'Orsay — un véritable palais — n'ont pas moins de magnificence. Le comte Walewski, type de grand seigneur, et la comtesse Walewska, reçoivent avec une courtoisie exquise, Le corps diplomatique étranger, au grand complet, assiste à toutes les soirées du ministère des Affaires étrangères.

Le 16 mars, au Théâtre-Italien, l'Empereur se montre à un concert donné par une œuvre de bienfaisance. On y applaudit une femme qui appartient au monde de la Cour, et dont le talent pour le chant dépasse d'un aveu unanime, les limites d'un talent d'amateur. C'est la jeune femme du docteur Conneau, médecin, confident et ami de Napoléon III. On applaudit également Mmes Grisi, Frezzolini, Alboni; MM. Mario, Corsi, Zucchini et un amateur distingué, M. Robin.

17 mars. — Le gouvernement piémontais qui, dès le 9 mars, a rappelé à l'activité tous les militaires congédiés ou maintenus dans leurs foyers depuis la classe de 1832 jusqu'à la classe de 1828, publie un décret qui autorise la création de corps francs.

18 mars. — Six mille orphéonistes des villes et des campagnes donnent au Palais de l'Industrie, un concert gigantesque devant un auditoire de cinquante mille personnes. Tous chantent en chœur avec un rare ensemble, le *Départ des Chasseurs* de Mendelsohn, un psaume de Marcello, et le septuor des *Huguenots : En mon bon droit j'ai confiance.*

20 mars. — L'Empereur passe en revue, au Champ-de-Mars, la garde impériale. Les partisans de la paix avaient craint que cette solennité ne donnât lieu à des démonstrations belliqueuses. Rien de pareil ne se produit. Napoléon III est acclamé par les troupes, mais le cri de : Vive l'Italie ! n'est poussé ni par l'armée, ni par le peuple. Le but principal de cette fête militaire paraît avoir été la présentation aux troupes du Prince Impérial, inscrit sur les contrôles du 1er grenadiers de la garde. L'enfant, dans une calèche découverte avec l'Impératrice, porte l'uniforme du régiment. L'Empereur, en quittant la place qu'il occupait pendant le défilé, et en se dirigeant du côté du pont d'Iéna, ordonne aux factionnaires de laisser approcher la foule. Le souverain est immédiatement entouré par une immense multitude qui se précipite jusque sous les pieds des chevaux en criant : *Vive l'Empereur !* Il y a dans le cortège un instant de profonde sensation, mais sans accident. Un temps superbe a favorisé la revue.

Leurs Majestés, accompagnées du prince Napoléon, de la princesse Clotilde et de la princesse Mathilde, se rendent, après la revue, au Palais de l'Industrie, où a lieu le second concert des orphéonistes : à leur entrée dans l'immense salle, ils sont accueillies par des acclamations chaleureuses. M. Delaporte, qui dirige le concert, reçoit le témoignage de leur satisfaction. Richement décorée et entièrement remplie de monde, la salle offre un coup d'œil superbe.

21 mars. — Au Théâtre-Lyrique, première

représentation d'un nouvel opéra de Gounod : *Faust*. Voici quelques extraits du compte rendu publié dans le *Moniteur*, par M. Fiorentino :

« Ce qui doit surtout flatter M. Gounod, c'est que le succès de son œuvre est dû aux qualités les plus sévères et les plus éminentes : l'unité de composition, la pureté du dessin, l'élévation du style et l'harmonie des couleurs...

« On ne saurait imaginer la simplicité et la grâce de ces deux vers du récit :

> Je voudrais bien savoir quel était le jeune homme,
> Si c'est un grand seigneur : et comment il se nomme.

« La manière dont Mme Carvalho les dit vaut tout un drame et tout un poème. Puis, toujours absorbée par son idée, elle murmure du bout des lèvres la ballade du *Roi de Thulé*, s'interrompant par des *a parte* d'un naturel exquis et d'une mélancolie touchante. Je ne sais rien de plus aérien ni de plus vaporeux que la cantilène de Marguerite à sa fenêtre. La pauvre fille, au comble de la joie, parle à la lune et aux étoiles ; elle prend la nature entière à témoin de son bonheur...

« Au cinquième acte, l'admirable trio de Faust, Marguerite et Méphistophélès et la rayonnante apothéose qui termine dignement ce magnifique ouvrage ont mérité tous les applaudissements qu'on n'a cessé de prodiguer pendant cette belle et triomphale soirée au jeune maître et à sa vaillante interprète Mme Miolan-Carvalho. »

22 mars. — Le *Moniteur* publie cette note, qui produit grand effet : « La Russie a proposé la réunion d'un congrès en vue de prévenir les complications que l'état de l'Italie pourrait faire surgir, et qui serait de nature à troubler la paix de l'Europe. Ce congrès composé des plénipotentiaires de la France, de l'Autriche, de l'Angleterre, de la Prusse et de la Russie, se réunirait dans une ville neutre. Le gouvernement de l'Empereur a adhéré à la proposition du cabinet de Saint-Pétersbourg. Les cabinets de Londres, de Vienne et de Berlin n'ont pas encore répondu officiellement. »

Le soir, à l'Opéra, une représentation est donnée aux orphéonistes, par ordre de l'Empereur. On joue *Herculanum*. 3,600 orphéonistes parviennent à trouver place dans la salle qui, ordinairement ne contient que 1,800 personnes.

24 mars. — Le *Moniteur* annonce l'adhésion des cabinets de Londres et de Berlin à la proposition de Congrès.

25 mars. — On lit dans le *Moniteur* : « Le cabinet de Vienne a adhéré à la proposition de la Russie concernant la réunion d'un Congrès. Le comte de Cavour est parti de Turin, se rendant à Paris sur l'invitation de l'Empereur. »

La première nouvelle tend à rassurer les esprits ; la seconde les inquiète. Le gros public veut croire à l'efficacité d'un congrès, comme remède pacifique. Les hommes plus au courant des choses de la diplomatie n'y voient qu'un acheminement vers un conflit armé. C'est l'heure où M. Thiers écrit dans une lettre particulière :

« L'Empereur a une idée fixe : amener la guerre tout en parlant de la paix. »

Que vont se dire les deux associés de Plombières. Napoléon III et M. de Cavour ? C'est la question qu'on se pose avec anxiété.

26 mars. — L'homme d'Etat piémontais arrive à Paris. Il descend à l'hôtel de Londres, rue Castiglione, n° 5, et a, dans la journée, avec l'Empereur, une entrevue dont le mystère reste impénétrable.

Les deux jours suivants, il n'est pas reçu par le souverain indisposé ou feignant de l'être. Aux financiers qui l'interrogent avec anxiété, le ministre piémontais se contente de répondre : « Il y a des chances pour la paix, il y a des chances pour la guerre. » Comme le baron James de Rothschild insiste, « Tenez, lui dit-il en souriant, je vais vous faire une proposition : achetons ensemble des fonds ; jouons à la hausse ; je donnerai ma démission ; il y aura une hausse de trois francs. » — « Vous êtes trop modeste, monsieur le comte, réplique le banquier israélite, vous valez bien six francs. »

26 mars. — Le comte de Cavour a une dernière entrevue avec l'Empereur en présence du comte Walewski. Malgré les vives instances de celui-ci, il déclare que le Piémont ne désarmera point, et il sort des Tuileries mécontent du ministre des Affaires étrangères, sinon du souverain. Le soir, il écrit au général de La Marmora : « La question italienne a été aussi mal engagée que possible, mais la guerre est inévitable ; elle sera retardée de deux mois au moins ; elle aura lieu sur le Pô et sur le Rhin. »

30 mars. — Au moment de quitter Paris, M. de Cavour écrit à Napoléon III une lettre dans laquelle, rappelant au souverain son ancienne sympathie, ses encouragements, ses promesses, il le conjure de rester sourd aux conseils du comte Walewski et de repousser une politique rétrograde qui transformerait l'Italie en ennemie mortelle de la France et forcerait le roi Victor-Emmanuel à abdiquer.

1er avril. — Le comte de Cavour est de retour à Turin. Au débarcadère du chemin de fer, il est salué par un groupe de nombreux amis, qui lui font une bruyante ovation.

Le même jour, à Paris, la grande tragédienne italienne Mme Ristori fait sa rentrée dans *Fedra*, la traduction de la *Phèdre* de Racine.

3 avril. — L'Empereur passe, au Champ de Mars, la revue des troupes de l'armée de Paris et de la 1re division militaire. L'Impératrice, ayant à ses côtés la princesse Mathilde et la princesse Clotilde, et tenant devant elle le Prince Impérial, assiste à la revue sur le balcon de l'Ecole Militaire.

4 avril. — A l'Opéra-Comique première représentation d'une œuvre de Meyerbeer : *Le Pardon de Ploërmel*. L'illustre compositeur va pouvoir constater que les complications italiennes ne nuisent pas plus au succès de cet ouvrage que l'approche de la guerre d'Orient n'avait nui à celui de l'*Etoile du Nord*. Les spectateurs ne songent ni au congrès, ni à l'Autriche, ni au Piémont, ni aux luttes diplomatiques ou militaires. Ils sont tout entiers au plaisir d'applaudir une jolie partition. L'ouverture, avec le chœur chanté derrière le rideau, produit une très vive impression. Le premier air de Dinora, *Dors petite, dors tranquille*, est un murmure exquis, une douce et charmante cantilène. La chèvre, dont il est tant parlé depuis quelques jours apparaît, une chèvre vivante, très bien dressée, qui amuse beaucoup le public. Tous les morceaux font de l'effet. Mme Cabel joue et chante le rôle de Dinora avec une grâce délicieuse. Faure et Sainte-Foix sont très remarquables, l'un dans le rôle de Noël, l'autre dans celui de Corentin. Au troisième acte, l'action est suspendue par une sorte de concert; on entend un piqueur qui chante un air de chasse, puis un moissonneur, puis deux bergers chantant un duo. Enfin tous quatre se réunissent, et récitent l'oraison dominicale en quatuor. L'ouvrage finit par le chœur déjà chanté dans l'ouverture : *Sainte Marie.* Meyerbeer est poussé sur la scène par les artistes qui ne veulent pas triompher sans lui. L'Empereur et l'Impératrice le font appeler dans leur loge, et le félicitent chaleureusement.

10 avril. — Le *Moniteur* publie un article qui est une apologie de la politique impériale. « Quand on ne veut que la justice, dit la feuille officielle, on ne craint pas la lumière. Le gouvernement français n'a rien à cacher, parce qu'il est sûr de n'avoir rien à désavouer. L'attitude qu'il a prise dans la question italienne, loin d'autoriser les défiances de l'esprit germanique, doit au contraire lui inspirer la plus grande sécurité. La France ne saurait attaquer en Allemagne ce qu'elle voudrait sauvegarder en Italie. Sa politique, qui désavoue toutes les ambitions de conquête, ne poursuit que les satisfactions et les garanties réclamées par le droit des gens, le bonheur des peuples et l'intérêt de l'Europe... Représenter la France comme hostile à la nationalité allemande n'est donc pas une erreur, c'est un contre-sens. Ce n'est pas nous qui serions menacés par l'exemple d'une Allemagne nationale qui concilierait son organisation fédérative avec les tendances unitaires dont le principe a déjà été posé dans la grande union commerciale du *Zollverein*. Tout ce qui développe dans les pays voisins les relations créées par le commerce, par l'industrie, par le progrès, profite à la civilisation, et tout ce qui agrandit la civilisation élève la France. »

Telle était la doctrine dont Napoléon III devait être l'apôtre et le martyr. Hélas! à ce beau rêve des nationalités quel cruel réveil était réservé pour le généreux et infortuné souverain! Cette unité allemande qu'il envisageait d'un œil si favorable, si complaisant, ne devait-elle pas être la cause de ses suprêmes malheurs et de la ruine de sa dynastie?

Le carême s'acheva au milieu de négociations compliquées et stériles, marquées par des fluctuations incessantes, et auxquelles les puissances engagées dans le débat n'attachaient elles-mêmes qu'une importance médiocre. Le congrès n'était qu'une sorte de fantasmagorie diplomatique, que ne prenaient au sérieux ni Napoléon III, ni Victor-Emmanuel, désirant tous les deux la guerre, ni François-Joseph, résolu à ne pas s'incliner devant ses ennemis. L'accord était impossible. L'Autriche exigeait le désarmement de la Sardaigne et la Sardaigne ne voulait pas désarmer. Si un congrès devait se réunir, la Sardaigne tenait absolument à y être admise, et à aucun prix, l'Autriche ne voulait que ses plénipotentiaires siégeassent à côté de plénipotentiaires sardes. Le but de Napoléon III et de Victor-Emmanuel était d'arracher Milan et Venise à la domination autrichienne. Celui de François-Joseph était de maintenir cette domination contre toute atteinte. Les esprits perspicaces le comprenaient; de pareilles questions ne pouvaient être tranchées que par l'épée.

XIII

LA SEMAINE SAINTE

Au moment où commença la semaine sainte, on espérait encore la paix. Le dimanche 17 avril, jour des Rameaux, les églises étaient remplies de fidèles. Les hommes à idées belliqueuses pouvaient méditer sur ces paroles du Christ, dans l'évangile de la Passion : « Quiconque se servira de l'épée périra par l'épée. »

Il y eut, dans la journée, au Conservatoire, un concert de musique religieuse, auquel l'Impératrice avait tenu à assister. On exécuta le *Stabat Mater* de Rossini qui se trouvait dans la loge d'Auber. Après l'*Inflammatus* chanté par Madame Gueymard-Lauters, tous les spectateurs se tournèrent du côté de l'auteur de *Guillaume Tell*, et le saluèrent de longs applaudissements. Le maître, ému jusqu'aux larmes, se leva pour remercier l'auditoire. Toute l'assemblée se leva aussi. Les hommes battaient des mains, les femmes agitaient leurs mouchoirs, les musiciens frappaient leurs instruments avec leurs archets. L'Impératrice se faisait remarquer par son enthousiasme.

Lundi 18 avril. — On pouvait se croire arrivé à une solution pacifique. Le comte Walewski adressait au maréchal Pélissier, ambassadeur de France à Londres, un télégramme ainsi conçu : « Veuillez déclarer sans délai à lord Malmesbury que si l'Angleterre nous promet d'insister avec nous sur l'admission des puissances italiennes au congrès, j'engagerai immédiatement, et par le télégraphe, le Piémont à adhérer au principe du désarmement, dont l'exécution sera réglée, s'il y a lieu, même avant la réunion du congrès. Si vous me répondez *oui*, mon télégramme partira à l'instant. »

Le gouvernement anglais donne sur-le-champ une réponse affirmative. Aussitôt la dépêche télégraphique conseillant sous une forme impérative le désarmement part de Paris pour Turin. Elle est communiquée au comte de Cavour dans la nuit du 18 au 19.

Mardi 19 avril. — M. de Cavour, la mort dans l'âme, se soumet. L'acceptation du gouvernement sarde est immédiatement notifiée à Paris et à Londres. Mais l'homme d'État piémontais conserve le vague espoir que quelque circonstance inattendue le dégagera de la promesse qu'il vient de faire à contre-cœur.

Il ne se trompe point. Le même jour la Cour d'Autriche adopte *ab irato* une résolution qui est la plus lourde des fautes. Elle fait partir pour Paris deux officiers porteurs d'un ultimatum contre lequel protestent les grandes puissances.

A Paris on ne soupçonne encore rien de semblable. Le matin, le *Moniteur* a publié sur les négociations diplomatiques une note qui se termine ainsi : « Tout fait présumer que si toutes les difficultés ne sont point encore aplanies, l'entente définitive ne tardera pas à s'établir, et que rien ne s'opposera plus à la réunion du congrès. »

Dans la journée, l'Empereur et l'Impératrice visitent le salon de peinture au palais de l'Industrie. Aucune disposition particulière n'a été prise. Leurs Majestés circulent au milieu de la foule pendant tout le temps de leur visite.

Je me rappelle plusieurs toiles qui figuraient à cette exposition : la *Toilette de Vénus* par Baudry, le *Départ pour le marché* par Troyon, les *Bords de l'Oise* par Daubigny, l'*Amour blessé* par Bouguereau, l'*Amour en visite* par Hamon, le *Sultan se rendant à la mosquée* par Ziem, les *Cervaroles* par Hébert. Voici des tableaux militaires qui évoquent des scènes de la guerre de Crimée : la *Courtine de Malakoff* par Yvon, le *Défilé des zouaves dans la tranchée* par Pils. On s'attendrit devant une toile de Protais : la *Dernière pensée*. Il y a un sentiment profond dans cette figure de soldat mourant, abandonné, loin de tout secours, de toute consolation, et élevant vers Dieu, par une muette prière, sa dernière espérance.

Quel est ce tableau devant lequel la foule stationne avec tant d'intérêt? « Pour le voir, dit Théophile Gautier, il faut prendre son rang à la queue, comme l'année dernière devant le *Duel de Pierrot et d'Arlequin*. Honnête et intelligente foule, qui t'arrêtes ainsi en face d'une vraie œuvre d'art, nous t'avons assez de fois injuriée quand nous te surprenions à te mirer dans le vernis de quelque peinture abominable, pour te donner les louanges que tu mérites. » Ce tableau, c'est celui de Gérôme : les *Gladiateurs, Ave, Cæsar, morituri te salutant*. Vitellius, les blanches vestales, prêtes à lever ou à abaisser le pouce qui donne la vie ou la mort, les gladiateurs à la résignation farouche, au courage bestial, l'impressario, sorte de belluaire comédien, s'appuyant sur une frêle baguette, quelle saisissante évocation des cruautés de l'ancienne Rome! Hélas! je songe avec douleur à l'analogie existant entre le sort des gladiateurs et celui des soldats. Les vers de lord Byron sur le Colisée me reviennent à la mémoire : « Qu'importe que nous tombions, pour devenir la pâture des vers, sur un champ de bataille ou dans l'enceinte d'un cirque ! Ce ne sont que deux théâtres différents où pourrissent également les principaux acteurs. » Napoléon III, en contemplant le tableau de Gérôme, peut se dire à lui-même que l'heure approche où passeront devant lui des hommes qui crieront, avant de mourir : Vive l'Empereur !

Dans la nuit du 20 au 21 avril on apprend aux Tuileries que l'Autriche s'est décidée à envoyer à Turin l'ultimatum qui rend la guerre inévitable.

Jeudi saint 21 avril. — Le matin on lit dans le *Moniteur* une note considérée comme pacifique. Elle est ainsi conçue : « Le gouvernement de S. M. Britannique a fait aux quatre puissances les propositions suivantes : 1° Qu'on effectuerait au préalable un désarmement général et simultané ; 2° que ce désarmement serait réglé par une commission militaire ou civile indépendante du congrès ; cette commission serait composée de six commissaires, un par chacune des cinq puissances, et le sixième par la Sardaigne ; 3° qu'aussitôt que cette commission serait réunie et qu'elle aurait commencé sa tâche, le congrès se réunirait à son tour, et procèderait à la discussion des questions politiques ; 4° que les représentants des États italiens seraient invités par le congrès, aussitôt sa réunion, à siéger avec les représentants des cinq grandes puissances, absolument de la même manière qu'au congrès de Laybach en 1821. La France, la Russie et la Prusse ont adhéré aux propositions du gouvernement de S. M. Britannique. »

Ainsi au moment même où toutes les chancelleries savent déjà que l'orage va éclater, Paris se leurre encore pour quelques instants d'espérances de paix.

L'Impératrice connaît la vérité. Elle monte dans une petite voiture de service, et va prier incognito dans cinq églises. On ne la reconnaît pas sous son voile. A Saint-Roch elle s'embarrasse dans une lourde tenture de drap noir, dont un inconnu l'aide poliment à se dégager.

Dans la soirée, le *Stabat* de Rossini est chanté à la chapelle des Tuileries. Puis il y a réception dans les salons de l'Impératrice. La nouvelle de l'ultimatum autrichien se confirme. Ecoutons la comtesse Stéphanie Tascher de la Pagerie qui assistait à la soirée des Tuileries : « C'était la guerre, dit-elle. Tous les esprits en avaient l'impression... Je la lisais dans les traits soucieux des ministres qui se réunissaient en groupe pour en causer ; je la voyais dans les regards assurés des officiers présents qui se promenaient le front haut ; je la devinais plus encore sur les visages anxieux de leurs femmes qui pleuraient malgré elles, et se cachaient de pleurer... J'ai cherché, dans ce même moment à lire dans les yeux de l'Empereur ce qu'il éprouvait, en présence d'un événement si grave, et je me suis demandé s'il ne se départirait pas, dans une telle circonstance, de son calme habituel et impénétrable. J'avoue qu'aucun changement ne se manifestait sur sa physionomie impassible. Tout au plus semblait-il au fond un peu préoccupé, mais content, il causait avec ses ministres, et leur communiquait les dernières dépêches qu'il venait de recevoir. »

Vendredi saint 22 avril. — Le *Moniteur* publie cette note : « L'Autriche n'a pas adhéré à la proposition faite par l'Angleterre et acceptée par la France, la Russie et la Prusse. En outre, il paraîtrait que le Cabinet de Vienne a résolu d'adresser une communication directe au Cabinet de Turin pour obtenir le désarmement de la Sardaigne. En présence de ces faits, l'Empereur a ordonné la concentration de plusieurs divisions sur la frontière du Piémont. »

Samedi saint 23 avril. — Dans l'après-midi, les deux officiers autrichiens porteurs de l'ultimatum autrichien, baron de Kellersberg et comte Ceschi de Santa-Croce, arrivent à Turin. A cette même heure, on y discute, à la Chambre des députés, le projet de loi qui, dans l'éventualité de la guerre, remet au Roi, pour la durée des hostilités, la plénitude des pouvoirs civils et militaires. Le projet voté, M. de Cavour quitte la Chambre. « C'est, dit-il, la dernière session du Parlement piémontais qui finit ; l'année prochaine, nous ouvrirons le premier Parlement italien. » Comme il vient de rentrer chez lui, on l'avertit de la présence des deux messagers autrichiens. Il prend de leurs mains l'ultimatum du comte de Buol, dont la conclusion est celle-ci : « J'ai l'honneur de prier Votre Excellence de me faire savoir si le gouvernement royal consent, oui ou non, à mettre sans délai son armée sur le pied de paix et à licencier les volontaires italiens. Le porteur de la présente, auquel vous voudrez bien, monsieur le comte, faire remettre votre réponse, a l'ordre de se tenir, à cet effet, à votre disposition pendant trois jours. Si, à l'expiration de ce terme, il ne recevait pas de réponse, ou que celle-ci ne fût pas complètement satisfaisante, la responsabilité des graves conséquences qu'entraînerait ce refus retomberait tout entière sur le gouvernement de Sa Majesté Sarde. Après avoir épuisé en vain tous les moyens conciliants pour procurer à ses peuples la garantie de paix sur laquelle l'empereur est en droit d'insister, Sa Majesté devra, à son grand regret, recourir à la force des armes pour l'obtenir. »

Le comte de Cavour, après avoir lu lentement cet ultimatum, congédie poliment les deux messagers, et se garde bien de leur notifier de suite le refus de son gouvernement. Il lui importe d'épuiser jusqu'au bout les délais, tant pour compléter les préparatifs militaires que pour laisser à l'armée française le temps d'arriver.

Le même jour, à Paris, on lit dans le *Moniteur* : « Le gouvernement autrichien a cru devoir adresser une communication directe au gouvernement sarde pour l'inviter à mettre son armée sur le pied de paix et à licencier les volontaires. Cette communication a dû être transmise à Turin par un aide de camp du général Giulay, commandant en chef l'armée autrichienne en Lombardie. Cet officier aurait été chargé de déclarer qu'il attendrait la réponse pendant trois jours, et que toute réponse dilatoire serait considérée comme un refus. L'Angleterre et la Russie n'ont pas hésité à protester contre la conduite tenue par l'Autriche dans cette circonstance. »

Le même numéro du *Moniteur* annonce que les grands commandements militaires sont répartis de la manière suivante : Armée de Paris : le maréchal Magnan ; armée de Lyon : le maréchal comte de Castellane ; armée d'observation, à Nancy : le maréchal Pélissier, duc de Malakoff ; 1er corps de l'armée des Alpes : le maréchal comte Baraguey d'Hilliers ; 2e corps : le général comte de Mac-Mahon ; 3e corps : le maréchal Canrobert ; 4e corps : le général Niel. Le prince Napoléon aura le commandement d'un corps séparé. Le maréchal Randon est nommé major-général de l'armée des Alpes.

Dans la même journée arrive aux Tuileries la demande officielle du gouvernement sarde qui réclame l'appui déjà certain de la France.

Le soir, M. Berlioz donne un concert à l'Opéra-

Comique. On exécute avec succès des fragments de sa belle œuvre : la *Damnation de Faust*. Les auditeurs sont peu nombreux. Comme le dit le chroniqueur musical de l'*Illustration* : « Les événements politiques commencent à donner au public de terribles distractions ; flûte, hautbois, sopranos et ténors, qui pourra vous entendre encore, lorsque la voix du canon vous servira d'accompagnement ? »

La semaine sainte qui avait commencé avec des espérances de paix se terminait au milieu des préoccupations belliqueuses. Les préceptes de l'évangile n'avaient pas été écoutés : Trois nations catholiques allaient s'entr'égorger, malgré la grande parole : Gloire à Dieu dans le ciel et paix sur la terre aux hommes de bonne volonté !

XIV

LA SEMAINE DE PAQUES

Dimanche de Pâques, 24 avril. — Le jour des grandes joies religieuses est, cette fois, profondément troublé. Les fidèles sont plus nombreux que jamais dans les églises. Mais l'*alleluia* ne retentit point avec l'allégresse habituelle. Il y a des femmes qui pleurent. « *Discipulis adstantibus, in medio stetit Christus, Dicens : Pax vobis omnibus.* Les disciples étant assemblés, Jésus parut au milieu d'eux, et leur dit : La Paix soit avec vous tous ! » Cette parole n'est point applicable à la France. La France n'est pas en paix. A l'heure même où se célèbrent les offices, les soldats font avec une activité fiévreuse leurs préparatifs de départ. La foule se porte vers les casernes et les quartiers. On entend des sonneries, des roulements de tambours. Voici des régiments, en tenue de campagne, qui se dirigent vers la gare de Lyon, suivis par une populace enthousiaste, et qui prennent le chemin de l'Italie.

Lundi 25 avril. — Toute la garnison de Paris est partie. Il ne reste plus que la garde impériale, et la garde impériale s'apprête, elle aussi, à partir. Le service de la place et de l'état-major est fait par la garde de Paris, et l'on se trouve tellement à court d'hommes qu'à la Bourse ce sont des cavaliers qui doivent faire le service des fantassins.

Mardi 26 avril. — Les grenadiers de la garde impériale, au moment d'entrer en campagne, vont prendre leur drapeau aux Tuileries. L'Impératrice et le Prince Impérial descendent dans la cour. La souveraine embrasse avec émotion le drapeau.

C'est le même jour qu'expire le délai accordé au Piémont par l'ultimatum autrichien. Cet ultimatum avait pris la forme d'une dépêche en date du 19 avril adressée par le comte de Buol au comte de Cavour, et remise par ce dernier au baron de Kellersberg, le 23 avril, à cinq heures et demie du soir. La réponse est contenue dans une dépêche adressée, le 26, par le comte de Cavour au comte de Buol. Il y est dit : « Votre Excellence m'a mandé, au nom du gouvernement Impérial, de répondre par un *oui* ou un *non* à l'invitation qui nous est faite de réduire l'armée sur le pied de paix et de licencier les corps formés de volontaires italiens, en ajoutant que si, au bout de trois jours, Votre Excellence ne recevait pas de réponse, ou si la réponse n'était pas complètement satisfaisante, S. M. l'empereur d'Autriche était décidé à avoir recours aux armes pour nous imposer par la force les mesures qui forment l'objet de sa communication.

« La question du désarmement de la Sardaigne a été l'objet de nombreuses négociations entre les grandes puissances et le gouvernement de Sa Majesté. Ces négociations ont abouti à une proposition formulée par l'Angleterre, à laquelle ont adhéré la France, la Prusse et la Russie. La Sardaigne, dans un esprit de conciliation, l'a acceptée sans réserve...

« La conduite de la Sardaigne, dans cette circonstance, a été appréciée par l'Europe. Quelles que puissent être les conséquences qu'elle amène, le roi, mon auguste maître, est convaincu que la responsabilité en retombera sur ceux qui ont armé les premiers, qui ont refusé les propositions formulées par une grande puissance et reconnues comme justes et raisonnables par les autres, et qui maintenant y substituent une sommation menaçante. »

Il est cinq heures et demie du soir. Le baron de Kellersberg est introduit chez M. de Cavour, qui lui remet la dépêche, puis lui exprime l'espérance de le voir dans des jours plus heureux, et le fait reconduire par le colonel Govone, qui doit l'accompagner jusqu'à la frontière. Les familiers du ministre piémontais attendaient dans l'antichambre de son cabinet ; il apparaît devant eux, et s'écrie : « Le sort en est jeté. *Alea jacta est.* »

Dans cette même journée du 26 avril, à Paris, il est donné lecture au Sénat et au Corps législatif d'un exposé de la situation rédigé par le comte Walewski, d'après les ordres de l'Empereur. L'œuvre de la diplomatie impériale y est représentée comme ayant été toujours correcte, modérée, conciliante. Il y est dit : « Si les efforts réitérés des quatre puissances pour sauvegarder la paix ont rencontré des obstacles, ces obstacles ne sont point venus de la France. Si la guerre doit sortir des complications présentes, le gouvernement de Sa Majesté aura la ferme conviction d'avoir fait tout ce que sa dignité lui permettait pour prévenir cette extrémité. En présence de cet état de choses, si la Sardaigne est menacée, si, comme tout le fait présumer, son territoire est envahie, la France ne peut pas hésiter à répondre à l'appel d'une nation alliée à laquelle l'unissent des intérêt communs et des sympathies traditionnelles rajeunies par une récente confraternité d'armes et par l'union contractée entre les deux maisons régnantes. Ainsi, Messieurs, le gouvernement de l'Empereur, fort de la constante modération et de l'esprit de conciliation dont il n'a jamais cessé de s'inspirer, attend avec calme le cours des événements, ayant la confiance que sa conduite dans les différentes péripéties qui viennent de se succéder rencontrera l'assentiment unanime de la France et de l'Europe. »

A plusieurs reprises, les applaudissements éclatent, non pas très nourris, mais suffisants pour donner l'idée d'une approbation. Le président du Conseil d'État dépose ensuite deux projets de loi, l'un qui élève de cent à cent quarante mille hommes le contingent de la prochaine levée, l'autre qui autorise un emprunt de cinq cent millions.

Le président du corps législatif, le comte de Morny, qui a toujours été un partisan ardent de la paix, prend la parole. « Si la guerre est inévitable, dit-il, du moins a-t-on lieu d'être certain qu'elle sera localisée et limitée, surtout si les autres puissances allemandes ont la sagesse de comprendre qu'il n'y a là qu'une question purement italienne, qui ne cache aucun projet de conquête, et ne peut enfanter aucune révolution. Quant à vous, Messieurs, au début de cette question, vous avez montré un esprit pacifique que vous inspirait votre sollicitude pour les grands intérêts du pays; c'était votre droit et votre rôle. Cela ne fait que donner plus de valeur et de force au concours que vous prêterez à l'Empereur. Faisons voir aujourd'hui, afin que personne ne s'y méprenne, ni au dedans ni au dehors, qu'en face de l'étranger nous sommes tous unis dans une seule pensée, le succès et la gloire de nos armes. »

Dans cette même journée du 26 avril, l'avant-garde de l'armée française débarque en Italie. L'escadre ayant à bord la division du général Bazaine, et venant de Toulon, arrive dans le port de Gênes. Le transport des troupes à terre s'effectue au son des musiques militaires et des fanfares. Un immense concours de spectateurs s'est rendu sur le port et salue les soldats français de ses acclamations frénétiques.

Mercredi 27 avril. — L'Empereur et l'Impératrice assistent à la représentation d'*Herculanum*, à l'Opéra. A leur entrée dans la salle, les spectateurs se lèvent spontanément, et l'on pousse des vivats.

La journée du 27 s'est passée sans qu'aucun corps autrichien ait paru sur la rive droite du Tessin. Tout le monde croyait que l'Autriche profiterait de ses avantages et qu'elle n'avait brusqué la rupture qu'afin de brusquer aussi l'attaque. Cependant ses troupes demeurent immobiles pendant toutes les journées du 27 et du 28, et ce n'est que le 29, dans l'après-midi, qu'elles se décident à franchir le Tessin, ce qui est le commencement des hostilités. Ce retard inexplicable n'est pas une faute moins lourde que l'ultimatum.

Samedi 3o avril. — Le Corps législatif tient une intéressante séance. Il discute le projet de loi sur l'emprunt de 5oo millions. Le discours de M. Jules Favre est un violent réquisitoire contre l'Autriche et une apologie enthousiaste du Piémont. L'orateur dit que depuis quarante ans, l'Autriche a régné sur l'Italie par la violence, les proscriptions, les confiscations, la terreur ; mais la violence, grâce à Dieu, n'est que passagère et ne saurait jamais fonder un gouvernement durable. Le Piémont a pour lui le prestige d'une cause juste et sainte, l'appui moral de tous les cœurs généreux. Il a à sa tête un jeune souverain, orgueil de son peuple, un souverain qui veut venger la mort de son noble, illustre et malheureux père... La politique du gouvernement français a été la politique traditionnelle de la France, car l'orateur est convaincu que la France ne sera puissante que quand l'Italie sera libre et régénérée. Brisons les chaînes des esclaves, voilà la mission de la France.

M. Jules Favre expose la thèse des hommes de gauche. Le vicomte Anatole Lemercier exprime les inquiétudes des hommes de droite, des partisans de la papauté. Avant de voter l'emprunt, il demande la permission d'adresser une question à MM. les commissaires du gouvernement. Selon lui, les consciences catholiques se sont émues en présence des événements qui se préparent en Italie. Pour être complètement rassuré, il désirerait entendre déclarer que le gouvernement de l'Empereur a pris toutes les précautions nécessaires afin de garantir la sécurité du Saint Père. L'orateur a la ferme confiance qu'elle ne sera jamais menacée tant que nos soldats résideront à Rome. Il sait que le chef de la chrétienté possède des forces supérieures à celles de toutes les armées, d'un côté la vénération du monde, de l'autre sa faiblesse elle-même; mais ce n'est pas moins un glorieux spectacle pour un catholique français de voir réservé à nos troupes l'honneur d'être les auxiliaires de cette vénération et de cette faiblesse. L'orateur demande que l'on ne renonce pas à ce rôle si bien destiné à la France, fille aînée de l'Église.

M. Baroche, président du Conseil d'Etat, fait observer que le préopinant lui-même vient de répondre à la question qu'il avait posée, en rappelant des souvenirs que le gouvernement de l'Empereur se gardera bien d'oublier. Aucun doute n'est possible. Le gouvernement prendra toutes les mesures nécessaires pour que la sécurité et l'indépendance du Saint-Père soient assurées au milieu des agitations dont l'Italie serait le théâtre.

Un autre orateur catholique, le vicomte de La Tour, succède au vicomte Anatole Lemercier. Il déclare que la France doit démentir de la manière la plus formelle toute alliance avec la Révolution. Il n'admet pas que l'épée si noble et si fine de la France puisse s'accoler à l'épée du général Garibaldi. Dans ces bandes indisciplinées, il voit non des alliés pour notre pays, mais des ennemis pour l'ordre européen. Il ne voudrait pas que nous puissions encourir, aux yeux de l'Europe, le soupçon de mettre en œuvre des moyens dont l'emploi pourrait devenir pour l'Italie le germe de révolutions nouvelles.

Plus caractéristique encore est le discours de M. Plichon. C'est comme le prologue des discussions violentes et passionnées que réserve l'avenir. Le député du Nord dit tout haut ce qu'un bon nombre de ses collègues disent tout bas. Il précise et résume les critiques dont la politique italienne de Napoléon III est l'objet. M. Plichon a voté l'augmentation du contingent, parce que nos troupes ont passé la frontière et que l'honneur du drapeau étant engagé, il n'y avait plus à délibérer. Mais si la question avait été entière, et si l'on avait pu examiner le point de savoir quel intérêt avait la France pour engager la guerre, l'orateur aurait dit non. Il a voté, mais avec tristesse, avec douleur, et surtout avec la conviction profonde que le gouvernement avait engagé sans nécessité le pays dans une guerre pleine de hasards et de périls pour des résultats au moins incertains. Selon M. Plichon, il ne ressort d'aucune des communications du gouvernement que la politique de l'Autriche ait été dans ces derniers temps attentatoire soit à l'honneur, soit à la sécurité de la France, soit même à l'équilibre de l'Europe. L'orateur demande pourquoi on fait la guerre, et quelle guerre on va faire. Il demande si ce sera une guerre révolutionnaire ou une guerre politique, si ce sera la négation ou la consécration de l'expédition de Rome, si ce sera l'expulsion des Autrichiens, l'indépendance, l'unité ou la fédération de l'Italie. Il demande où l'on va, où l'on s'arrêtera. Il ne voit pas quelles garanties on peut avoir contre l'inconnu. On ne saurait être révolutionnaire en Italie et rester conservateur en France et à Rome. On ne surexcite pas l'esprit révolutionnaire sur un point sans qu'il se réveille sur tous les autres points. On voit ce que la France peut perdre à la guerre, on ne voit pas ce qu'elle peut y gagner.

L'emprunt de 500 millions n'en est pas moins voté à l'unanimité. Mais le discours du député du Nord, prononcé dans un milieu ordinairement si docile, si soumis à toutes les volontés et à toutes les idées du souverain, vient de faire faire au Corps législatif des réflexions sérieuses. Au fond, l'Empereur avait souhaité la guerre, et la presque unanimité des membres du Corps législatif ne l'avait jamais désirée. Pour effacer cette impression, il faudra tout le prestige de la victoire.

XV

LE DÉBUT DE LA GUERRE

Une chose curieuse à remarquer dans toutes les guerres, c'est que jusqu'à l'heure même où elles sont déclarées, il se trouve quelques optimistes qui prédisent encore la paix. En apprenant que le 27 et le 28 avril les troupes autrichiennes n'avaient pas encore franchi le Tessin, des âmes naïves voulurent croire encore que les épées ne sortiraient pas du fourreau. On commentait un article pacifique du *Morning Herald* et un discours de lord Derby signalant la possibilité d'une reprise des négociations. Le 1er mai, cette dernière lueur d'espoir s'éteignit à Paris. On apprit que les Autrichiens avaient franchi le Tessin dans la journée du 29 avril. La guerre était donc commencée.

Dès lors, toutes les critiques et toutes les récriminations cessèrent. Le peuple français sentit se réveiller ses vieux instincts guerriers. Les journaux de tous les partis ne songèrent plus qu'à l'honneur du drapeau. Il n'y eut pas une seule note discordante. Ceux-mêmes des publicistes qui avaient blâmé la guerre, avant qu'elle ne fût déclarée, n'eurent plus que des accents patriotiques. Dans la *Revue des Deux-Mondes*, le chroniqueur de la quinzaine, M. Eugène Forcade, écrivait : « Nous en avons fini avec les devoirs complexes de la discussion qu'il fallait soutenir tant que la France paraissait être maîtresse de son choix entre la paix ou la guerre. La nécessité a parlé. Plus de récriminations sur l'irréparable et l'irrésolvable; l'ère du devoir simple commence. La France est engagée dans une guerre contre l'Autriche pour l'indépendance de l'Italie; nous n'avons plus qu'une opinion et une volonté; il faut que la France triomphe, et que l'Italie soit indépendante. Nous n'avons plus qu'un vœu dans le cœur, c'est que les objections consciencieuses que nous avons dû exprimer pendant la phase de la délibération publique soient radicalement et glorieusement réfutées par la bravoure et la fortune de la France. »

Avant même l'ouverture des hostilités, les troupes françaises ont pénétré en Piémont, les unes par les Alpes, et les autres par mer. Le maréchal Canrobert et le général Niel sont arri vés à Suze dans la nuit du 28 avril. Le lendemain ils étaient à Turin, et visitaient avec le roi Victor-Emmanuel les positions de la Doire. Le même jour, le maréchal Baraguey d'Hilliers a débarqué à Gênes, où il sera bientôt rejoint par le général de Mac-Mahon et le général Regnaud de Saint-Jean d'Angély. Gênes a un air de fête. Français et Italiens ne semblent plus former qu'une seule famille. La ville ne possédant pas de casernes suffisantes pour tant de troupes, on les loge chez les particuliers où elles sont l'objet des soins les plus attentifs. Les somptueux palais de la ville se sont ouverts pour offrir l'hospitalité aux soldats de la France.

Une partie de la cavalerie pénétra en Italie par la route de la Corniche. Écoutons un officier des guides, le marquis de Massa : « Venus de Melun par le chemin de fer jusqu'à Marseille, nous fûmes aussitôt dirigés par étapes sur Gênes, *via* Brignoles, Cannes et le pont du Var. Étant des premiers régiments de cavalerie qui passaient ainsi la frontière, nous eûmes les primeurs des ovations niçoises, sur une route jonchée de fleurs où toutes les voitures du pays, louées par ses touristes habituels, stationnaient au-devant de nous à la file, bien au delà des limites de l'octroi. Et c'étaient, debout sur les coursiers, de blondes *ladies* qui nous jetaient des roses ; de brunes Italiennes qui nous distribuaient des sacs de bonbons ; de belles Américaines, reconnaissables à leur riche carnation, qui nous applaudissaient de toute la force de leurs petites mains. Je me rappelle une vieille Anglaise de qui je reçus un paquet ficelé sur lequel était écrit : « Bon retour avec de l'avancement. » Il contenait six tablettes de chocolat... Le soir, la municipalité nous offrit une représentation de gala avec ballet allégorique, cantates et émission de colombes en signe de réjouissances. »

A Paris, le courant belliqueux s'accentue. « On compte bien, écrit l'*Illustration*, que le soleil de mai, propice à nos armes, éclairera quelque nouvelle journée de Marengo. Cette sainte confiance du patriotisme, la Bourse et ceux qui en vivent ne sauraient la troubler beaucoup par leur attitude découragée. Dans tous les temps, quand *Malbrouck s'en va-t-en guerre*, les écus prennent l'alarme. Mais c'est une panique que le premier coup de canon qui annonce la victoire a toujours arrêtée. La Bourse attend qu'il tonne pour adorer l'écho. »

C'est le même chroniqueur qui dit : « Paris ne voit plus rien de ce qui se fait autour de lui ; son imagination a passé le Rubicon, et s'est mise à guerroyer, au delà des Alpes. Tout le monde éprouve déjà le frisson de la victoire. Les cœurs même les plus bourgeois et les plus réfractaires au sentiment général, qui est un sentiment généreux, y réchauffent à vue d'œil leur patriotisme. Personne assurément n'est plus tenté de se dire : — De quoi la France va-t-elle se mêler en Italie ? »

Le 3 mai, M. Achille Fould, ministre d'État, donne lecture au Sénat de la communication suivante : « Le chargé d'affaires de Sa Majesté à Vienne a prévenu, dès le 26 du mois dernier, le gouvernement autrichien que si ses troupes franchissaient la frontière du Piémont la France serait obligée de considérer cette invasion d'un pays allié comme une déclaration de guerre. La Cour d'Autriche ayant persisté à employer la force, l'Empereur m'a ordonné de porter à la connaissance du Sénat ce fait qui constitue l'Autriche en état de guerre avec la France. »

Des cris de Vive l'Empereur retentissent.

Le président du Sénat, M. Troplong, prend ensuite la parole, et s'exprime ainsi : « S'il m'est permis d'ajouter quelques mots pour traduire le sens des acclamations qui viennent de se faire entendre, je dirai que tandis que mes illustres collègues, chargés de commandements, soutiendront en face de l'ennemi la gloire du nom français, les sénateurs qui restent ici ne reculeront devant aucun acte de courage civil et de dévouement à l'Empereur. Il y aura entre eux et nous rivalité de patriotisme, car cette guerre est juste, elle ne fait que répondre à un défi et à une agression. Elle est la conséquence d'une politique séculaire qui toujours s'est émue des crises de l'Italie comme si ce fussent des événements français. »

M. Troplong trouve le moyen de faire dans une même phrase l'éloge de Napoléon III et de Pie IX. « L'Empereur ne peut pas permettre, ajoute-t-il, que Turin, qui est la clef des Alpes, pas plus que Rome, qui tient les clefs de l'Eglise par les mains d'un saint et vénéré pontife, tombe sous le joug usurpateur d'une influence hostile à la France. L'Italie sera donc rendue à sa nationalité. Elle sera non pas révolutionnée, mais affranchie, et ce beau pays, menacé d'avoir un maître, va trouver un libérateur. »

Le même jour paraît la proclamation de l'Empereur au peuple français. Daté du palais des Tuileries, le 3 mai 1859, ce document a au plus haut degré le cachet du style et des pensées du souverain. « Français ! dit Napoléon III, l'Autriche en faisant entrer son armée sur le territoire du roi de Sardaigne, notre allié, nous déclare la guerre. Elle viole ainsi les traités, la justice, et menace nos frontières. Toutes les grandes puissances ont protesté contre cette agression. Le Piémont ayant accepté les conditions qui devaient assurer la paix, on se demande quelle peut être la raison de cette invasion soudaine : c'est que l'Autriche a amené les choses à cette extrémité qu'il faut qu'elle domine jusqu'aux Alpes, ou que l'Italie soit libre jusqu'à l'Adriatique ; car, dans ce pays, tout coin de terre demeuré indépendant, est un danger pour son pouvoir. »

L'Empereur déclare que les alliés naturels de la France ont toujours été ceux qui veulent l'amélioration de l'humanité, et que lorsqu'elle tire l'épée, ce n'est point pour dominer, mais pour affranchir. « Le but de cette guerre, ajoute-t-il, est donc de rendre l'Italie à elle-même, non de la changer de maître, et nous aurons à nos frontières un peuple ami qui nous devra son indépendance. Nous n'allons pas en Italie fomenter le désordre, ni ébranler le pouvoir du Saint-Père, que nous avons replacé sur son trône, mais le soustraire à cette pression étrangère qui s'appesantit sur toute la Péninsule, contribuer à y fonder l'ordre sur des intérêts légitimes satisfaits. Nous allons enfin sur cette terre classique, illustrée par tant de victoires, retrouver les traces de nos pères. Dieu fasse que nous soyons dignes d'eux ! »

Le souverain termine sa proclamation par ces paroles pathétiques, faites pour toucher les masses : « Je vais bientôt me mettre à la tête de l'armée. Je laisse en France l'Impératrice et mon fils. Secondée par l'expérience et les lumières du dernier frère de l'Empereur, elle saura se montrer à la hauteur de sa mission. Je les confie à la valeur de l'armée qui reste en France pour veiller sur nos frontières, comme pour protéger le foyer domestique ; je les confie enfin au peuple entier, qui les entourera de cet amour et de ce dévouement dont je reçois chaque jour tant de preuves.

« Courage donc et union ! Notre pays va encore montrer au monde qu'il n'a pas dégénéré. La Providence bénira nos efforts ; car elle est sainte aux yeux de Dieu la cause qui s'appuie sur la justice, l'humanité, l'amour de la patrie et l'indépendance. »

Napoléon III est arrivé à ses fins. Il a trouvé le moyen de déjouer tous les efforts de la diplomatie européenne, qui désirait la paix, et de faire assumer imprudemment à l'empereur François-Joseph le rôle de l'agresseur. Il est parvenu à rendre sympathique au peuple une guerre que blâmaient les classes dirigeantes. Il a savamment préparé l'opinion. Il a fait tressaillir la fibre nationale. Maintenant il peut partir.

XVI

LE DÉPART DE L'EMPEREUR

L'Empereur avait déjà vu partir toute sa garde. Chaque régiment défilait sur la place du Carrousel, musique en tête, puis s'arrêtait, entouré par une foule immense ; un officier se détachait et allait chercher dans le palais des Tuileries le drapeau qui y était déposé. L'officier une fois revenu au milieu du régiment, l'Empereur paraissait à une des fenêtres du pavillon de Marsan avec l'Impératrice et le Prince Impérial. Les soldats présentaient les armes ; la musique entonnait l'air de la Reine Hortense : *Partant pour la Syrie*, les acclamations retentissaient.

Pendant qu'un régiment de grenadiers défilait dans la rue de Rivoli, se rendant à la gare de Lyon, la vivandière demanda le numéro de la maison où se trouvait, dans cette rue, le bureau du secrétaire des commandements de l'Impératrice. On le lui indiqua. Elle monta, ayant avec elle une petite fille âgée de six ans, et, s'adressant au secrétaire : « Je suis obligée, dit-elle, de partir avec mon régiment. Je supplie Madame l'Impératrice de se charger de mon enfant. Je n'ai aucune crainte ; je sais qu'elle l'élèvera bien jusqu'à mon retour. » Puis la vivandière disparut, laissant là sa petite fille. L'Impératrice, instruite du fait, s'empressa de déférer au désir de la vaillante mère.

Les préparatifs du départ de l'Empereur étaient terminés. Le maréchal Randon, désigné d'abord comme major général de l'armée d'Italie, venait de remplacer, comme ministre de la Guerre, le maréchal Vaillant, qui devenait major général. L'Empereur emmenait avec lui toute sa maison militaire, ainsi composée :

Aides de camp : les généraux comte Roguet, de Cotte, comte de Montebello, de Béville, prince de la Moskowa, Fleury ; les colonels de Waubert de Genlis, marquis de Toulongeon, comte Lepic, comte Reille, Favé.

Officiers d'ordonnance : le colonel baron de Menneval ; le chef d'escadron Schmitz ; les capitaines Brady, comte d'Andlau, Klein de Kleinenberg, vicomte Friant, de Tascher de La Pagerie, prince de la Tour d'Auvergne, Eynard de Clermont-Tonnerre, Darguesse ; le lieutenant prince Joachim Murat, et le vicomte de Champagny

Cadore, lieutenant de vaisseau; le baron Nicolas Clary, officier de la garde nationale.

L'Empereur était, en outre, accompagné par deux écuyers : le baron de Bourgoing et M. Davillier; par un aumônier, l'abbé Laîne; par un médecin, le docteur Conneau; un chirurgien, le baron Larrey, et par deux secrétaires.

Le dimanche 8 mai, avant veille du départ, une soirée réunissait aux Tuileries les grands officiers de la Couronne, les ministres et toutes les personnes faisant partie des maisons de Leurs Majestés. Laissons la parole à la comtesse Stéphanie de Tascher de la Pagerie, qui assistait à cette soirée : « L'attitude de l'Impératrice était vraiment admirable. On sentait qu'elle prenait sur elle pour cacher son émotion et donner du courage à tous ceux qui se trouvaient là. Elle était affable pour tout le monde; au lieu de rester assise, au coin de la cheminée, au milieu d'un petit groupe de privilégiés, elle allait de l'un à l'autre, causant sérieusement avec les hommes, affectueusement avec les femmes. Je la suivais des yeux avec satisfaction, car je l'aime ainsi. On sent qu'elle est pénétrée de la mission qui lui est confiée et qu'elle a à cœur de s'en montrer digne. L'Empereur a parlé à toutes les dames présentes, promettant de s'occuper de leurs maris, frères ou fils. Personne n'a pleuré; mais les cœurs répandaient en dedans de ces

8.

larmes qu'on ne voit pas, mais qui n'en sont que plus tristes et plus amères. »

Mardi 10 mai. — Une messe d'adieu est célébrée dans la chapelle du palais des Tuileries. C'est le cardinal archevêque de Paris qui officie. Pâle et profondément recueillie, l'Impératrice en prière ressemble à une belle statue de marbre.

Le Ministre de l'Instruction publique et des Cultes a adressé à tous les archevêques et évêques de l'Empire une circulaire ainsi conçue : « Monseigneur, l'Empereur va se mettre à la tête de l'armée d'Italie. Sa Majesté désire que des prières publiques soient ordonnées dans toutes les églises de l'Empire pour demander à Dieu d'assurer le succès de nos armes et de protéger la France. Je prie Votre Grandeur de vouloir bien prendre les mesures nécessaires pour répondre à ces pieuses intentions. »

L'heure du départ approche : les membres du Conseil privé, les ministres, les grands officiers de la Couronne, les dames et les officiers des maisons de l'Empereur et de l'Impératrice attendent dans les salons des Tuileries. La princesse Mathilde, la princesse Marie de Bade et son mari le duc d'Hamilton y font leurs adieux au souverain.

Il est cinq heures et demie du soir. Leurs Majestés vont monter en voiture. Napoléon III peut compter sur une ovation. Les journaux favorables à la cause italienne ont bien préparé les esprits. La tradition libérale est de courir au secours des peuples opprimés. Le principe des nationalités, très contesté par l'aristocratie et la bourgeoisie, a toutes les sympathies des ouvriers et du prolétariat. C'est une doctrine essentiellement démocratique. Tous les hommes de gauche et beaucoup même d'hommes de la droite n'ont cessé de la préconiser pendant tout le règne de Louis-Philippe et pendant toute la durée de la seconde République. L'Empereur prend la suite des libéraux de la monarchie de juillet et des républicains de 1848. Il en est sûr, la foule l'applaudira.

Le cortège se met en marche. Des groupes nombreux de gens du peuple y sont mêlés. Précédé et suivi par des détachements de cent-gardes, l'Empereur est dans une calèche à la daumont avec l'Impératrice. Cinq voitures suivent. Le cortège part de la cour des Tuileries, passe sous l'arc de triomphe du Carrousel, traverse la cour du Louvre, et débouche dans la rue de Rivoli, toute pavoisée. Les fenêtres des maisons sont remplies, à tous les étages, de spectateurs qui agitent leurs chapeaux et leurs mouchoirs. Aucune troupe n'a été commandée ; c'est la population qui forme la haie sur tout le parcours que doit suivre l'Empereur. Par moments, la foule est si compacte, si rapprochée de la voiture du souverain, que les chevaux ont peine à avancer. L'enthousiasme va en augmentant. Dans les quartiers démocratiques, le faubourg Saint-Antoine, la place de la Bastille, la rue de Lyon, c'est du délire. Des hommes que la police surveille ordinairement sont parmi ceux qui applaudissent le plus, qui crient le plus fort : *Vive l'Empereur !* Il y a des ouvriers qui lui disent des phrases comme celle-ci : « Soyez tranquilles, nous veillerons sur votre femme et sur votre fils jusqu'à votre retour », des femmes qui jettent dans sa voiture des chapelets et des médailles de Notre-Dame-des-Victoires. Malgré son flegme imperturbable, Napoléon III est une âme avide d'émotions. Il aime les aventures et se complaît dans les dangers. Son tempérament de joueur politique, son audace, risquent, de préférence, les plus grosses parties. Plus une entreprise est hasardeuse, plus il y trouve d'attraits. L'ovation dont il est l'objet, à l'heure de son départ, le remplit d'une joie, que, malgré sa physionomie d'ordinaire impassible, il a peine à dissimuler. La spontanéité des acclamations qui éclatent sur son passage, cette communion d'idées entre lui et la démocratie, ce suffrage populaire le flattent plus que ne pourrait le faire l'approbation de toutes les chancelleries européennes.

Le trajet a duré environ trois quarts d'heure. Leurs Majestés descendent de voiture, et trouvent à la gare le roi Jérôme et la princesse Clotilde. Le prince Napoléon ne quitte pas sans émotion son vieux père et sa jeune épouse. La princesse a les larmes aux yeux, mais se souvenant de l'intrépidité de sa race, elle murmure : « C'est assez », et elle cesse de pleurer.

Il est six heures un quart. Le train impérial part, rapide comme l'éclair. L'Impératrice a voulu accompagner l'Empereur jusqu'à Montereau. On s'y arrête quelques instants, et l'on y sert un dîner de quarante couverts. Là se font les derniers adieux. La souveraine donne une médaille à chacun des officiers de la maison de l'Empereur. Elle l'embrasse lui-même tendrement, et repart pour Paris, tandis qu'il continue sa route vers Marseille.

Les populations des villes et des campagnes, accourues avec des torches à toutes les stations, saluent de leurs vivats le train qui passe, portant César et sa fortune.

11 mai. — Onze heures un quart du matin. Le train arrive à Marseille. Napoléon III se rend directement du chemin de fer à l'ancien port où l'attend le yacht impérial la *Reine Hortense* qui doit le conduire à Gênes. Toutes les rues sont ornées de drapeaux. L'enthousiasme n'est pas moins bruyant qu'à Paris. Vers deux heures, le yacht impérial, suivi du *Vauban*, gagne le large, passant au milieu des navires pavoisés et des embarcations nombreuses qui remplissent le port. Cent et un coups de canon saluent le départ. Le ciel est pur. Un soleil superbe rayonne sur les vagues tranquilles comme un miroir, et bientôt les deux bâtiments disparaissent à l'horizon.

XVII

GÊNES ET ALEXANDRIE

La ville de Gênes s'apprête à recevoir Napoléon III. Le 11 mai, une proclamation du syndic célèbre le « champion de la justice et de la civilisation, le vengeur des peuples opprimés, l'héritier du nom et de la gloire de Napoléon le Grand, » celui qui « non content d'avoir envoyé instantanément une armée formidable en Italie, vient lui-même, accompagné des vœux de toute la France, en prendre le commandement. » — « Citoyens, ajoute le syndic, l'Empereur des Français ne pouvait pas nous donner une plus forte preuve de sympathie, ni des arrhes plus sûres de la victoire. Exprimons donc, avec toute l'abondance du cœur, nos profonds sentiments d'admiration et de reconnaissance pour l'auguste chef de la grande nation qui tend une main fraternelle à l'Italie pour l'aider efficacement à conquérir enfin l'indépendance si longtemps convoitée. »

12 mai. — Dès le matin Gênes est en fête. Toute la ville est sur pied. Un train spécial amène le comte de Cavour qui tient à être un des premiers à saluer Napoléon III. La garde nationale génoise et un régiment de grenadiers de la garde impériale sont rangés en bataille pour rendre les honneurs au souverain. Deux vapeurs de l'État, disposés de chaque côté du passage dans le port, servent de tribunes réservées à la haute société. A onze heures, toutes les places sont déjà occupées, et les dames ne craignent pas de s'exposer aux rayons d'un soleil brûlant. La Bourse chôme. Les boutiques sont fermées. Une foule énorme se presse sur le port marchand, envahit les navires, et s'installe jusque dans les vergues.

Midi et demi. — Un coup de canon tiré des batteries de la *Lanterne*, annonce que le yacht impérial la *Reine Hortense* est en vue. A ce signal, le prince de Carignan, le comte de Cavour, le comte Nigra, ministre de la maison du roi Victor-Emmanuel, le marquis de Brême, grand-maître des cérémonies, le prince de la Tour d'Auvergne, ministre de France et tout le personnel de la légation, les généraux français Herbillon, commandant militaire de Gênes, Lebœuf, commandant l'artillerie de l'armée, et Frossard commandant le génie, montent sur le petit vapeur l'*Amphion*, et se portent à la rencontre de l'Empereur. Plus de mille barques pavoisées se joignent à cet aviso pour aller souhaiter la bienvenue au souverain libérateur.

Debout sur le tillac de son navire, Napoléon III contemple un horizon splendide : Gênes la *superbe*, Gênes la *noble et royale cité*, célébrée par le Tasse et par Alfieri, Gênes avec ses palais de marbre superposés comme les gradins d'un vaste amphithéâtre, son réseau de hautes collines, son port formant un hémicycle d'environ une lieue de tour, que deux grands môles séparent de la mer..

Deux heures. — Le canon tonne, les cloches sonnent, les tambours battent aux champs, les troupes présentent les armes, une immense acclamation sort de toutes les bouches. Le yacht impérial entre dans le bassin et s'avance rapidement vers le quai. Arrivé au débarcadère, où il est reçu par le général Regnaud de Saint-Jean d'Angély, commandant en chef de sa garde, et par les principales autorités génoises, l'Empereur descend dans un canot pavoisé aux couleurs sardes et françaises, qui disparaît sous une pluie de fleurs, et lentement se dirige vers le Palais-Royal entre les barques couvrant le port. Les chapeaux et les mouchoirs s'agitent. Des acclamations frénétiques retentissent.

Le Palais-Royal est une admirable résidence achetée par le roi Charles-Félix à la famille

Durazzo. Il s'élève en face de la mer, avec laquelle il communique par une galerie débouchant dans l'arsenal du port. Un escalier de marbre, ordinairement réservé au roi seul, trempe ses derniers degrés dans les eaux du bassin militaire. C'est là que va loger l'Empereur. C'est de là qu'il adresse son premier ordre du jour à l'armée d'Italie.

« Soldats ! je viens me mettre à votre tête pour vous conduire au combat. Nous allons seconder la lutte d'un peuple revendiquant son indépendance et le soustraire à l'opression étrangère. C'est une cause sainte, qui a les sympathies du monde civilisé. Je n'ai pas besoin de stimuler votre ardeur, chaque étape vous rapellera une victoire. Dans la voie sacrée de l'ancienne Rome les inscriptions se pressaient sur le marbre pour rappeler au peuple ses hauts faits ; de même aujourd'hui, en passant par Mondovi, Marengo, Lodi, Castiglione, Arcole, Rivoli, vous marcherez dans une autre voie sacrée, au milieu de ces glorieux souvenirs.

« Conservez cette discipline sévère qui est l'honneur de l'armée. Ici, ne l'oubliez pas, il n'y a d'ennemis que ceux qui se battent contre vous. Dans la bataille demeurez compactes, et n'abandonnez pas vos rangs pour courir en avant. Défiez-vous d'un trop grand élan, c'est la seule chose que je redoute. Les nouvelles armes de précision ne sont dangereuses que de loin. Elles n'empêcheront pas la baïonnette d'être, comme autrefois, l'arme terrible de l'infanterie française.

« Soldats ! faisons tous notre devoir, et mettons en Dieu notre confiance. La patrie attend beaucoup de vous. Déjà d'un bout de la France à l'autre retentissent ces paroles d'un heureux augure : — La nouvelle armée d'Italie sera digne de sa sœur aînée. »

Le soir, l'Empereur se rend au théâtre *Carlo Felice*, où une représentation de gala est donnée en son honneur. Sur toute sa route — rue Balbi, place de l'Annunziata, via Nuovissima — les maisons sont pavoisées et illuminées. D'immenses draperies, de toutes couleurs, pendent aux fenêtres et aux balcons. Des oriflammes s'entremêlent aux guirlandes de fleurs et de feuillages. Quand Napoléon III fait son entrée dans la salle de spectacle, c'est un véritable délire. Trois fois, après avoir salué la foule, il se dispose à s'asseoir, et trois fois les acclamations qui redoublent le retiennent sur le devant de sa loge. Il s'assied enfin, ayant le prince de Carignan à sa droite et le prince Napoléon à sa gauche. Le comte de Cavour, le comte Nigra et M. Morro, syndic de Gênes, se tiennent debout derrière lui. Parmi les personnages venus à sa rencontre se trouve son ami, le comte Arese, l'un des plus fervents partisans de l'indépendance italienne. « Mon cher Arese, lui dit le souverain, nous devons remercier Dieu d'avoir permis à l'empereur d'Autriche de passer le Tessin, car autrement comment aurais-je pu être ici ? »

Le lendemain, 13 mai, à six heures du matin, Victor-Emmanuel arrive incognito à Gênes pour serrer la main de son allié. Le roi se met sous les ordres de l'Empereur, qui a le commandement en chef de l'armée française et de l'armée sarde. Les deux souverains s'embrassent avec effusion. Quelques heures après, Victor-Emmanuel regagne son quartier général établi à Occimiano, entre Casale et Valenza.

Dans la journée, l'Empereur, accompagné de deux officiers seulement, fait une longue promenade, tantôt à pied, tantôt en voiture, sur la route d'Alexandrie, dans les faubourgs de Rivarole, la rue San Antonio, etc. L'accueil que reçoit sa visite imprévue dans ces quartiers généralement pauvres, est remarquablement enthousiaste.

14 mai. — A deux heures, Napoléon III quitte Gênes pour se rendre, en chemin de fer, à Alexandrie, où il doit établir son quartier général. Le train traverse la rivière de la Bormida, laissant à gauche la plaine célèbre où se livra la bataille de Marengo, et entre à quatre heures dans la gare d'Alexandrie. Dès qu'il est descendu de wagon, l'Empereur monte à cheval, et se rend au Palais-Royal, escorté par plusieurs escadrons de cavalerie, au milieu d'une bruyante ovation. A la sortie de la gare, sur deux colonnes est une inscription reproduisant les paroles impériales : « Le but de cette guerre est de rendre l'Italie à elle-même, et non de la faire changer de maître ; nous aurons à nos frontières un peuple ami qui nous devra son indépendance. Que la France s'arme et dise résolument : Je ne veux pas de conquêtes, mais j'avoue hautement ma sympathie pour un peuple dont l'histoire se confond avec la nôtre. » On voit sur la *Piazzetta* un buste de Napoléon Ier, et à l'entrée de la *Strada della Pierra* un arc de triomphe avec cette inscription : « A l'héritier du vainqueur de Marengo ; à l'allié de Victor-Emmanuel. » Une foule immense remplit la *Piazza Larga*, où est situé le Palais-Royal, demeure de Napoléon III, et ne cesse de l'acclamer. Le soir, au théâtre, un acteur récite cette ode que le public lui fait répéter : « Hymne à Napoléon III. Souverain du plus grand des peuples, guerrier valeureux envoyé par Dieu, âme sublime, noble cœur, généreux et pieux, ô grand homme, ô monarque puissant, te voilà enfin parmi nous. Grâce à toi le droit des peuples à l'indépendance est déjà reconnu, et les traités injustes qui divisèrent les hommes en oppresseurs et en opprimés seront déchirés par nous. Grâce à toi, le soleil de la liberté se lèvera sur l'Italie. Ici, où commença à briller le génie qui donna ses lois au monde, et dont le nom fait la gloire et l'orgueil de notre siècle, dans ces murs d'où l'aigle prit son vol radieux, la France et l'Italie viennent de s'unir dans une même pensée. »

Dimanche 13 mai. — L'Empereur, accompagné du maréchal Vaillant, du maréchal Canrobert et des officiers de sa maison, se rend à pied à la cathédrale placée sous l'invocation de saint Pierre. La garde nationale forme la haie sur son passage. Il est reçu à la porte de l'église par le clergé, et c'est son aumônier, l'abbé Laine, qui célèbre la messe. A sa sortie, comme à son entrée, le souverain est salué par une foule enthousiaste.

XVIII

MONTEBELLO

La guerre était déclarée depuis le 26 avril, et aucun coup de fusil n'avait été encore tiré. Le premier combat eut lieu, le 20 mai, à Montebello.

L'armée alliée occupait déjà toute la ligne du Pô, sans laisser deviner l'endroit qu'elle choisirait pour franchir ce fleuve. Le 1er et le 2e corps français étaient établis sur les points extrêmes. Le général Forey, dont la division formait l'avant-garde, pressentait un combat prochain dès le 6 mai. Ce jour-là, il avait adressé à ses troupes l'ordre du jour suivant daté de Gavi : « Soldats de la 1re division du 1er corps, nous allons nous trouver demain en première ligne, et il est probable que nous aurons l'honneur des premiers engagements avec l'ennemi. Rappelez-vous que vos pères ont toujours battu cet ennemi, et vous ferez comme eux. »

Le 20 mai, à midi et demi, le général Forey,

averti qu'une forte colonne autrichienne, avec du canon, avait occupé Casteggio et repoussé de Montebello les grand'gardes de la cavalerie piémontaise, se porta immédiatement aux avant-postes, sur la route de Montebello, avec deux bataillons du 74e. Pendant ce temps le reste de sa division prenait les armes. Une batterie d'artillerie marchait en tête.

Le village de Montebello est bâti sur la hauteur qui se présente la première lorsqu'on va de Tortone à Plaisance. Cette colline a toujours été disputée dans les luttes qui ont eu pour théâtre les plaines d'Alexandrie. Dès l'antiquité, elle gagna son nom — mont de la guerre *(mons belli)* — par les combats qui s'y livrèrent. Là eut lieu entre la cavalerie numide d'Annibal et l'avant-garde de Scipion la rencontre, prélude de la bataille de la Trebbia. Là, le 9 juin 1800, le général Lannes, allant au rendez-vous de Marengo, força le passage que défendaient les Autrichiens, et mérita par sa valeur le titre qui lui fut décerné plus tard, celui de duc de Montebello. Avec ses défenses naturelles, ses maisons en grosse maçonnerie, son cimetière crénelé, ce village célèbre est une très forte position. Les cultures élevées, les arbres, les vignes masquaient les mouvements de l'ennemi et lui avaient permis de s'avancer sans être aperçu.

La division Forey se composait de quatre régiments d'infanterie de ligne, les 74e, 84e, 91e,

98ᵉ et d'un bataillon de chasseurs à pied, le 17ᵉ, auxquels étaient joints six escadrons de chevau-légers sardes, commandés par le colonel Maurice de Sonnaz. Tous rivalisaient d'entrain et de courage. Malgré un sol inégal, coupé par des ravins, obstrué par des vignes, et d'un accès très difficile pour la cavalerie, les chevau-légers sardes chargèrent d'une manière héroïque. Sur un signe du général Forey, les clairons sonnèrent ; le cri en avant ! sortit de toutes les poitrines ; les bataillons français s'élancèrent vers les hauteurs, et en atteignirent bientôt les crêtes. Il fallut ensuite attaquer le village de Montebello. Ce n'était point une tâche aisée. Les Autrichiens, embusqués derrière des murs crénelés, faisaient pleuvoir sur les assaillants une grêle de balles. Toutes les fenêtres étaient garnies de tirailleurs ; chaque maison était une citadelle à prendre. Le général Forey, descendu de cheval, s'était placé, l'épée à la main, devant le front des troupes. On le voyait toujours aux endroits les plus périlleux ; les balles sifflaient autour de lui ; on aurait dit que la mitraille reculait devant tant d'audace. Le village une fois enveloppé, on dut, pour y avancer, faire des prodiges de valeur ; il y eut une série de combats incessants, de corps à corps, dans les rues, dans les jardins, dans les maisons mêmes. Ce fut à ce moment que le général Beuret reçut une mort glorieuse. Obligés de céder devant l'élan et l'impétuosité des troupes françaises, dont les baïonnettes étaient irrésistibles, les Autrichiens se retirèrent dans le cimetière où ils firent une résistance acharnée. Cette dernière position finit par leur être arrachée, et ils battirent en retraite. Il était six heures et demie.

Le général Forey jugea prudent de ne pas pousser plus loin le succès de la journée. Il arrêta ses troupes derrière le mouvement de terrain sur lequel est situé le cimetière, en garnissant la crête avec quatre pièces de canon et de nombreux tirailleurs, qui refoulèrent les dernières colonnes autrichiennes dans Casteggio. Peu de temps après, il les vit évacuer cette localité, en y laissant une arrière-garde et se retirer par la route de Casatisma.

A la fin de la journée, quand le général vainqueur passa devant le front de ses troupes, des acclamations unanimes l'accueillirent. Chacun aurait voulu toucher la main du chef intrépide qui avait donné si noblement l'exemple.

Dans son rapport au maréchal Baraguey d'Hilliers, commandant en chef du 1er corps, le général écrivit : « Je ne saurais trop me louer, monsieur le maréchal, de l'entrain de nos troupes... Je n'oublierai pas non plus les officiers de mon état-major, qui m'ont parfaitement secondé... Je ne connais point encore le chiffre exact de nos pertes ; elles sont nombreuses, surtout en officiers supérieurs, qui ont payé largement de leur personne. Je les évalue approximativement au chiffre de 600 à 700 hommes tués ou blessés. Celles de l'ennemi ont dû être considérables, à en juger par le nombre des morts trouvés surtout dans le village de Montebello. Nous avons fait environ 200 prisonniers, parmi lesquels se trouve un colonel et plusieurs officiers. Plusieurs caissons d'artillerie sont également tombés en notre pouvoir. Pour moi, Monsieur le maréchal, je suis heureux que ma division ait été la première engagée avec l'ennemi. Ce glorieux baptême, qui réveille un des beaux noms de l'Empire, marquera, je l'espère, une de ces étapes signalées dans l'ordre de l'Empereur. »

Le général Forey ajoutait en post-scriptum : « D'après les renseignements qui me viennent de tous côtés, les forces de l'ennemi ne sauraient être au-dessous de 15 à 18,000 hommes; et, si j'en croyais les rapports des prisonniers, elles dépasseraient de beaucoup ce chiffre. » Pour lutter contre de pareilles forces, le général Forey n'avait eu que sa division, composée de 5,900 hommes, et les six escadrons de chevau-légers sardes. La nouvelle de ce beau fait d'armes causa dans toute l'Italie et dans toute la France une grande joie. Ce premier succès était de bon augure.

XIX

PALESTRO

La guerre commençait bien. Au moment où se livrait le combat de Montebello, Garibaldi et ses volontaires en chemise rouge se distinguaient autour du lac Majeur. Ils entraient à Côme le 29 mai, et la ville se plaçait sous le gouvernement du roi Victor-Emmanuel.

Le 30 mai, le roi, qui avait avec lui quatre divisions sardes, franchissait la Sesia. La division Durando se porta vers Vinzaglio, les divisions Fanti et Castelborgo se dirigèrent vers Casalino et de là vers Confienza. La division Cialdini, qui depuis la veille avait pris pied sur la rive gauche, fut chargée de l'attaque principale, l'attaque de Palestro. Ce village était d'un accès difficile. Coupée de canaux et obstruée par des abatis d'arbres, la route y conduisant présentait des obstacles de toute nature. Sur les côtés, le terrain tout en rizières et divisé par d'innombrables fossés rendait l'attaque très malaisée. En avant de Palestro, la rivière, avec ses berges couvertes de hautes herbes, de peupliers et de saules ; à droite et à gauche de la rivière de vastes prés marécageux ; tous les talus encaissant et dominant la route jusqu'à l'entrée du village garnis de troupes ; des chasseurs tyroliens, tireurs d'élite, échelonnés de distance en distance, cachés par les arbres et se couchant dans les herbes ; le pont occupé par de nombreux tirailleurs ; les hauteurs formant de chaque côté du village deux sortes de bastions naturels à une élévation de quinze mètres environ ; les premières maisons crénelées pour rendre l'attaque plus difficile et permettre aux Autrichiens de diriger des feux plongeants contre les assaillants, tels étaient les obstacles de tout genre que rencontrait la colonne sarde chargée de prendre Palestro. Conduite par Victor-Emmanuel en personne, elle triompha de toutes les difficultés et s'empara du village. En même temps les autres divisions sardes enlevaient Vinzaglio et occupaient sans coup férir Casalino et Confienza. Le lendemain, les Autrichiens devaient faire un retour offensif et apparaître avec des forces considérables.

Quand l'Empereur avait envoyé à Victor-Emmanuel, le 29 mai, l'ordre portant ces seuls mots : « L'armée du roi s'établira en avant de Palestro », il pressentait que le souverain sarde aurait à livrer plusieurs combats successifs, et il mit à sa disposition le 3ᵉ régiment de zouaves, momentanément détaché du 5ᵉ corps. Le 30, ce régiment campait à Torrione. Le 31, à six heures du matin, il recevait du roi l'ordre de se diriger sur Palestro. A neuf heures, il établissait son bivouac sur la droite du village, dans une plaine couverte de moissons et de bouquets d'arbres, ayant devant lui un obstacle : le canal *della Calcina*. Vers dix heures les Autrichiens débouchèrent par les routes de Robbio et de Rozasco. Le 3ᵉ zouaves prit immédiatement les armes et se porta à environ 500 mètres sur sa droite du côté où la fusillade était le plus vivement engagée. Les zouaves, qui avaient abattu leurs tentes et déposé leurs sacs, dissimulèrent d'abord leur approche, en se cachant dans les blés et sous un rideau de peupliers. Puis, sortant tout à coup des fourrés, ils bondirent sur l'ennemi.

Rien ne les arrête, ni les fossés, ni les haies d'acacias qui leur déchirent le visage, ni les rizières, ni le sol marécageux dans lequel ils s'enfoncent jusqu'aux genoux, ni le canal, où ils s'élancent ayant de l'eau jusqu'à la ceinture, parfois jusqu'aux épaules. Tout à coup du milieu des blés où sont embusqués les chasseurs tyroliens part une fusillade presque à bout portant;

à la mitraille qui renverse les premiers rangs les zouaves répondent par des hurlements, et, sans faire usage de leurs armes, gravissent la berge couverte d'une vase épaisse.

« On n'a plus qu'un pas à faire pour toucher la bouche des canons, est-il dit dans le Journal historique du 3e zouaves ; les artilleurs autrichiens, stupéfaits de tant d'audace, n'ont pas même le temps de mettre le feu à leurs pièces. En vain ils veulent les ratteler, les terribles baïonnettes des zouaves clouent sur place ceux qui cherchent à se défendre. L'infanterie culbutée se disperse dans toutes les directions. Cinq pièces de canon sont en notre pouvoir. »

Les zouaves atteignent ensuite la route; les uns se jettent sur la droite, les autres escaladent les talus sur la gauche et se trouvent tout à coup dans un champ de terre labourée, en face de plusieurs bataillons autrichiens qu'ils attaquent à la baïonnette. C'est le moment où ils voient arriver au grand galop Victor-Emmanuel, le sabre en main. L'intrépide monarque, suivi de bataillons sardes dignes d'un pareil chef, se précipite au plus fort de la mêlée. Près de lui, le général de La Marmora a un cheval grièvement blessé. La bouillante valeur du souverain électrise les zouaves ; ils l'acclament.

Les Autrichiens, toujours poursuivis, sont acculés jusqu'à la petite rivière de la Bridda, que traverse un pont étroit, dont ils barrent l'entrée avec deux pièces d'artillerie. Des réserves sont massées derrière ce pont, et bordent les rampes escarpées de la rivière. Les zouaves se précipitent sur l'entrée du pont et s'emparent des deux pièces. Une terrible lutte corps à corps s'engage. Beaucoup de combattants sont précipités dans la rivière. Les uns se noient, les autres se brisent dans leur chute. Quelques Autrichiens parviennent à se sauver à la nage. On voit des zouaves, qui en ont pitié, descendre des berges escarpées pour leur tendre leurs carabines comme des perches, et les tirer de l'eau. En même temps le général Cialdini, qui a vaillamment défendu le village de Palestro, oblige les ennemis à la retraite. Ils sont également repoussés à Confienza et se replient sur Robbio. La victoire est complète.

Napoléon III, qui a quitté son quartier général de Verceil, est accouru au bruit du canon de Palestro. Victor-Emmanuel lui apprend le succès de la journée. Les zouaves se rangent en bataille des deux côtés du pont, qui vient d'être le théâtre d'une lutte héroïque. Les deux monarques passent dans les rangs des soldats intrépides, qui, animés encore par l'ardeur du combat, agitent, de leurs mains noircies de poudre, leurs carabines sanglantes, aux cris de : Vive l'Empereur ! Vive le Roi !

Victor-Emmanuel, trouvant sur le champ de bataille deux volontaires italiens mortellement blessés, leur adresse d'affectueuses paroles. L'un lui répond : « Sire, je regrette de mourir à la première bataille », et l'autre : « Sire, délivrez cette pauvre Italie. » Le soir paraît cette belle proclamation du roi : « Soldats, aujourd'hui un nouvel et éclatant fait d'armes a été signalé par une nouvelle victoire. L'ennemi nous a vigoureusement attaqué dans la position de Palestro, portant de puissantes forces contre notre droite ; il voulait empêcher la jonction de nos soldats avec ceux du maréchal Canrobert. Le moment était suprême. Notre force était numériquement bien inférieure à celle de l'adversaire ; mais il avait en face de lui les braves troupes de la 4e division, sous les ordres du général Cialdini, et l'incomparable 3e régiment de zouaves, qui, combattant en ce jour avec l'armée sarde, a puissamment contribué à la victoire... S. M. l'Empereur, en visitant le champ de bataille, a exprimé ses félicitations les mieux senties, et il a apprécié l'immense avantage de cette journée. Soldats ! persévérez dans votre conduite sublime, et je vous assure que le ciel couronnera votre œuvre si courageusement commencée. »

Le lendemain se produisit un curieux incident. Pour le raconter, laissons la parole au baron de Bazancourt qui, appelé par ordre de l'Empereur à l'armée d'Italie, rédigea une remarquable histoire de la campagne : « Un jeune officier de cavalerie sarde, chargé d'escorter le transport des prisonniers, se présenta devant le colonel de Chabron pour recevoir en dépôt ceux qui avaient été faits par le régiment des zouaves. Le colonel, étonné d'entendre cet officier piémontais s'exprimer en français sans aucune nuance d'accent étranger, lui demanda quelle était son origine. — Je suis Français, lui répondit le sous-lieutenant de Nice-Cavalerie. — Votre nom ? — De Chartres, mon colonel. — Et, comme en entendant prononcer ce nom, le colonel regardait le jeune sous-lieutenant avec attention. — Je suis le fils du duc d'Orléans, ajouta simplement celui-ci. Et, saluant le colonel dont il avait reçu les ordres, il s'éloigna. Le colonel de Chabron, ému de cette rencontre fortuite et de la touchante simplicité de ce jeune homme, déjà orphelin, et qu'avaient frappé de si grandes infortunes, le suivit des yeux jusqu'à ce qu'il eût disparu au milieu des tentes qui s'élevaient autour de lui. »

Le même jour Victor-Emmanuel adressait cette lettre au colonel de Chabron : « Du quartier général principal, Torrione, le 1er juin 1859 : Monsieur le colonel, l'Empereur, en plaçant sous mes ordres le 3e régiment de zouaves m'a donné un précieux témoignage d'amitié. J'ai pensé que je ne pouvais mieux accueillir cette troupe d'élite qu'en lui fournissant immédiatement l'occasion d'ajouter un nouvel exploit à ceux qui, sur les champs de bataille d'Afrique et de Crimée, ont rendu si redoutables à l'ennemi le nom de zouaves. L'élan irrésistible avec lequel votre régiment, monsieur le colonel, a marché hier à l'attaque, a excité toute mon admiration. Se jeter sur l'ennemi à la baïonnette, s'emparer d'une batterie en bravant la mitraille, a été l'affaire de quelques instants. Vous devez être fier de commander à de pareils soldats, et ils doivent être heureux d'obéir à un chef tel que vous. J'apprécie vivement la pensée qu'ont eue vos zouaves de conduire à mon quartier général les pièces d'artillerie prises aux Autrichiens, et je vous prie de les remercier de ma part. Je m'empresserai d'envoyer ce beau trophée à S. M. l'Empereur, auquel j'ai déjà fait connaître la bravoure incomparable avec laquelle votre régiment s'est battu hier à Palestro et a soutenu mon extrême droite. Je serai toujours très satisfait de voir le 3ᵉ régiment de zouaves combattre à côté de mes soldats, et cueillir de nouveaux lauriers sur les champs de bataille qui nous attendent. Veuillez, monsieur le colonel, faire connaître ces sentiments à vos zouaves.

« Victor-Emmanuel. »

La dynastie de Savoie est une race de héros. En 1823, pendant la guerre d'Espagne, Charles-Albert, qui servait dans les rangs de l'armée française, excita à un tel point, par sa bravoure, l'enthousiasme des soldats, à l'attaque du Trocadéro, que, pour lui témoigner leur admiration, ils lui décernèrent les épaulettes de grenadier. A l'issue du combat de Palestro, son fils Victor-Emmanuel fut nommé par acclamation caporal des zouaves.

XX

TURBIGO

Les deux combats de Palestro avaient eu pour effet de masquer le mouvement tournant qu'opérait l'armée française dans la direction de Novare, et pour résultat d'obliger les Autrichiens à se replier sur le Tessin et à évacuer le territoire du Piémont. L'armée alliée les suivit dans leur mouvement de retraite, et se disposa à franchir le Tessin.

Le 2 juin, l'Empereur ordonna au général de Mac-Mahon d'envoyer la division Espinasse occuper Trecate, sur la route de Milan, et au général Camou, commandant la division des voltigeurs de la garde, de se porter vers Robbio, sur la rive gauche du Tessin, de forcer le passage en face de Turbigo, et de protéger l'établissement d'un pont de bateaux qui servirait le lendemain à transporter le 2ᵉ corps sur l'autre rive.

Le 3 juin, à huit heures du matin, le 2ᵉ corps quittait Novare pour se porter sur Turbigo, village lombard situé à 9 kilomètres de Buffalora, et y franchir le Tessin sur le pont qui y avait été jeté pendant la nuit.

Le général de Mac-Mahon précédait son corps d'armée avec les officiers de son état-major pour reconnaître le terrain sur lequel il pouvait être appelé à opérer. A trois heures il atteignit les campements des voltigeurs de la garde chargés de surveiller les abords du pont, puis, après avoir traversé Turbigo, il se rendit au village de Robechetto, situé à l'est et à deux kilomètres de Turbigo, sur la rive gauche du Tessin. Au moment où il y arriva, on n'avait point encore aperçu les ennemis. Laissons la parole à son chef d'état-major, le général Lebrun. « A Robechetto, dit celui-ci, il constata la difficulté de bien voir le terrain, tant les environs du village étaient couverts de vignes et d'arbres. Il monta au sommet du clocher de l'église. » Mac-Mahon, sur la plate-forme du clocher, avait déployé une carte du pays et regardait l'horizon, quand une colonne autrichienne, paraissant venir de Buffalora, s'avança sur le village. Elle n'en était plus qu'à quelques centaines de mètres.

Le général Lebrun ajoute : « On se jeta dans l'escalier du clocher pour descendre quatre à quatre. Ceux qui étaient en queue criaient à ceux qui les précédaient : — Mais allez donc plus vite! — Quand on se retrouva hors de l'église, on fut bientôt en selle. Il était temps ; deux ou trois minutes plus tard, les Autrichiens auraient fait une belle capture, celle d'un commandant de corps d'armée français, de son chef d'état-major, d'un général de division, le général Camou et des officiers qui les accompagnaient. »

Empêcher l'ennemi de s'installer à Robechetto était indispensable, tant pour couvrir les bivouacs que pour assurer l'exécution du mouvement ultérieur du 2ᵉ corps sur Buffalora et Magenta. Il ne fallait pas perdre une minute.

Mac-Mahon partit au grand galop et regagna Turbigo, où il donna au régiment de tirailleurs algériens — le seul que pour le moment il eût à sa disposition, — l'ordre de marcher en toute hâte sur Robechetto, pour repousser l'ennemi et occuper le village.

Au même instant, l'Empereur, qui venait de visiter le grand pont de San Martino, arrivait à Turbigo, et, dans une des maisons couronnant le plateau, au nord de la route, donnait au général Camou l'ordre de diriger immédiatement les voltigeurs de la garde sur les débouchés du canal au sud de Turbigo, pour soutenir les troupes du général de Mac-Mahon.

Les tirailleurs algériens — les turcos, comme

on les appelle, — vont être lancés au feu. Le général de La Motterouge passe devant le front de leurs trois bataillons et leur adresse quelques mots énergiques, qui, traduits immédiatement en arabe par le colonel Laure, les électrise. Le général lui-même se place à la tête du bataillon du centre, et, levant son épée, il donne le signal du départ. Le point de direction est le clocher de Robechetto. Rien de plus impétueux que cette attaque faite au pas de course. Poussant, de leur voix aigüe et gutturale, leurs cris de guerre, les tirailleurs algériens s'avancent, pendant que la musique joue l'air du régiment : « Quand les Turcos marchent au combat. » En un instant, ils enveloppent Robechetto. En dix minutes, l'ennemi, délogé du village, bat en retraite sur la route par laquelle il était venu. Il veut toutefois, en s'éloignant, user de son artillerie, et il envoie une douzaine de coups à mitraille qui n'arrêtent en rien l'élan des turcos. Le général Auger accourt alors avec quatre pièces d'artillerie, et riposte vigoureusement. Croyant apercevoir dans les blés une pièce autrichienne qui a quelque peine à suivre le mouvement de retraite, il se précipite au galop sur cette pièce, et s'en empare, après avoir sabré les artilleurs.

En même temps, une tête de colonne de cavalerie autrichienne, venant de Castano, se présentait sur la gauche. Un bataillon du 65e se porta aussitôt à sa rencontre avec deux pièces de canon qui lui firent rebrousser chemin.

A cinq heures, le combat était terminé. Le même jour, le général de Mac-Mahon adressait son rapport à l'Empereur. « L'ennemi, y disait-il, a éprouvé des pertes considérables. Le champ de bataille est couvert de ses morts et d'une quantité considérable d'effets de toute nature qu'il a laissés entre nos mains : effets de campement, sacs complets qu'il a jetés sur le lieu du combat pour fuir avec plus d'agilité. Nous avons ramassé des armes, carabines et fusils. Nous avons fait peu de prisonniers, ce qui s'explique par la nature du terrain sur lequel l'engagement a eu lieu...

« Je ne puis encore, Sire, donner à Votre Majesté des détails précis sur cette affaire, qui, une fois de plus depuis notre entrée en campagne, montre tout ce qu'Elle peut attendre de ses braves soldats... Tous ont fait dignement leur devoir; mais je signalerai dès à présent, à Votre Majesté le général de La Motterouge comme ayant fait preuve d'un élan irrésistible; le général Auger qui, aux termes de notre législation militaire, mérite une citation à l'ordre général de l'armée; le colonel de Laveaucoupet qui, en combattant corps à corps avec les tirailleurs autrichiens, a reçu un coup de baïonnette à la tête, le colonel Laure, des tirailleurs algériens, pour l'impulsion intelligente avec laquelle il a conduit ses bataillons à l'ennemi. »

Après le combat, le général Lebrun eut, dans la rue qui traverse le village de Robechetto, le spectacle d'une scène attendrissante. Il vit l'abbé Bragier, aumônier du 2e corps, agenouillé et donnant les soins de son ministère à des blessés ; parmi ceux-ci se trouvaient des soldats du 45e de ligne, des chasseurs autrichiens et des turcos qui tous tendaient leurs mains vers lui et baisaient les siennes. Le compatissant abbé prodiguait à chacun ses consolations, sans tenir compte des différences de religion et de nationalité. Raffet avait promis au général de prendre cette scène comme sujet d'une de ses œuvres les plus prochaines, quand la mort vint l'enlever trop tôt.

Le combat de Robechetto, qui prit plus tard le nom de la localité voisine, et s'appela le combat de Turbigo, avait fait grand honneur au général de La Motterouge et au deux régiments de sa division, les tirailleurs algériens et le 45e de ligne, qui y prirent part. Il inaugurait d'une manière glorieuse les opérations qui devaient llustrer le 2e corps d'armée dans la suite de la campagne.

XXI

LA BATAILLE DE MAGENTA

La journée du 4 juin avait été fixée par l'empereur Napoléon III pour la prise de possession définitive de la rive gauche du Tessin. Le 2ᵉ corps (celui du général de Mac-Mahon), renforcé de la division des voltigeurs de la garde, et suivi de toute l'armée du roi de Sardaigne, devait se porter de Turbigo sur Buffalora et Magenta, tandis que la division des grenadiers de la garde s'emparerait de la tête du pont de San Martino sur la rive gauche, et que le 3ᵉ corps (celui du maréchal Canrobert) s'avancerait sur la rive droite pour passer le Tessin au même point. Le 4 corps, commandé par le général Niel, devait aussi s'acheminer vers le Tessin. Quant au 1ᵉʳ corps (celui du maréchal Baraguey d'Hilliers) il restait en réserve.

Cependant, le 4 juin au matin, on ne prévoyait pas, dans l'armée française, qu'il y aurait une grande bataille ce jour-là. L'Empereur, qui était à Novare, y déjeuna à son heure habituelle. Après le déjeuner, il se rendit à San Martino où se trouvaient les grenadiers et les zouaves de sa garde, qui venaient d'engager le combat.

A dix heures du matin, le 2e corps, commandé par le général de Mac-Mahon, et se composant de deux divisions, celle du général de La Motterouge et celle du général Espinasse, auxquelles était jointe la division des voltigeurs de la garde, sous les ordres du général Camou, quitta Turbigo pour se porter vers Magenta. La division La Motterouge et la division Espinasse prirent des chemins différents. La première se heurta, à Casate, contre plusieurs détachements autrichiens et les repoussa. Du pont de San Martino l'Empereur entendit la fusillade, et ordonna aussitôt à sa garde d'attaquer les rives du grand canal, le *Naviglio Grande*.

La division de la garde, qui allait faire des prodiges de valeur, se composait des trois régiments de grenadiers et du régiment de zouaves. Commandée par le général Mellinet, qui avait sous ses ordres deux généraux de brigade, le général de Wimpffen et le général Cler, elle ne comptait que cinq mille hommes. Ils allaient pendant plusieurs heures résister au choc d'environ quarante mille Autrichiens.

Jetons maintenant un coup d'œil sur le théâtre de cette résistance héroïque.

Une armée qui du Piémont passe en Lombardie rencontre devant elle deux redoutables obstacles, le Tessin et le *Naviglio Grande*.

Le Tessin est une large rivière dont les eaux abondantes et rapides comme celles d'un torrent, sont coupées d'îles boisées.

Le *Naviglio Grande* est un canal très profond, large d'environ seize mètres, qui, situé à deux ou trois kilomètres du Tessin, est bordé de haies d'acacias. Des talus élevés le protègent.

Sur la rive gauche du Tessin se trouve un petit village, composé de quelques maisons seulement. Il se nomme San Martino. Là est le pont qu'il faut traverser pour se rendre à Buffalora.

Buffalora est un village de seize cents habitants situé sur le Naviglio Grande, à 27 kilomètres de Milan. Un pont sert à relier les deux parties du village. A droite sont deux villages ou, pour mieux dire, deux groupes de maisons désignées l'un sous le nom de Ponte-Nuovo di Magenta, l'autre sous celui de Ponte-Vecchio di Magenta, avec deux ponts sur le Naviglio Grande. Ces trois ponts, la gare du chemin de fer, les maisons et les collines sont occupées par les Autrichiens qui ont plus de cent mille hommes pour défendre ces formidables positions. Leur commandant en chef, le général Giulay, espérait bien couper l'armée française du pont de San

Martino, isoler ainsi tout ce qui avait passé le Tessin et obliger le 2ᵉ corps et l'armée du roi à se replier précipitamment sur Turbigo, pour rentrer en communication avec le reste de l'armée. Tel est le plan que l'intrépidité des troupes françaises fit échouer.

Le général Regnaud de Saint-Jean d'Angély, commandant en chef de la garde exécute les ordres de l'Empereur. Il lance la brigade de Wimpffen contre Buffalora. La brigade Cler suit le mouvement. Elles emportent promptement Buffalora et les hauteurs qui bordent le Naviglio Grande. Mais elles se trouvent alors en face de masses considérables qu'elles ne peuvent enfoncer et qui arrêtent leurs progrès. Chefs et soldats rivalisent d'héroïsme. Le général Cler, un des officiers les plus distingués de l'armée, trouve une mort glorieuse en menant les zouaves de la garde à la charge. Le général Mellinet a deux chevaux tués sous lui. Le général de Wimpffen, en conduisant l'attaque de droite, est blessé à la figure.

Malgré les sublimes efforts de l'admirable division de la garde, elle doit finir par être écrasée, si des renforts ne lui arrivent pas. La journée ne s'annonce pas bien pour l'armée française. La marche du 3ᵉ et du 4ᵉ corps est entravée par les obstacles d'un terrain coupé de canaux d'irrigation, couvert de mûriers, de peupliers et de saules. Leurs colonnes, contraintes à s'allonger indéfiniment sur les chaussées, tandis que l'état marécageux du sol rend souvent les bas côtés impraticables, ne s'avancent que difficilement. L'armée du roi Victor-Emmanuel est retardée dans son passage du Tessin, et une seule de ses divisions a pu suivre d'assez loin le corps du général Mac-Mahon.

L'Empereur, toujours au pont de San Martino, éprouve une angoisse indicible. Le canon du 2ᵉ corps a cessé de se faire entendre dans le lointain. Le général de Mac-Mahon aurait-il été repoussé, et la division de la garde allait-elle avoir à soutenir, à elle seule, tout l'effort de l'ennemi ?

Le colonel Raoult, chef d'état-major de la garde impériale, vient dire à l'Empereur de la part du général Regnaud de Saint-Jean d'Angély que la masse des ennemis augmente à chaque instant et qu'il ne peut plus tenir, si on ne lui envoie du renfort. « Je n'ai personne à lui envoyer, répond avec calme Napoléon III ; dites-lui qu'il tienne toujours avec le peu de monde qui lui reste. »

« Il importait au succès de la journée, dira le commandant en chef de la garde, dans son rapport à l'Empereur, de conserver le débouché du pont sur le Naviglio pour permettre aux corps d'armée du général Niel et du maréchal Canrobert d'aborder l'ennemi aussitôt qu'ils arriveraient. Votre Majesté ordonna de défendre le poste avec énergie, en attendant l'arrivée des renforts qui approchaient. Les ordres de Votre Majesté furent exécutés ; les zouaves, les grenadiers du 3e, ainsi que ceux du 1er régiment, qui étaient venus les soutenir, résistèrent à toutes les attaques dans les postes qui leur étaient confiés. » Que d'héroïsme dans ce simple et sobre langage !

Qu'était devenu le général de Mac-Mahon, et pourquoi le canon du 2e corps continuait-il à se taire ? Au village de Cuggione, le général Lebrun, chef d'état-major, étant monté au sommet du clocher de l'église, reconnut qu'entre Buffalora et Magenta il y avait des mouvements considérables de troupes autrichiennes. Il descendit bien vite et dit au général de Mac-Mahon : « C'est une grande bataille qui se prépare en ce moment. Si nous ne voulons pas nous exposer à être jetés dans le Tessin par des troupes de beaucoup supérieures à celles que nous pouvons leur opposer, il n'est que temps de concentrer les deux divisions de votre corps d'armée et la division des voltigeurs de la garde. » Le général de Mac-Mahon réplique : « Je vais chercher moi-même la division Espinasse. » Et il part comme une flèche, suivi seulement de quelques cavaliers. Au grand galop, il traverse vignes, champs et fossés, manque d'être pris par des ennemis, auxquels il n'échappe que grâce à la vitesse de son cheval et atteint enfin le général

Espinasse. « Hâtez-vous, » lui dit-il, et la division se porte sur le chemin de Buffalora à Cuggione. Elle rejoint celle du général de La Motterouge et celle du général Camou. La concentration s'est opérée, et les trois divisions s'avancent sur Magenta.

« Le 2⁰ corps d'armée, a dit le général Lebrun, en marchant résolument, mais tout seul, sur Magenta, allait être exposé aux plus grands dangers. Car, vers quatre heures de l'après-midi, la division des grenadiers de la garde impériale, près de laquelle était l'Empereur, n'avait pas encore pu, malgré ses attaques si glorieuses et plusieurs fois répétées, forcer le passage du canal (le Naviglio Grande) ni devant le tunnel du chemin de fer, ni devant Porte-Nuovo di Magenta. Les forces autrichiennes qui défendaient les points de passage du canal étaient assez nombreuses et assez fortement établies pour que leur résistance pût durer longtemps encore. »

Pendant que le général de Mac-Mahon marchait sur Magenta, sans aucunes autres forces que ses quatre divisions, quelques troupes étaient enfin arrivées au secours de la division de la garde. Elle venait de voir apparaître le long du talus du chemin de fer les uniformes sombres des chasseurs à pied et les pantalons rouges de la ligne. C'était une des brigades du 3⁰ corps, la brigade Picard, qui accourait, avec le maréchal Canrobert. Elle fit ainsi que les grenadiers et les zouaves des prodiges de valeur. Le village de Ponte di Magenta, après avoir été pris et repris trois fois, avait encore à être défendu contre le retour des Autrichiens. Le général Picard, le colonel Bellecourt, du 85e, et beaucoup d'officiers, donnant aux troupes l'exemple de l'entrain et de la ténacité, le firent reprendre de nouveau. Le maréchal Canrobert a écrit dans son rapport à l'Empereur : « L'ennemi sentait l'importance de ce point qui, s'il fût resté en son pouvoir, le menait sur le flanc même de notre ligne de communication avec le pont du Tessin. Cette circonstance explique sa ténacité dans les attaques successives et l'irrésistible entrain des nôtres dans les retours offensifs pour reprendre la position. »

Le maréchal ajoute : « La brigade Jannin, ayant à sa tête le général Renault, avait enfin pu déboucher et se porter rapidement sur la ligne autrichienne, s'appuyant à Ponte di Magenta, dans la portion de ce village placée sur la rive gauche du canal Naviglio Grande. Prise et reprise plusieurs fois, cette portion du village, isolée par le pont du Naviglio que l'ennemi avait fait sauter, reste en possession du général Renault, qui s'y établit définitivement. »

Revenons maintenant au général de Mac-Mahon. Vers quatre heures ses troupes se sont mises en marche ayant pour point de direction le clocher de l'église de Magenta. C'est dans cette marche que le 3ᵉ zouaves s'empare d'un drapeau autrichien, ce qui vaudra à ce régiment de voir quelques jours plus tard son propre drapeau décoré de la croix de la Légion d'honneur. Le moment est solennel ; le sort de la bataille va se décider. Le général Lebrun dit alors à Mac-Mahon : « Les arbres et les vignes mettent obstacle à ce que nos bataillons se voient les uns les autres ; mais s'ils entendent battre les tambours et sonner les clairons à leur droite et à leur gauche, ils comprendront qu'ils sont coude à coude, et alors toute inquiétude disparaîtra chez eux ; ils continueront à marcher avec la plus entière confiance. » Mac-Mahon suit le conseil de son chef d'état-major. Les tambours battent ; les clairons entonnent leur belliqueuse fanfare. Quand les trois divisions La Motterouge, Espinasse et Camou sont à trois ou quatre cents mètres de Magenta, elles ne présentent plus qu'une masse compacte capable de défier les forces autrichiennes, qui occupent la gare du chemin de fer, les abords et l'intérieur de la ville.

A gauche, la division Espinasse se précipite sur la rue qui est à l'entrée de Magenta, et qui s'appelle la rue de Marcallo.

A droite, la division de La Motterouge attaque l'entrée principale par laquelle la grande route de Buffalora à Magenta pénètre dans la ville.

Au centre, la division Camou attaque les abords de la gare.

Toutes les maisons situées aux entrées de Magenta et la gare sont occupées par des forces autrichiennes qui résistent avec valeur aux assaillants.

L'intrépide général Espinasse, en cherchant à forcer l'entrée de la rue de Marcallo, qui est devant lui, veut donner l'exemple à ses troupes. Il se met à la tête du 2e zouaves et combat comme un simple soldat. Son cheval trébuche, en piétinant des cadavres, dans une mare de sang. « On ne tient pas sur ce sol mouvant, » dit le général, et il met pied à terre, ainsi que son officier d'ordonnance, le lieutenant de Froidefond, et son porte-fanion, le comte Horace de Choiseul. A peine descendu de cheval, M. de Froidefond tombe, frappé mortellement.

C'est d'une grande maison à plusieurs étages, formant l'angle gauche de la rue, que part la fusillade la plus terrible. La maison est occupée par trois cents Tyroliens, dont le tir est d'une justesse prodigieuse. « Il faut, à tout prix, nous emparer de cette maison-là, s'écrie le général Espinasse, il le faut! Allons, mes zouaves, enfoncez la porte! » Les zouaves s'élancent, s'offrant comme point de mire aux carabines des Tyroliens, qui tirent à bout portant. La porte que les zouaves veulent briser résiste à leurs efforts. Alors le général frappe du pommeau de son épée la persienne d'une fenêtre du rez-de-chaussée, et s'écrie : « En avant, entrez par là. » Au même moment part de la fenêtre même contre laquelle il s'adosse un coup de fusil qui l'étend raide mort.

Les zouaves, rugissant comme des lions, bondissent contre la fenêtre, et la font voler en éclats. Ils sont maîtres enfin de la maison. Le général de Castagny remplace le général Espinasse, et, sous une pluie de feu, il entraîne les zouaves jusque sur la place de la ville. C'est là que la brigade Castagny (2ᵉ zouaves, 1ᵉʳ et 2ᵉ régiments étrangers) est rejointe par la brigade Gault (11ᵉ bataillon de chasseurs, 71ᵉ et 72ᵉ de ligne), qui a attaqué à revers par la route de Buffalora à Milan.

Pendant que les deux brigades de la division Espinasse ont pénétré ainsi dans Magenta, la division de La Motterouge a enlevé avec non moins de vigueur la partie de la ville qu'elle a devant elle. Arrivé par un chemin creux qu'enfilent deux pièces d'artillerie ennemie, le 65ᵉ de ligne, commandé par le colonel Drouhot, débouche devant la gare du chemin de fer. Un feu des plus vifs, parti des bâtiments crénelés et occupés par des milliers de tirailleurs autrichiens, n'arrête pas sa marche impétueuse. En quelques instants, il est maître de la gare et des deux pièces d'artillerie disposées pour la défendre. Non content de ce premier succès, le colonel Drouhot, suivi de son drapeau qui flotte aux premiers rangs, s'élance vers la ville. Le feu redouble. Le brave colonel tombe frappé à mort. Le drapeau est criblé de balles et de mitraille; la hampe en est brisée en quatre fragments.

En ce moment arrivent deux pièces françaises; sous leur protection, le 65ᵉ peut enfin pénétrer dans les rues qui s'ouvrent devant lui.

Le 70ᵉ de ligne lancé sur la droite de Magenta, après avoir traversé le chemin de fer, se trouve en face d'obstacles formidables. De nombreux bataillons autrichiens sont retranchés dans l'église, dans les maisons voisines et derrière des murs épais et crénelés. Deux bataillons du régiment *Roi des Belges* occupent au centre le cimetière, d'où ils prennent en flanc les attaques françaises. Les soldats combattent corps à corps, dans les cours, dans l'intérieur des maisons, et ce n'est qu'après une lutte acharnée, qui se prolonge jusqu'à la nuit que le presbytère, l'église et le cimetière sont emportés.

Le 45ᵉ de ligne et les tirailleurs algériens, arrivés au bord de la tranchée profonde qui longe le chemin de fer, ont rallié le 52ᵉ, franchi l'obstacle, et, se mêlant au 65ᵉ et au 70ᵉ, ils ont glorieusement concouru à la prise de la gare, de l'église et des maisons voisines. La division des voltigeurs de la garde y a aussi puisamment contribué.

Il est huit heures du soir. Des détachements autrichiens, retranchés et barricadés dans les maisons, se défendent encore avec acharnement.

Mais ils sont bientôt forcés de mettre bas les armes. Des milliers de prisonniers et plusieurs pièces de canon sont les trophées du 2ᵉ corps.

A l'autre extrémité du champ de bataille, à Ponte-Vecchio, le succès n'est pas moins décisif. A la tête du 86ᵉ de ligne, le général Vinoy s'est emparé de ce village, situé sur la rive gauche du Naviglio Grande.

L'artillerie du général Auger, établie le long de la voie ferrée, décime les colonnes autrichiennes qui, sans pouvoir se rallier, précipitent leur retraite vers Castellano et Corbetto.

La victoire est complète. L'ennemi, dont on évalue les pertes à vingt-mille hommes tués ou blessés, a laissé entre les mains des vainqueurs quatre canons, deux drapeaux et sept mille prisonniers. Les grandes batailles du Premier Empire n'avaient pas été plus glorieuses.

XXII

LE LENDEMAIN DE MAGENTA

Pendant toute la bataille, Napoléon III s'était tenu à portée de sa garde, pressant la marche des renforts, et les dirigeant au fur et à mesure de leur arrivée sur les points les plus menacés. Il n'apprit que tard dans la soirée la prise de Magenta et la victoire définitive de son armée; il établit alors son quartier général à San Martino, ce petit groupe de maisons qui mérite à peine le nom de village. Il logea dans une misérable auberge, où, après avoir longuement causé avec le maréchal Canrobert des incidents de la bataille, il se jeta, tout habillé, sur un lit de roulier, pour prendre quelques instants de repos. Mais il se releva bien vite. Les officiers de sa maison militaire, qui s'étaient étendus en plein air, les uns sur des bottes de foin, les autres sur des sacs de maïs, purent le voir à la lueur de l'unique chandelle qui brûlait dans sa chambre, tantôt se promenant de long en large, dans l'attitude de la méditation, tantôt s'accoudant à une petite table de bois, pour lire les rapports qui lui parvenaient et adresser à l'Impératrice-Régente le bulletin de victoire.

Le vainqueur de Magenta, — il mérite ce nom, puisque c'est lui qui commandait en chef, — triomphait avec modestie, en philosophe plus qu'en guerrier. Jusque-là il ne connaissait de la guerre que ses récits épiques. Maintenant, il en voyait de près les horreurs, et son âme sensible, compatissante, souffrait. D'une part, il considérait la cause qui lui avait mis les armes à la main comme juste et civilisatrice. Mais d'autre part, il ne pouvait s'empêcher de reconnaître qu'il était en grande partie responsable des torrents de sang versé. Cette pensée troublait en lui l'ami du peuple, le souverain humanitaire, et son visage, au lendemain du triomphe, gardait l'empreinte de sa mélancolie habituelle, encore augmentée par le souvenir amer des perplexités et des angoisses de la bataille. Il savait, d'ailleurs, que la guerre n'était qu'à son début, et les hécatombes présentes le faisaient songer aux hécatombes prochaines. Il pensait à tous ceux dont on venait de lui apprendre la mort, en même temps que la victoire : au général Espinasse, son aide de camp, son confident, son ami, son ministre de l'Intérieur et de la Sûreté générale au lendemain de l'attentat d'Orsini; au général Cler, dont le maréchal Canrobert disait : « Il y a tout dans Cler, esprit, audace, activité, corps de fer, âme infatigable, le naturel, la science et le génie du métier; » à deux officiers supérieurs accomplis, le colonel de Senneville, chef d'état-major de Canrobert, et le lieutenant-colonel de la Bonninière de Beaumont, sous-chef d'état-major de Mac-Mahon; aux colonels Drouhot du 65e de ligne, Charlier du 90e, de Chabrière du 2e régiment étranger, tous trois tués glorieusement à la tête de leurs troupes. Il pensait à tant d'officiers *pleins d'avenir*, moissonnés dans la fleur de la jeunesse. Il pensait peut-être plus encore, lui qui aimait les pauvres et les humbles, aux simples soldats, qui pour la plupart n'ayant aucune chance d'avancement, sacrifient héroïquement leur vie, sans autre récompense que la satisfaction du devoir accompli. A certains moments, un doute cruel lui venait à l'esprit, et le penseur couronné se demandait à lui-même si la guerre, que Joseph de Maistre considère comme une chose divine, n'est pas, en réalité, une chose infernale.

A San Martino, les ambulances étaient près du quartier général de l'Empereur et, à côté de l'auberge où il logeait, une grande maison servait de dépôt aux prisonniers. Le 5 juin, quand le jour commença à paraître, les troupes avaient cessé de défiler sur le pont. On ne voyait plus que des cacolets et des charettes transportant les blessés.

Dans la matinée, Napoléon III avait reçu la visite du roi Victor-Emmanuel, très au regret que son armée fût arrivée trop tard. Il examina ensuite les rives du Tessin pour surveiller lui-même l'établissement des ponts de bateaux. Le commandant en chef de la garde impériale avait son quartier général sur la rive gauche de la rivière. Dès que l'Empereur l'aperçut, il courut au-devant de lui, et, lui serrant la main avec effusion : « Général, lui dit-il, hier, vous et la garde impériale avez bien mérité de la France. »

Le 6 juin, Napoléon III transporta son quartier général de San Martino à Magenta. A sept heures du matin, il monta à cheval, suivi de tout son état-major, et parcourut tout le champ de bataille. Écoutons un témoin oculaire, le marquis de Massa, qui s'exprime ainsi : « Il était facile de voir sur la figure de Napoléon III l'impression douloureuse que lui causait une victoire si chèrement achetée. Et il y avait tant d'abnégation dans leurs âmes d'élite, que j'ai entendu des blessés, auxquels il témoignait son intérêt, chercher à le rassurer lui-même en disant : — Ce ne sera rien, allez ! On en reviendra quand même, pour recommencer.

« Un instant les brancardiers durent se ranger pour laisser passer une voiture dans laquelle deux cadavres étaient étendus. S'en étant approché, l'Empereur se découvrit aussitôt avec les marques d'une profonde tristesse. Il venait de reconnaître le corps du général Espinasse, côte à côte avec celui de son officier d'ordonnance, le sous-lieutenant Froidefond. En contemplant le visage inanimé du vaillant général dont il s'était proposé de faire plus tard un maréchal de France, du serviteur dévoué qui lui avait rendu tant de services à Paris, le jour du coup d'État, en Afrique, en Crimée, en Italie sur les champs de bataille, « pauvre Espinasse, » murmura-t-il, les yeux pleins de larmes. »

Au moment où il atteignait le canal du Naviglio Grande, sur les deux rives duquel sa garde avait fait des prodiges de valeur, le souverain aperçut le général de Mac-Mahon qui venait à sa rencontre, et il lui fit le plus flatteur accueil. Il le félicita chaleureusement au sujet de la prise de Magenta, qui avait décidé du succès final de la journée, et le garda près de lui pendant toute la durée de la route. Quand tous deux, cheminant ensemble, furent entrés dans la ville qui avait été, l'avant-veille, le théâtre de si sanglants combats, Napoléon III dit à Mac-Mahon : « Je vous nomme maréchal de France et duc de Magenta. » Très ému, le nouveau maréchal se confondit en remercîments.

Le général Fleury et les autres aides de camp de l'Empereur regrettaient beaucoup que le souverain n'eût rien fait pour le commandant en chef de sa garde, le général Regnaud de Saint-Jean d'Angély. Laissons la parole au général Fleury : « Quand nous fûmes installés à Magenta, dit-il, Sa Majesté, un peu souffrante et fatiguée, nous fit dire qu'elle ne se mettrait pas à table avec nous. Nous étions assis depuis quelques instants, et tout le monde demeurait silencieux, chacun pensait tout bas ce qu'il n'osait pas dire tout haut. Convaincu dans cette circonstance, comme en tant d'autres, que je devais prendre l'initiative et dire la vérité à mon souverain, je quittai la table sans mot dire et montai chez l'Empereur. : — Que Votre Majesté me pardonne de venir la troubler dans son repos, mais je crois devoir remplir un devoir en lui soumettant les réflexions que me suggèrent les deux distinctions qu'elle vient d'accorder au général de Mac-Mahon. Ce n'est pas lui, sire, qui a gagné la bataille. Le vainqueur de Magenta, c'est vous ; c'est vous qui commandiez. C'est la garde impériale, votre garde, qui, par son indomptable énergie, a décidé du sort de l'armée... Ne pas récompenser le chef de la garde, ce serait laisser croire à l'Europe que la garde impériale n'assistait pas même à la bataille. »

Quand le général Fleury eut cessé de parler, l'Empereur lui répondit : « Vous avez raison. Je n'avais pas envisagé la question sous cet aspect. Allez dire au général Regnaud de Saint-

Jean d'Angély que je le nomme maréchal de France. En même temps, annoncez au général de Wimpffen que je le fais général de division. »

Un instant après, le général Fleury disait à un écuyer de l'Empereur, gendre du nouveau maréchal : « Davillier, venez avec moi pour porter à votre beau-père la bonne nouvelle. » Et tous les deux partaient au grand galop.

Napoléon III s'était désintéressé de sa propre victoire pour en reporter le principal mérite à Mac-Mahon.

XXIII

L'ENTRÉE A MILAN

De Magenta, quand le temps est clair, on peut apercevoir, à l'horizon, les clochetons et les flèches de la cathédrale de Milan, le Dôme, cette masse de marbre blanc comme la neige des montagnes. Pendant toute la durée de la bataille du 4 juin, la population milanaise avait entendu avec anxiété le bruit de la canonnade. Elle savait que le sort de l'Italie se jouait en ce moment. Son émotion était remplie d'angoisses. La nuit venue elle ne connaissait pas encore l'arrêt du destin, et la foule, remplissant les rues et les places, attendait les nouvelles avec une impatience fébrile. Très tard, un homme à cheval parut à la *porta Vercellina*, et jeta dans les groupes ces seuls mots : Les Autrichiens sont battus. Peut-être était-ce une fausse nouvelle. On hésitait à y ajouter foi.

Le lendemain, dès l'aurore, il ne fut plus permis de douter. Les Autrichiens, campés sur la place du Château, pliaient leurs tentes et faisaient leurs préparatifs de départ. Dans la journée, ils s'éloignèrent. Aussitôt des drapeaux italiens et français flottèrent aux fenêtres des maisons, et la population entière prépara un accueil enthousiaste à ses libérateurs.

Dans la soirée du 6 juin, le maréchal de Mac-Mahon recevait un ordre ainsi conçu : « Le 2e corps aura l'honneur d'entrer à Milan demain à la tête de l'armée française. L'Empereur se mettra en personne à la tête de ce corps d'armée. En exécution de cet ordre, les troupes du 2e corps quittèrent leurs bivouacs de San Pietro l'Olmo et se dirigèrent sur Milan. Elles se mirent en route de bonne heure, le 7 juin. Entre neuf et dix heures du matin, elles étaient réunies devant Milan, leur tête de colonne établie au pied de l'arc de triomphe, érigé, à l'entrée de la capitale du royaume d'Italie, en l'honneur de Napoléon Ier et à la gloire de ses armées.

Écoutons le chef d'état-major du 2e corps, le général Lebrun : « Le monument, dit-il, est grandiose ; les sculptures qui le décorent sont magnifiques. Après l'arc de triomphe de la place de l'Étoile à Paris, cet édifice, qui resplendit de toutes les gloires du premier Empire, il n'y a pas au monde un arc de triomphe plus imposant que celui de Milan.

« Arrivé au pied du monument, le maréchal de Mac-Mahon descendit de cheval, et il s'étendit à terre pour se reposer et pour attendre l'Empereur. On rendrait difficilement compte des ovations que les populations lui avaient faites sur son passage depuis San Pietro l'Olmo jusqu'à Milan. Lorsque les Milanais le virent couché et contemplant leur glorieux arc de triomphe, ce ne fut chez eux que vivats se succédant sans interruption. »

Cependant, le maréchal ordonna à son chef d'état-major, le général Lebrun, de pénétrer dans la ville pour aller y déterminer les emplacements où les troupes établiraient leurs bivouacs, le soir. Au moment où le général traversait la plus grande rue de la ville, une foule innombrable qui attendait impatiemment l'Empereur le prit pour Napoléon III, et, du haut des balcons, on lui jeta une avalanche de fleurs. « Je vis des femmes du peuple, dit-il, des grandes dames aussi, qui étaient sur le pavé de la rue, s'élançaient vers moi, et, au risque de se faire écraser sous les pieds de mon cheval, me prenaient les mains pour les serrer ; quelques-unes allèrent, faut-il que je le dise, jusqu'à couvrir mes bottes de leurs baisers. »

Vers onze heures du matin, l'Empereur fit savoir au maréchal de Mac-Mahon que Victor-Emmanuel n'étant pas encore arrivé, il ne voulait faire son entrée que le lendemain, ayant le roi à côté de lui.

8 juin. — La garde impériale, qui campait à Cava Piobetta, à 4 kilomètres de Milan, reçoit l'ordre de se diriger vers la capitale lombarde, et d'y attendre l'Empereur devant la porte extérieure appelée *porta Vercellina*.

On croyait que les deux souverains n'arriveraient qu'à onze heures. Ils arrivent trois heures plus tôt.

« La garde impériale, sous les ordres du maréchal Regnaud de Saint-Jean d'Angély, dit le marquis de Massa, est massée sur la grande place d'armes. De toutes les fenêtres, les lorgnettes se braquent sur les grenadiers dont les hauts bonnets à poil, les longues capotes, les buffleteries blanches croisées sur la poitrine rappellent leurs prédécesseurs du premier Empire, dont ils viennent de faire revivre les traditions. Les nouveaux ont tenu à Magenta comme les anciens à Friedland. Devant leur front se détache la silhouette de leur divisionnaire, le général Mellinet, qui a eu deux chevaux tués sous lui au plus fort de l'action. Un chaud rayon de soleil, dardant sur son mâle profil, met en relief sa pommette saillante sous laquelle une cavité profonde marque la trace de la balle dont il a eu la joue traversée au siège de Sébastopol. A sa gauche s'appuie la division de voltigeurs du général Camou. Face à cette infanterie se déploie notre brigade, guides et chasseurs. »

Voici le cortège qui approche. En tête, le détachement des cent-gardes ; puis Napoléon III, ayant à sa gauche Victor-Emmanuel ; derrière eux, à distance, leurs deux états-majors ; fermant la marche, une escorte mixte, composée d'un escadron de guides et d'un escadron de chevau-légers de Novare ; devant ces derniers le duc de Chartres, officier d'ordonnance du général de La Marmora.

Le cortège arrive en face de l'arc de triomphe de Milan, qui est ordinairement entouré d'énormes chaînes de fer, reliées entre elles par de hautes bornes en pierre. Jamais ni troupe, ni qui que ce fût n'avait passé sous la voûte, la municipalité ayant, dès l'érection du monument, décidé cette interdiction. Mais cette fois les autorités ont fait exception à la règle, les chaînes de fer ont été enlevées ; l'Empereur et le Roi vont passer sous l'arc de triomphe.

Les deux souverains traversent la ville au milieu d'un enthousiasme universel. Napoléon III se rend à la villa Bonaparte, qui doit lui servir de demeure, et où il publie la proclamation suivante :

« Italiens ! la fortune de la guerre me conduit aujourd'hui dans la capitale de la Lombardie. Je vais vous dire pourquoi j'y suis.

« Lorsque l'Autriche attaqua injustement le Piémont, je résolus de soutenir mon allié le roi de Sardaigne : l'honneur et les intérêts de la

France m'en faisaient un devoir. Vos ennemis, qui sont les miens, ont tenté de diminuer la sympathie universelle qu'il y avait en Europe pour votre cause, en faisant croire que je ne faisais la guerre que par ambition personnelle.

« S'il y a des hommes qui ne comprennent pas leur époque, je ne suis pas du nombre. Dans l'état éclairé de l'opinion publique on est plus grand aujourd'hui par l'influence morale qu'on exerce que par des conquêtes stériles, et cette influence morale, je la recherche avec orgueil en contribuant à rendre libre une des plus belles parties de l'Europe. Votre accueil m'a déjà prouvé que vous m'aviez compris.

« Je ne viens pas ici avec un système préconçu pour déposséder les souverains, ni pour vous imposer ma volonté; mon armée ne s'occupera que de deux choses : combattre vos ennemis, et maintenir l'ordre intérieur ; elle ne mettra aucun obstacle à la libre manifestation de vos vœux légitimes.

« La Providence favorise quelquefois les peuples comme les individus en leur donnant l'occasion de grandir tout à coup ; mais c'est à la condition qu'ils sachent en profiter. Profitez donc de la fortune qui s'offre à vous. Votre désir d'indépendance, si longtemps déçu, se réalisera si vous vous en montrez dignes.

« Unissez-vous donc dans un seul but : l'affranchissement de votre pays. Organisez-vous militairement. Volez sous les drapeaux du roi Victor-Emmanuel, qui vous a déjà si noblement montré la voie de l'honneur. Souvenez-vous que sans discipline, il n'y a pas d'armée, et, animés du feu sacré de la patrie, ne soyez aujourd'hui que soldats ; demain, vous serez citoyens libres d'un grand pays.

« Fait au quartier général impérial de Milan, le 8 juin 1859.

« Napoléon. »

Au milieu de son triomphe l'Empereur avait des inquiétudes. Il venait d'apprendre qu'à quinze kilomètres de Milan, à Melegnano, les Autrichiens se fortifiaient, et que peut-être ils avaient l'intention de faire un retour offensif contre la capitale lombarde. En conséquence il avait donné l'ordre au 1er et au 2e corps l'ordre de se diriger en toute hâte vers Melegnano. A peine arrivé à la villa Bonaparte, il monta à cheval et partit pour aller s'assurer que le maréchal de Mac-Mahon et ses troupes s'étaient mis en marche. Il atteignit, sans être reconnu, les remparts extérieurs, car les passants ne pouvaient soupçonner que ce cavalier sans escorte était l'Empereur. Mais, à son retour, la foule avait appris que c'était lui, et elle lui fit une ovation indescriptible.

Dans la même journée, Napoléon III adressa cette proclamation à son armée : « Soldats, il y a un mois, confiant dans les efforts de la diplo matie, j'espérais encore la paix, lorsque tout à coup l'invasion du Piémont par les troupes autrichiennes nous appela aux armes. Nous n'étions pas prêts : les hommes, les chevaux, le matériel, les approvisionnements manquaient, et nous devions, pour secourir nos alliés, déboucher à la hâte par petites fractions au delà des Alpes, devant un ennemi redoutable préparé de longue main. Le danger était grand, l'énergie de la nation et votre courage ont suppléé à tout. La France a retrouvé ses anciennes vertus, et, unie dans un même but comme en un seul sentiment, elle a montré la puissance de ses ressources et la force de son patriotisme. Voici dix jours que les opérations ont commencé, et déjà le territoire piémontais est débarrassé de ses envahisseurs. L'armée alliée a livré quatre combats heureux et remporté une victoire décisive qui lui a ouvert les portes de la capitale de la Lombardie. Vous avez mis hors de combat plus de 35,000 Autrichiens, pris 17 canons, 2 drapeaux, 8,000 hommes prisonniers, mais tout n'est pas terminé ; nous aurons encore des luttes à soutenir, des obstacles à vaincre. Je compte sur vous, braves soldats de l'armée d'Italie ! Du haut du ciel vos pères vous contemplent avec orgueil. »

Au moment même où paraissait cette proclamation, les troupes du maréchal Baraguey d'Hilliers, unies à celles du maréchal de Mac-Mahon, combattaient à Melegnano.

XXIV

MELEGNANO

Le maréchal Baraguey d'Hilliers regrettait profondément que le 1er corps d'armée, dont il était le chef, n'eût pas eu l'honneur de prendre part à la bataille de Magenta. Le maréchal se dédommagea, le 8 juin, en livrant le combat de Melegnano.

Melegnano (Marignan) est une petite ville de trois mille âmes située à quinze kilomètres sud-est de Milan. C'est là qu'en 1515 François 1er remporta sur les Suisses une victoire mémorable connue sous le nom de bataille des géants.

Quand Napoléon III apprit que les Autrichiens se retiraient vers Lodi, mais occupaient encore Melegnano, il prit la résolution de les en déloger, et chargea de ce soin le 1er et le 2e corps. Les opérations devaient être dirigées par le maréchal Baraguey d'Hilliers, ayant sous ses ordres le maréchal de Mac-Mahon.

Le 1er corps, qui avait établi son bivouac à San Pietro d'Olmo, le quitta de très bonne heure, le 8 juin, pour se rendre à Melegnano, située à vingt-huit kilomètres de cette localité.

La 1re division était commandée par le général Forey, la 2e par le général de Ladmirault, la 3e par le général Bazaine. Elles se mirent en marche l'une à quatre heures du matin, l'autre à cinq, la dernière à six.

Toutes trois se portèrent d'abord sur Milan qu'elles traversèrent en toute hâte, au milieu d'une foule enthousiaste qui leur jetait fleurs et couronnes. Elles sortirent de la ville par la *porta Romana* et se dirigèrent sur Melegnano. Chacune prit un chemin différent pour y arriver. Ce fut la 3e — la division Bazaine — qui s'avança par la grande route, chaussée de vingt mètres de largeur, bordée de fossés pleins d'eau, qui sont larges de huit à dix mètres, et par dessus lesquels des ponts en pierre avec parapets mènent, de distance en distance, dans la campagne.

A droite et à gauche, le terrain est coupé par un grand nombre de fossés et de canaux d'irrigation. Des prairies, des champs de blé, des haies épaisses et une grande quantité d'arbres en couvrent la surface.

La division Bazaine, à laquelle était réservé l'honneur d'attaquer la première les positions de

Melegnano, devança de beaucoup les deux autres divisions qui étaient souvent arrêtées par les fossés ou retardées par les détours des chemins latéraux. Elle atteignit San Giuliano à cinq heures du soir, et, à cinq heures trois quarts, elle était en vue de Melegnano, à une distance d'un kilomètre.

La prudence aurait ordonné d'attendre les divisions Forey et Ladmirault, et de combiner un mouvement avec les troupes du 2ᵉ corps qui, à quelque distance de là, s'apprêtaient à manœuvrer sur les derrières de l'ennemi. Mais le maréchal Baraguey d'Hilliers était impatient de faire parler la poudre.

Il est près de six heures du soir, et la division Bazaine est en marche depuis douze heures. Le maréchal lui donne l'ordre de commencer l'attaque. Aussitôt une compagnie de zouaves, qui sert d'avant-garde, se déploie en tirailleurs des deux côtés de la route.

Les Autrichiens n'ont pour défendre la ville que la brigade Roden et la brigade Boer, mais ils occupent d'excellentes positions : leur artillerie enfile la route par laquelle arrivent les Français. Des restes d'anciennes fortifications, des haies, des jardins et des fermes leur offrent des abris sûrs. La plupart des maisons ayant vue sur les avenues principales sont barricadées et garnies de défenseurs. Bravant la mitraille, le 1ᵉʳ zouaves, suivi du 33ᵉ et du 34ᵉ de ligne, attaquent avec une extrême impétuosité. En vain les Autrichiens ont garni d'une nuée de tirailleurs les premières maisons de la ville, la coupure de la route et le cimetière ; en vain ils font une vaillante résistance dans les rues, au château, derrière les haies et les murs des jardins; ils ne peuvent résister à l'élan de l'intrépide général Bazaine et de son admirable division.

Le général Goze, commandant la première brigade, et le colonel Paulze d'Ivoy, à la tête de son régiment, le 1er zouaves, précèdent et lancent les colonnes d'assaut. Tous les officiers, l'épée haute, marchent devant leurs soldats.

C'est au vieux château que les Autrichiens ont concentré leurs principaux efforts, car c'est par là que leur mouvement de retraite sur Lodi et Pavie pourrait être intercepté par les troupes françaises. Le long des murs ils ont pratiqué des meurtrières, d'où ils font pleuvoir une grêle de feux plongeants.

Voilà le 1er zouaves qui débouche sur la place du vieux château. Un feu roulant de mousqueterie, qui part des fenêtres, n'arrête pas leur ardeur. Tandis que les uns se jettent dans le château, en chassent les Autrichiens et s'y établissent, les autres, entraînés par le colonel Paulze d'Ivoy, franchissent la porte qui mène au faubourg de Carpiano. A ce moment, le brave colonel, qui n'a cessé d'animer ses zouaves par le geste, par la voix, par l'exemple, et qui vient d'avoir son cheval tué sous lui, tombe, frappé mortellement par une balle à la tête, près de l'église qui occupe l'angle du carrefour. Les zouaves le vengent en s'emparant des premières maisons du faubourg, et, trop peu nombreux pour pousser l'ennemi plus loin, s'y embusquent, attendant du renfort.

En même temps, le 33e de ligne refoule l'ennemi. Dans l'un des retours offensifs des Autrichiens, son drapeau, un instant en péril, mais héroïquement défendu, a sa hampe brisée.

Un très violent orage, qui s'annonçait depuis longtemps, éclate sur le lieu du combat et l'inonde d'une pluie torrentielle. Le bruit du tonnerre se mêle à celui de la bataille. Le vent mugit avec fureur.

Le maréchal Baraguey d'Hilliers est au centre de l'action, sur la place de l'église. A ses côtés, son porte-fanion, le maréchal des logis Franchetti, est blessé.

La 2e division, qui avait rejoint au pont du Lambro les troupes de la 3e, et avait d'abord été arrêtée par la profondeur de l'eau, comme par l'escarpement des berges, est parvenue à continuer sa marche, et elle contribue puisamment au succès final.

Quand à la 1re division, celle du général Forey, elle n'avait pas pu prendre part au combat. Formant une colonne de sa première brigade, le général avait poussé sur Riozzo le 74e de ligne, le 84ᵉ et le 17ᵉ bataillon de chasseurs ; mais les fossés remplis d'eau, les coupures du sol et l'orage les avaient retardés, et ils n'avaient pu dépasser la route de Landriano. Comme ils marchaient depuis quatre heures du matin, le général Forey leur fit faire une halte. Peu de temps après il reçut du maréchal Baraguey d'Hilliers l'ordre d'entrer dans Melegnano, que sa division atteignit vers dix heures et demie du soir.

Voici maintenant le rôle joué par le 2ᵉ corps d'armée, celui du maréchal de Mac-Mahon. Après avoir quitté la grande route, il s'était dirigé, comme c'était convenu entre les deux maréchaux, sur l'extrême droite et les derrières de l'ennemi. La 2ᵉ division, commandée par le général Decaen, était arrivée à Médiglia, vers quatre heures du soir, suivie à une grande distance par la 1ʳᵉ division, celle du général de La Motterouge, retardée par le passage à gué du Lambro et par les mauvais chemins.

La division Decaen était campée à Balbiano, quand le canon du 1ᵉʳ corps lui fit reprendre et hâter sa marche. Six bataillons, pris par le maréchal de Mac-Mahon dans les deux brigades, furent aussitôt réunis sous les armes, sans sacs, et portés en avant, suivis par l'artillerie. Cette colonne, arrivée à la route de Mulazzano, fit un changement de direction à droite, et s'avança, en ligne formée par les bataillons en masse, à travers des prairies d'un accès difficile. Les deux batteries de la division furent alors placées en position, et malgré la nuit qui tombait, malgré l'orage qui éclatait, elles purent envoyer quelques boulets aux colonnes autrichiennes battant en retraite sur la route de Lodi.

En résumé, les vainqueurs de Melegnano c'étaient le maréchal Baraguey d'Hilliers, le général de Ladmirault et le général Bazaine. Rarement combat fut plus sanglant. Le maréchal écrivait dans son rapport à l'Empereur : « Les pertes de l'ennemi sont considérables ; les rues et les terrains avoisinant la ville étaient jonchés de leurs morts, 1,200 blessés autrichiens ont été portés à nos ambulances ; nous avons fait de 800 à 900 prisonniers et pris une pièce de canon. Nos pertes s'élèvent à 943 hommes tués ou blessés ; mais, comme dans tous les engagements précédents, les officiers ont été frappés dans une large proportion ; le général Bazaine et le général Goze ont été contusionnés ; le colonel du 1er zouaves a été tué ; le colonel et le lieutenant-colonel du 33e ont été blessés ; il y a en tout 13 officiers tués et 56 officiers blessés. »

Hélas ! parmi ceux qui étaient tombés pour ne plus se relever, combien portaient encore à leur képi ou à leur boutonnière les fleurs que les femmes milanaises leur avaient jetées le matin !

XXV

AVANT SOLFERINO

Les idées de triomphe et les idées de mort se croisaient dans l'esprit de Napoléon III. Le 9 juin, à 9 heures du matin, il allait voir le maréchal Baraguey d'Hilliers à Melegnano, et ne regardait pas sans douleur les restes du carnage de la veille. Deux heures après, il était de retour à Milan pour assister au *Te Deum* chanté à la cathédrale.

Il est onze heures. Toutes les cloches de la ville se mettent en branle. Les tambours battent aux champs; les clairons sonnent. Depuis la villa Bonaparte, logement de l'Empereur, jusqu'à la cathédrale — le Dôme, comme on l'appelle — la garde impériale forme une double haie, en suivant le Corso. Vieilles tapisseries, tentures de soie et de velours, crépines d'or, mêlées aux longs plis des drapeaux, couvrent les murs et pendent aux fenêtres.

Le cortège impérial et royal s'avance. En tête sont les cent-gardes. A cheval, Napoléon III et Victor-Emmanuel, suivis de leur brillant état-major, apparaissent à l'extrémité du Corso. Une pluie de fleurs tombe sur les souverains. Milan a dévasté ses jardins et dépouillé ses parterres ; un tapis parfumé couvre les dalles de la cité lombarde. A toutes les fenêtres à tous les balcons, branches vertes, couronnes tressées, fleurs effeuillées dans des corbeilles, que tiennent entre leurs mains les jeunes Milanaises, comme pour les processions de la Fête-Dieu. A un moment, le cheval de l'Empereur et celui du Roi, devenus le point de mire de tous les projectiles fleuris, se cabrent ; et les souverains font signe aux belles Milanaises de mettre un peu de modération dans les transports de leur allégresse et de leur enthousiasme.

Voilà le cortège arrivé devant la cathédrale de marbre blanc, qui se détache majestueusement sur le bleu foncé du ciel italien, avec l'inépuisable richesse de son ornementation sculpturale, la multitude de ses escaliers et de ses terrasses, l'audacieux élancement de la pyramide centrale, autour de laquelle s'échelonne une forêt prodigieuse de tourelles, d'aiguilles, d'innombrables statues.

Coiffé de la mitre blanche, l'évêque coadjuteur,

Monseigneur Caccia, suivi des chanoines, reçoit les souverains au seuil de l'édifice. On a eu le bon goût de ne point orner de draperies les murs de cette magnifique église, la plus vaste du monde, après Saint-Pierre de Rome. Il ne faut point cacher par des tapis le pavé en mosaïque, par des tentures les cinq nefs, leurs voûtes ogivales, leurs colonnes et leurs festons de marbre.

Les vieillards milanais se rappellent la cérémonie qui eut lieu, cinquante-quatre ans auparavant, dans ce même sanctuaire. Le 26 mai 1805, Napoléon y fut sacré avec autant d'éclat qu'il l'avait été, six mois avant, à Notre-Dame de Paris. Après que le cardinal Caprara eut béni la couronne de fer, dans la forme jadis usitée à l'égard des empereurs germaniques pour les couronner rois d'Italie, le grand homme, la posant lui-même sur sa tête, comme il avait posé celle d'Empereur des Français, prononça avec une extrême énergie ces mots sacramentels : *Dio me l'ha data, quai a chi la toccherà,* Dieu me la donne, gare à qui la touche. Tels sont les souvenirs que les vieillards milanais évoquent, quand ils voient l'héritier du vainqueur d'Austerlitz faire son entrée dans le *Dôme.*

Pendant toute la journée et toute la soirée, la ville est en fête. Écoutons un témoin oculaire. le marquis de Massa : « Jamais, à l'heure du dîner, les restaurants n'auraient pu suffire à la clientèle, si les particuliers, postés sur leur seuil, n'avaient invité, au hasard de l'épaulette, le nombre d'hôtes que leurs tables pouvaient contenir... Quelques-uns, — j'étais du nombre — avaient retenu des tables en plein air dans le jardin de l'*albergo Marino,* où nous nous retrouvâmes pour la plupart entre habitués de la Maison d'Or ou du Café Anglais : le général de Ferton avec Artus Talon, son officier d'ordonnance ; le général Douay avec Galliffet, lieutenant de spahis, arrivé d'Afrique la veille, contre vents et marées ; de Cools et Octave de Bastard, capitaines d'état-major ; Borrelli, sous-lieutenant de chasseurs, etc. — Tiens, comment, c'est toi ? — Ça t'étonne. — On te disait tué. — Pas encore, et toi ? — Moi non plus, comme tu vois. — Alors à ta santé ! — A la tienne ! — Et les bouchons du vin d'Asti de sauter à ciel ouvert, mêlant leur bruit sec à celui des pétards de la rue. »

La guerre ! Quel mélange de joies et de tristesses, de pensées enivrantes et de pensées amères ! Pendant qu'à Milan les officiers et les soldats étaient dans l'allégresse, à Melegnano ils faisaient des réflexions douloureuses sur le carnage peut-être inutile de la veille. Après un si sanglant combat, précédé par une si longue marche, ils n'avaient pas même pu se reposer. « La soirée et la nuit du 8 au 9 juin, a écrit le général Lebrun, se passèrent affreusement chez les troupes du 2ᵉ corps d'armée. La pluie n'avait pas cessé de tomber dans toute la soirée ; elle cessa dans la nuit ; mais nos malheureux soldats, trempés jusqu'aux os, bivouaquant dans des prairies inondées, ne pouvant ni s'y coucher, ni y allumer des feux de bivouac, ne reposèrent pas un seul instant. Je me rappelle que sur la chaussée étroite où, le maréchal de Mac-Mahon et moi, nous nous trouvions, le maréchal prit le parti, nouveau Turenne, de se coucher sur l'affût d'un canon. Le sol de la chaussée était recouvert d'une couche de fange de quatre à cinq centimètres d'épaisseur. De mon côté, après m'être enveloppé dans mon manteau en toile cirée, je m'étendis sur la boue, ayant la moitié des jambes hors de la chaussée, suspendues au-dessus du petit canal qui la bordait. »

On ne pouvait s'empêcher de trouver que Baraguey d'Hilliers s'était trop pressé pour attaquer. Le général Fleury écrivait, de Milan, le 10 juin : « Si le maréchal avait remis au lendemain son attaque, il agissait avec la colonne combinée du maréchal de Mac-Mahon et du général Niel, et il obtenait un résultat aussi certain, sans dépenser autant d'hommes. Il est évident que les Autrichiens, se voyant menacés sur leurs ailes, se seraient bien vite décidés à la retraite. Nous avons été hier à Melegnano, et l'armée du maréchal, bien que fière de son succès, m'a paru cependant un peu écœurée. L'Empereur a bien recommandé de ne plus faire de ces tours de force inutilement. Les zouaves ont eu pour leur part trente-huit officiers hors de combat. Maintenant je dois avouer, au point de vue stratégique, que le but a été atteint, bien que trop violemment. Les Autrichiens, du coup, ont évacué Lodi. »

Dans la journée du 9 juin, au moment même où les chants religieux retentissaient à Milan, sous les voûtes du Dôme, et où l'on entonnait le *Te Deum* la route de Melegnano à la capitale lombarde présentait un triste spectacle. Les plus riches familles milanaises avaient envoyé leurs voitures pour chercher les blessés du combat de la veille et les transporter à leurs hôtels, transformés en ambulances. Ces voitures revenaien entement; sur leurs coussins de soie étaient étendus des officiers et des soldats dont les uniformes tachés de sang étaient encore ornés de fleurs.

Le soir, Napoléon III et Victor-Emmanuel, acclamés avec frénésie par une foule ivre de joie et d'enthousiasme, assistaient à une représentation de gala au théâtre de la Scala.

L'armée alliée resta le 9 et le 10 juin dans les positions qu'elle occupait le 8 : les 1er, 2e et 3e corps à Melegnano et dans les environs; la garde impériale, le 3e corps et l'armée du Roi à Milan. Le repos était nécessaire aux troupes, et l'Empereur avait eu le temps de préparer les moyens matériels indispensables pour vaincre les obstacles que l'armée allait rencontrer sur sa route. Elle devait traverser successivement tous les affluents de la rive gauche du Pô, qui descendent du massif des Alpes : l'Adda, le Serio, l'Oglio, la Mella, la Chiese, avant d'arriver sur les bords du Mincio, et il était certain que l'ennemi, en se retirant, ferait sauter les ponts et emploierait tous ses efforts pour ralentir la marche des alliés.

Napoléon III partit de Milan pour Melegnano dans la matinée du 10 juin. Il apprit que les Autrichiens avaient évacué Lodi et d'autres positions importantes. Le 9, la duchesse de Parme, cédant à la force des événements, avait été obligée de quitter le duché où elle exerçait la régence au nom de son jeune fils. Le 10, Plaisance était abandonnée, et les Autrichiens, faisant sauter les forts et les blockhaus, bouleversaient eux-mêmes les ouvrages qu'ils avaient accumulés devant cette place entourée d'une ceinture de remparts, et enclavaient ceux des canons qu'ils ne pouvaient charger sur des chalands ou remorquer par des vapeurs. Le 11, ils brûlaient le pont de l'Adda, et ils évacuaient Pizzighettone. Le même jour, l'armée alliée se mettait en mouvement pour les poursuivre.

La garde impériale, reprenant son rôle de réserve, ne quitte Milan que le lendemain, pour gagner Gorgonzola, où l'Empereur fixa son quartier général.

Les corps d'armée marchaient à une distance d'environ une lieue et demie les uns des autres. L'encombrement des routes, la poussière, la chaleur, les cours d'eau à franchir rendaient la marche pénible et difficile. Ce n'était pas une médiocre entreprise que de faire avancer en face de l'ennemi, six corps d'armée : — les 1er, 2e, 3e, 4e corps, la garde impériale et les quatre divisions de l'armée sarde, — concentrés dans un espace restreint et prêts à se réunir en bloc au premier signal.

Du 12 au 14 juin, les alliés franchirent l'Adda, les Sardes à Vaprio, les Français à Cassano, et là, comme à la Sesia et au Tessin, les pontonniers, sous l'habile direction du général Lebœuf, s'acquirent de nouveaux titres à la reconnaissance de l'armée.

Le 18, les troupes alliées prirent leurs cantonnements autour de Brescia. L'Empereur et la garde occupèrent la ville qui, fameuse par son patriotisme et son courage, fit au souverain libérateur un accueil enthousiaste. Toutes les rues étaient pavoisées, et une pluie de fleurs tombait.

Le 19 et le 20 juin furent deux jours de repos. Les combattants de Magenta et de Melegnano reçurent les récompenses qu'ils avaient méritées.

Le 19, à midi, le 2e zouaves était sous le

armes. Le maréchal de Mac-Mahon arriva, suivi de son état-major, et fit former le carré : « Soldats du 2ᵉ zouaves, dit-il, l'Empereur, voulant conserver les habitudes du premier Empire, a décrété que les aigles d'un régiment qui enlèveraient un drapeau à l'ennemi, seraient décorées de la Légion d'honneur. Zouaves ! vous méritez tous une récompense ; car tous, vous vous êtes montrés vaillants. Vos pères qui vous contemplent sont fiers de vous. Le drapeau de votre régiment est le premier de l'armée d'Italie qui sera décoré. Je suis heureux que ce soit dans le 2ᵉ corps d'armée que je commande qu'un tel honneur soit rendu, et je suis fier que ce soit vous, soldats du 2ᵉ zouaves, dont la réputation ne s'est démentie ni en Crimée, ni en Afrique, ni à Magenta, qui l'ayez mérité. »

S'avançant ensuite vers le drapeau, le maréchal le salua, et ajouta : « Aigle du 2ᵉ régiment des zouaves, sois fier de tes soldats : au nom de l'Empereur, et d'après les pouvoirs qui me sont dévolus, je te donne la croix de la Légion d'honneur. » Puis il attacha à l'aigle le ruban rouge auquel pendait la croix, et les cris de : « Vive l'Empereur ! Vive le maréchal ! » retentirent.

Le même jour, l'armée fut rejointe, à Brescia, par une division de cavalerie de la garde, que le général Morris commandait, et qui, ayant passé par la route de la Corniche, s'était trouvée en

retard sur les autres troupes. Elle fut la bien
venue.

Le 21, l'armée alliée reprit sa marche. En
deçà de la Chiese, à deux kilomètres de Montechiaro, s'étend une vaste plaine dénudée qui
semblait devoir être un champ de bataille, où
les Autrichiens pourraient facilement développer
leur superbe cavalerie. Cette prévision ne se
réalisa point. Continuant leur retraite, ils repassèrent la Chiese, que les alliés purent traverser
sans coup férir.

Le moment décisif approchait. On allait
atteindre les limites de la Lombardie et se trouver en face du célèbre quadrilatère, qui, formé
par les quatre places fortes de Peschiera, Mantoue, Legnago et Vérone, est bordé d'un côté
par une rivière importante, le Mincio, de l'autre
par les États de la Confédération germanique.
C'était pour les Autrichiens une formidable base
d'opérations.

Arrivé, dès le 30 mai, à Vérone, et assisté du
baron de Hess, son chef d'état-major général,
l'Empereur François-Joseph avait pris le commandement de son armée réorganisée. En faisant évacuer par ses troupes Plaisance, Pizzighettone, Pavie, Crémone, Ancône, Bologne,
Ferrare, il s'était résolu à concentrer toutes ses
forces sur le Mincio. Il les avait réunies en deux
armées, placées toutes les deux sous ses ordres,
l'une commandée par le comte Wimpffer, l'autre

par le comte Schlick. Le comte Giulay avait été relevé de son commandement. L'Empereur François-Joseph établit son quartier général à Villafranca. L'ensemble de ses troupes comprenait un effectif réel de 160,000 hommes, chiffre à peu près égal à celui de l'armée franco-sarde. Le souverain autrichien avait d'abord songé à prendre l'offensive au delà du Mincio et de la Chiese ; mais il y avait renoncé, ne voulant pas risquer une bataille, en ayant le Mincio à dos, même avec la grande quantité de ponts qu'il avait à sa disposition. Les souvenirs de 1848 le décidaient à suivre l'exemple du feld-maréchal Radetzky, et il venait d'ordonner à ses troupes de se replier derrière le Mincio pour attendre l'ennemi du centre du quadrilatère et y reprendre l'offensive comme l'avait fait jadis le célèbre homme de guerre autrichien.

Pendant ce temps, l'armée franco-sarde continuait à marcher, s'étonnant de ne point rencontrer d'ennemis sur sa route et se demandant quels pouvaient être les projets de l'Empereur François-Joseph. Cette marche en avant donnant lieu à de grandes fatigues et à de grandes difficultés.

Ecoutons le général Fleury :

« Il fait une très forte chaleur. La troupe commence à être très amoindrie. Les marches, courtes pour un état-major, sont très longues pour les corps d'armée, qui suivent forcément presque toujours la même route pour se déverser à droite et à gauche; de là des encombrements presque impossibles à éviter, des fatigues gratuites, des retards de deux ou trois heures pour de pauvres gens chargés comme des baudets, et qui ont à peine mangé... La question des vivres est presque la première, c'est-à-dire que le grand art de nourrir permet d'amener à un jour donné plus de monde que son ennemi et d'avoir par conséquent un succès... Je crois que la guerre finira par disparaître de nos mœurs. Chacun en profite : l'un pour avancer, l'autre pour sa gloire; mais l'on déplore les morts, on regrette les soldats sacrifiés à une cause difficile à apprécier par la plus grande partie de l'armée elle-même. »

La lettre que le général écrivit à sa femme le 23 juin, veille de la bataille de Solférino, est pleine de mélancolie et de tristesse : « Depuis deux jours nous sommes à Montechiaro, très mal installés. Je viens de passer une nuit affreuse. A une heure du matin, je dormais profondément, lorsque Conneau, la figure renversée, entre dans ma chambre, suivi d'un valet de chambre portant un flambeau, et me dit d'un ton sépulcral : « Le général de Cotte est mort! » Je venais de le quitter avant de m'endormir... Je ne pouvais en croire mes oreilles. Enfin le valet de chambre me raconte qu'un moment avant il venait de lui porter des dépêches, qu'après en avoir lu deux ou trois, de Cotte s'était affaissé en disant : « Je ne vois plus, » et qu'il s'était renversé mort, aussi vite qu'une bougie qu'on éteint vous fait passer de la lumière à l'obscurité. Quand j'ai appris cette nouvelle à l'Empereur, à son réveil, il en était comme foudroyé ! C'est vraiment une fin navrante, pour un soldat, de mourir ainsi, lorsque le canon aurait pu au moins lui procurer une mort glorieuse ! »

Dans la journée, Napoléon III se rendit en voiture à Lonato, pour voir Victor-Emmanuel. Il visita Desenzano sur le lac de Garde. Laissons encore la parole au général Fleury : « Il n'y a pas de plus beau spectacle que la vue de ces montagnes et de cette eau bleue et calme qui semble vous dire : — Pourquoi tout ce déchirement, pourquoi toutes ces morts ? Venez donc tranquillement jouir de mes beaux sites et de ma fraîcheur ! »

Le général ajoute à cette réflexion philosophique : « Mon idée est que bien des difficultés matérielles ont déjà fatigué l'Empereur, et l'ont fait revenir de bien loin sur la pensée de commander à une grande armée. Je crois que la vue des blessés et des morts lui a été pénible, quand il a réfléchi que tant de braves s'étaient fait tuer pour un peuple qui ne nous aime pas, et pour une cause dont l'avenir est si plein de doute et d'impénétrabilité. Je pense enfin que la guerre qu'il avait rêvée avec toute sa gloire est devenue si chanceuse pour lui qu'il sait très bien que le même fil télégraphique vous apportant la victoire de Magenta a failli vous annoncer la plus affreuse défaite. L'Empereur n'est pas sans avoir réfléchi à tout cela, sans avoir reconnu que son enjeu est trop grand pour le résultat qu'il poursuit, et sans être tout prêt moralement à limiter son gain dans la partie qu'il joue sur le tapis vert de la Lombardie. »

On apprit, dans cette même journée du 23, que les Autrichiens s'étaient décidément retirés au delà du Mincio, abandonnant les hauteurs qui s'étendent de Lonato jusqu'à Volta. Napoléon III résolut alors d'y porter son armée dans la journée du 24. Toutefois on ne croyait point que la grande bataille serait livrée ce jour-là, et l'on s'imaginait que l'empereur d'Autriche attendrait l'armée franco-sarde au centre du quadrilatère. On ignorait que pour la troisième ou la quatrième fois François-Joseph venait de changer de plan, et de se décider à marcher au-devant de ses ennemis ou bien de garder une attitude purement défensive. Des motifs stratégiques et des considérations politiques avaient amené la modification qui se produisait brusquement dans les résolutions du souverain.

Garibaldi et le général Cialdini, avec plus de vingt mille hommes, menaçaient de déboucher dans la vallée du haut Adige et pouvaient, en suscitant des troubles dans le Tyrol, causer aux

Autrichiens des inquiétudes pour leur flanc droit.

Une flottille de chaloupes-canonnières françaises destinée à concourir au siège de Peschiera était en construction à Desenzano et pouvait être prochainement lancée sur le lac de Garde.

Le 5ᵉ corps de l'armée française, celui du prince Napoléon, renforcé d'une division toscane, s'avançait sur le flanc gauche des Autrichiens.

Enfin, la flotte française de l'Adriatique s'apprêtait à débarquer un corps de troupes dans les lagunes de Venise.

L'empereur François-Joseph avait craint que le quadrilatère, malgré sa force, n'eût de la peine à résister à une quadruple attaque, celle de Garibaldi et du général Cialdini au nord, celle de la grande armée franco-sarde à l'ouest, celle du prince Napoléon au sud, celle de la flotte française à l'est.

D'autre part, il avait reçu à son quartier général une note prussienne en date du 14 juin, d'où il avait conclu qu'un succès militaire immédiat lui était nécessaire pour décider la Prusse et l'ensemble de la Confédération germanique à se prononcer en sa faveur. Ces diverses raisons le déterminèrent à prendre l'offensive. Il se disait, d'ailleurs, qu'en cas de revers, il aurait toujours le temps de repasser le Mincio et de se retrancher derrière la forte barrière de l'Adige, dans le camp de Vérone. Il désigna des troupes le 24 juin pour occuper les positions de Lonato et de Castiglione, où il croyait ne trouver que de faibles détachements français.

Le 23 au soir, les quartiers généraux autrichiens étaient placés, celui de la première armée à Lonato, celui de la deuxième à Volta, et le quartier général impérial à Valeggio.

Napoléon avait donné l'ordre à ses troupes et à celles du Roi de se mettre en mouvement le 24 entre deux et trois heures du matin. Les armées se trouvaient, sans le savoir, marcher à la rencontre l'une de l'autre. Cette rencontre amena la bataille de Solférino.

XXVI

LA BATAILLE DE SOLFÉRINO

L'armée alliée quitte ses bivouacs entre deux et trois heures du matin, et s'avance sur quatre colonnes pour gagner les positions qu'elle doit occuper dans la journée. Ses éclaireurs vont bientôt se heurter contre les avant-postes ennemis sur tout le front de la ligne de marche.

L'Empereur a passé la nuit à Montechiaro. Il se proposait de partir à sept heures du matin. Mais il partira plus tôt. Vers cinq heures et demie, au moment même où toute sa maison militaire est réunie dans la petite église de la ville pour rendre les derniers devoirs à son aide de camp, le général de Cotte, deux officiers d'état-major, envoyés, l'un par le maréchal Baraguey d'Hilliers, l'autre par le maréchal de Mac-Mahon, arrivent bride abattue. Ils annoncent à Napoléon III que l'ennemi déploie de fortes colonnes sur les hauteurs de Solférino et de Cavriana, que le 1er corps (Baraguey d'Hilliers) et le 2e (Mac-Mahon) ont devant eux, dans la plaine, des masses considérables qui leur disputent le terrain, que le 4e corps (général Niel), et le 3e (maréchal Canrobert) sont encore à très longue distance, mais que l'on entend leur canon du côté de Medoli et de Castello Goffredo.

Aussitôt l'Empereur envoie l'ordre à l'infanterie de la garde d'accélérer son mouvement sur Castiglione, et à la cavalerie de la garde de rejoindre au trot le champ de bataille pour se déployer dans la plaine entre le 2e et le 4e corps. Il monte ensuite dans une voiture de poste avec les généraux de Martimprey, de Montebello et Fleury. Sa maison militaire et son escorte le suivent au galop. Arrivé à sept heures et demie à Castiglione, qui est bâtie sur une hauteur, il monte au clocher de l'église, d'où il embrasse d'un coup d'œil l'horizon. « C'est une bataille générale », s'écrie-t-il. Puis, au grand galop de son cheval, il va donner lui-même ses ordres au maréchal Baraguey d'Hilliers et au duc de Magenta.

C'est le 1er corps, commandé par le maréchal Baraguey d'Hilliers, qui, avec ses trois divisions d'infanterie (1re : général Forey, 2e : général de Ladmirault, 3e : général Bazaine), est chargé d'attaquer le village de Solférino.

Solférino est un bourg de Lombardie, situé près de la rive droite du Mincio, près de Peschiera au nord et Mantoue au sud, à quatre kilomètres au sud-est de Castiglione. A partir de cette dernière ville, un chaînon considérable de collines porte sur ses flancs plusieurs hameaux, puis subit une légère dépression, et bientôt se relève en deux mamelons. L'un s'appelle le mamelon des Cyprès, l'autre contient à son sommet un cimetière, une église et un vieux château. Entre les deux mamelons se dresse, sur une éminence, la célèbre tour qui se nomme la *Spia d'Italia*, l'Espérance de l'Italie.

Les divisions Forey et Ladmirault s'avancent parallèlement sur Solférino : la première à droite, attaquant le mont Fénile, la deuxième à gauche, enlevant à l'ennemi les premières collines de sa position.

L'occupation du mont Fénile par le 84ᵉ de ligne permet à une batterie de s'y établir et de protéger le mouvement de la brigade du général Dieu, qui descend le revers du mont Fénile et se porte dans la direction de Solférino en chassant de crête en crête les troupes ennemies, dont le nombre s'accroît sans cesse. Cette brigade prend position devant des forces supérieures, et dirige le feu de son artillerie sur le mamelon des Cyprès et sur la hauteur que couronne la *Spia d'Italia*. Pendant la canonnade, le général Dieu est atteint d'une blessure qui sera mortelle, et remet le commandement de sa brigade au colonel de Cambriels, du 84ᵉ.

Sur la gauche, le général de Ladmirault est parvenu à mettre en batterie ses quatre pièces d'artillerie, dont le feu facilite l'attaque combinée des généraux Félix Douay et de Négrier.

Le général de Ladmirault conduit lui-même les attaques. Atteint d'un coup de feu à l'épaule, il se retire un instant pour se faire panser; puis il reprend le commandement, et lance ses quatre bataillons de réserve. Frappé d'une nouvelle balle, il est contraint de remettre son commandement au général de Négrier.

L'Empereur arrive sur le mont Fénile. De là, embrassant toute l'étendue du champ de bataille, il voit qu'à droite, dans la plaine, les 3ᵉ et 4ᵉ corps ne peuvent triompher des obstacles qui s'opposent à leur marche, et il apprend que, sur la gauche, une partie de l'armée piémontaise bat en retraite devant un corps d'armée autrichien qui occupe fortement la position de San Martino, non loin du lac de Garde.

Il est dix heures et demie. L'issue de la journée est tout à fait indécise. Le 1ᵉʳ corps, commandé par le maréchal Baraguey d'Hilliers, combat avec acharnement dans la plaine. Ses trois divisions d'infanterie (1ʳᵉ: général de Luzy; 2ᵉ: général Vinoy; 3ᵉ: général de Failly) disputent avec opiniâtreté à l'ennemi une ferme appelée la Casa-Nuova, qui se trouve sur la droite de la grande route de Gaito, à deux kilomètres de Guidizzolo. Une lutte furieuse, qui doit durer toute la journée, s'est engagée autour de cette ferme, au hameau de Baite et au village de Rebecco.

Entre le 4ᵉ corps (général Niel) et le 2ᵉ (maréchal de Mac-Mahon) s'étend une assez longue solution de continuité. Heureusement l'intervalle a été comblé par trois divisions de cavalerie : la division Partouneaux (3ᵉ corps), la division Desvaux (1ᵉʳ corps), et la division de la garde impériale, commandée par le général Morris. Mais ces trois divisions ne seront-elles pas impuissantes à arrêter les masses de troupes autrichiennes qui, de tous côtés, se renouvellent sans cesse ? Le général Niel désire ardemment être soutenu par le 3ᵉ corps, celui du maréchal Canrobert. Mais ce corps est le plus en arrière, parce qu'il est le seul qui ait eu, le matin, à passer la Chiese. D'autre part, le maréchal Canrobert a reçu de l'Empereur l'avis qu'un corps de 20 à 25,000 Autrichiens, sortis de Mantoue, se dirigerait vers Acqua-Negro. Il a donc été invité à surveiller cette direction, tout en appuyant d'un autre côté la droite du 4ᵉ corps. Ce double rôle l'obligera à n'envoyer qu'une portion de ses troupes au secours du 4ᵉ corps.

Quant au maréchal de Mac-Mahon, qui s'est emparé de Casa-Marino, il garde provisoirement sa position sur la route de Mantoue, entre les 1ᵉʳ et 4ᵉ corps.

L'Empereur, sur le sommet du mont Fénile, se résout à diriger ses plus grands efforts vers le centre des positions dont les hauteurs qui dominent Solférino forment la clef.

Il ordonne à la brigade d'Alton (2ᵉ de la division Forey du 1ᵉʳ corps), qui n'a pas encore été engagée, de se porter en avant, et la fait soutenir par quatre pièces d'artillerie. Le général Forey se met lui-même à la tête de cette brigade, qui s'élance sur la droite de la tour (la Spia d'Italia). Comme elle ne peut, à elle seule, venir à bout de forces supérieures, l'Empereur envoie à son secours la division des voltigeurs de la garde.

Cette division, commandée par le général Camou, et comprenant, outre les quatre régiments de voltigeurs, un bataillon de chasseurs à pied, se compose de la brigade Manèque et de la brigade Picard. La première, appuyant la brigade d'Alton, se porte au devant des colonnes autrichiennes qui descendent de Casa del Monte. La brigade Picard est dirigée sur les hauteurs de gauche.

Le bataillon des chasseurs de la garde tourne le village de Solférino, et quelques-unes de ses compagnies s'engageant dans les rues, s'emparent d'un drapeau et de huit pièces de canon.

Le général Forey, soutenu par les voltigeurs de la garde, reprend vigoureusement l'offensive, En même temps arrivent au galop deux batteries de l'artillerie de la garde, dirigées par le général Lebœuf; elles prennent une position qui leur permet de couvrir d'une grêle de projectiles le village de Solférino. Le général Forey repousse l'ennemi des crêtes et les occupe, tandis que la brigade d'Alton s'empare des collines de la tour et de la tour elle-même, cette fameuse *Spia d'Italia*, qui domine toutes les plaines lombardes, et d'où le regard embrasse l'horizon depuis les rives du Mincio jusqu'à celles du Pô. Il est deux heures de l'après-midi quand le drapeau tricolore flotte au sommet de cette tour.

Au même moment le cimetière est enlevé d'assaut. Le maréchal Baraguey d'Hilliers a donné l'ordre d'y faire brèche, en portant à découvert, à 300 mètres du mur, dans un poste très périlleux, une batterie d'artillerie. Après un feu bien dirigé et très nourri, le général Bazaine, les murs du cimetière suffisamment ébréchés, s'y précipite et le prend. Le village et le château tombent également au pouvoir des vainqueurs.

C'est l'heure où le 2ᵉ corps — celui du maréchal de Mac-Mahon — va prendre une part importante à la lutte. Solférino et les hauteurs qui l'environnent sont entre les mains du 1ᵉʳ corps. Il faut maintenant que le 2ᵉ s'empare de la position suivante : les hauteurs et le village de Cavriana. Si l'attaque réussit, l'armée autrichienne n'aura plus qu'à battre en retraite pour repasser le Mincio. Les deux divisions d'infanterie, celle du général de la Motterouge et celle du général Decaen, s'élancent impétueusement dans la direction de Solférino et de Cavriana. Le maréchal ordonne en même temps au chef de la cavalerie de la garde, le général Morris, dont les vingt-quatre escadrons ont été placés par l'Empereur sous les ordres du maréchal de venir occuper l'intervalle qui va séparer la division Desvaux et le 2ᵉ corps, dont il couvrira le flanc droit en se formant en échelons.

Le régiment de tirailleurs algériens, qui tient la gauche de la division de La Motterouge, prend le village de San Cassiano et fait l'ascension des hauteurs très escarpées au sommet desquelles se trouve Cavriana.

Ecoutons le chef d'état-major du maréchal de Mac-Mahon, le général Lebrun : « On voit alors, dit-il, nos tirailleurs algériens bondir comme des panthères, de sommet en sommet, s'arrêtant derrière chaque ressaut de terrain pour y reprendre haleine et y faire le coup de fusil, puis, s'élançant de nouveau pour s'élever davantage. Le spectacle que présente à nos yeux cette tactique, qui n'était point encore usitée dans notre armée, est un de ceux qu'on ne saurait oublier. Nous l'admirons pendant plus d'une demi-heure. »

Dans son mouvement d'ascension, le régiment des tirailleurs est suivi par le 70ᵉ de ligne. Ces deux régiments ont leurs colonels tués, le colonel Laure, qui commande le premier, le colonel Douay, qui commande le second.

Alors apparaît l'artillerie à cheval de la garde. Elle se place à l'entrée de la vallée dont le village de Cavriana couvre le fond, afin de prendre d'enfilade et d'écharpe la route. Quatre pièces sont en même temps lancées sur la croupe du mont Fontana. Les attelages ont grand peine à traîner les canons, dont les servants soutiennent et poussent les roues. Il faut encore en transporter plusieurs sur un plateau très élevé, qui permettra d'appuyer puissamment l'autre batterie. Mais la raideur des pentes rend l'accès impossible aux chevaux. Alors, les grenadiers de la garde viennent à la rescousse, et, s'attelant à quatre canons rayés, parviennent à les hisser sur le sommet de la colline.

Le général Morris attend avec impatience l'occasion de faire agir les cavaliers de la garde. Elle se présente vers trois heures et demie. Une colonne de cavalerie autrichienne ayant paru, il la fait charger en flanc par le général Cassaignoles et le régiment de chasseurs à cheval. Les Autrichiens sont refoulés.

L'Empereur a donné l'ordre à la brigade Manèque, des voltigeurs de la garde, appuyée par les grenadiers du général Mellinet, de se porter de Solférino contre Cavriana et d'appuyer le 2e corps. L'ennemi ne peut résister plus longtemps à cette double attaque, soutenue par le feu de l'artillerie de la garde, et, vers cinq heures du soir, les voltigeurs de la brigade Manèque et les tirailleurs algériens entrent en même temps dans le village de Cavriana.

Ce succès coïncide avec celui du 4ᵉ corps. Il y a plus de douze heures que ses troupes marchent et combattent, sans avoir mangé, sur un terrain complètement dépourvu d'eau, par une de ces chaleurs étouffantes qui annoncent un terrible orage. Brisées de fatigue, elles finiraient par succomber, sans le secours du commandant de la 2ᵉ division du 3ᵉ corps, le général Trochu. Celui-ci, se plaçant à la tête de la brigade que commande le général Bataille, arrive avec des troupes fraîches, et, comme l'écrira le général Niel, il les conduit à l'ennemi en échiquier, l'aile droite en avant, avec autant d'ordre et de sang-froid que sur un champ de manœuvres. Après avoir enlevé aux Autrichiens une compagnie d'infanterie et deux pièces de canon, il parvient jusqu'à demi distance de la Casa Nuova à Guidizzolo.

Tout à coup, le ciel s'obscurcit. Un vent furieux soulève d'épais tourbillons de poussière. Un orage formidable éclate. Le bruit du tonnerre a remplacé celui du canon. Une pluie torrentielle paralyse tout mouvement et suspend complètement la lutte. Le jour est devenu plus sombre que la nuit. On ne peut distinguer à dix pas ni hommes, ni chevaux, ni voitures. « Le spectacle, dit encore le général Lebrun, était un de ceux que l'on ne voit pas deux fois dans son existence, et il dura pendant plus d'une demi-heure. En présence d'un phénomène atmosphérique qui avait fait la nuit sur les bords du Mincio, l'Empereur pouvait-il ordonner à son armée de se mettre à la poursuite des Autrichiens ? Je ne le pense pas. »

François-Joseph, dont le quartier général avait été, pendant toute la journée, établi à Cavriana, vient de se décider à ordonner la retraite générale de toutes ses troupes derrière le Mincio. Napoléon III a un instant la velléité de les poursuivre, mais le maréchal de Mac-Mahon lui fait observer que l'infanterie n'a pas mangé depuis le matin, que la plupart des sacs ont été déposés à terre au moment des différentes attaques, et que les fantassins seraient incapables de soutenir la cavalerie, si elle se lançait à la poursuite de l'ennemi.

Lorsque l'orage se dissipa, le centre autrichien avait en grande partie abandonné le terrain ; il se retirait en colonnes profondes vers les points sur lesquels il avait passé le Mincio la veille. Une batterie de la garde impériale française, amenée par le lieutenant-colonel de Berckheim, sur la crête en dernier lieu conquise, ouvrit sur les colonnes en fuite le feu de ses pièces à longue portée. Le marquis de Massa a écrit dans ses *Souvenirs et Impressions* : « Au milieu d'un groupe d'officiers qui cherchaient à frayer un passage à leurs généraux, on crut reconnaître l'empereur François-Joseph lui-même, demeuré un des derniers sur le champ de bataille, si bravement disputé. A ce moment, Napoléon III, arrivé au galop près de la batterie pour en juger les terribles effets, voyant le danger personnel que courait son adversaire malheureux, et certain qu'aucun retour offensif n'était à craindre, donna ordre aux canonniers de cesser le feu. Cet acte de générosité ne saurait être mis en doute ; je le tiens du prince Murat, devant qui le fait s'est passé. »

Depuis ce moment, la France et l'Autriche n'ont jamais plus combattu l'une contre l'autre. A Solférino comme à Magenta, elles ont appris à s'estimer et à s'honorer mutuellement. Leurs intérêts ne sont point contradictoires. Espérons que les deux puissances le comprendront toujours.

Quant aux Piémontais et aux Autrichiens, ils étaient destinés à se mesurer encore. L'orage avait mis un terme à la lutte entre les troupes des deux empereurs. Celles de Victor-Emmanuel recommencèrent le combat.

On peut dire que deux batailles distinctes s'étaient livrées simultanément, la bataille française, celle de Solférino, et la bataille piémontaise, celle de San-Martino. Les cinq divisions d'infanterie de l'armée royale, commandées par les généraux Durando, Fanti, Mollard, Cialdini et Cucchiari, étaient tenues en échec par des forces supérieures, et leur situation, non loin du lac de Garde, avait été critique. Le combat dura quinze heures consécutives. Malgré toute leur valeur, les troupes piémontaises n'avaient pu prêter aucun appui au 1er corps d'armée français. Elles-mêmes n'en avaient reçu aucun autre que celui d'une canonnade qui, partie des positions françaises, prit un moment à revers les colonnes autrichiennes cherchant à tourner l'aile droite de l'armée royale.

Quand l'orage eut cessé, quatre batteries piémontaises rouvrirent le feu et préparèrent l'attaque de l'infanterie, qui se lança à l'assaut des positions de San Martino, et finit par s'en emparer. L'ennemi tenta encore un retour offensif ; mais une charge des chevau-légers de Montferrat le repoussa une dernière fois, et, à la nuit, le plateau de San Martino resta définitivement au pouvoir de l'armée du roi Victor-Emmanuel. Le général Benedek, qui avait occupé ce plateau pendant toute la journée, venait, du reste, de recevoir de l'empereur François-Joseph l'ordre de participer au mouvement général de retraite. Les Autrichiens prétendirent donc que l'armée piémontaise n'avait conquis que ce qu'eux-mêmes avaient abandonné. L'héroïsme des troupes royales n'en est pas moins incontestable. Elles méritèrent cet éloge de leur brave souverain : « Soldats, dans les précédentes batailles, j'ai souvent eu l'occasion de signaler à l'ordre du jour les noms de beaucoup d'entre vous. Aujourd'hui, je porte à l'ordre du jour l'armée tout entière. »

Napoléon III venait de remporter une des plus grandes victoires des temps modernes. Il avait dirigé lui-même toutes les opérations, et, payant bravement de sa personne, il s'était exposé, au milieu de l'action, sur les différentes hauteurs en vue de Solférino. Dans les galeries du musée de Versailles, un grand tableau d'Yvon le représente, entouré de son état-major, sur le mont Fénile, au moment où il lance les voltigeurs de la garde impériale vers la tour qui domine le village dont la bataille prendra le nom. Vainqueur sur toute la ligne, il donna l'ordre à ses troupes de bivouaquer sur les positions conquises et de prendre enfin un repos bien gagné. Puis, se rendant à Cavriana, il établit son quartier général dans la maison où l'empereur d'Autriche avait eu le sien pendant la journée. Aux horreurs et au tumulte de la guerre succédaient un calme profond et le silence de la mort.

XXVII

APRÈS SOLFÉRINO

Il y a des militaires qui, habitués à voir couler le sang humain comme les bouchers celui des animaux, voient d'un œil sec les horreurs de la guerre et n'ont pour ses victimes nul sentiment de commisération. Napoléon III ne ressemblait point à ces hommes-là. Philosophe et humanitaire, il ne contemplait point sans une tristesse profonde un champ de bataille. Le baron de Bazancourt a terminé le beau récit de la journée de Solférino par cette phrase : « Quand tout fut devenu calme autour de lui, de quel sommeil heureux dut s'endormir le vainqueur en pensant que, le lendemain, la France à son réveil saluerait de ses acclamations joyeuses ce glorieux et nouveau triomphe ! » Nous ne croyons pas que le sommeil de Napoléon III ait été un sommeil

« heureux ». La victoire avait été achetée par des sacrifices trop cruels. Le souverain compatissant croyait encore entendre les cris de : Vive l'Empereur, poussés par les blessés et les mourants.

Le 25 juin, aux premières lueurs de l'aurore, un spectacle lamentable se déroula sous les yeux de l'armée victorieuse. L'avant-veille, du haut de ces collines, aujourd'hui sinistres et ensanglantées, les Autrichiens apercevaient des campagnes riantes, une plaine remplie de moissons superbes, de beaux arbres, des vignes chargées de raisins. Maintenant, tout était piétiné, broyé, saccagé. On ne voyait plus qu'arbres déracinés, files de mûriers renversés, fermes, hangars, enclos criblés de balles ; sol pétri par les pas des chevaux, par les roues des canons. Combien de fermiers et de paysans regrettaient leurs récoltes perdues, leurs fermes et leurs chaumières détruites? Des monceaux de cadavres encombraient certains points du champ de bataille où la lutte avait été spécialement acharnée: le plateau de San Martino, que Piémontais et Autrichiens s'étaient disputé avec fureur; Rebecco et la Casa Nuova, où le 1er corps de l'armée française avait combattu avec un tel acharnement; le mamelon des Cyprès qui, comme l'a dit M. de La Gorce, semblait s'être d'avance paré de deuil pour toutes les sépultures qu'il abriterait. Le cimetière de Solférino inspirait surtout des réflexions mélancoliques. Pourquoi, dans leurs luttes fratricides, les hommes ne respectent-ils pas au moins l'asile de l'éternel sommeil ? Pourquoi les cris de guerre troublent-il le repos des tombes ?

« Pour mener nos chevaux boire, a dit le marquis de Massa, nous dûmes traverser, entre Solférino et Cavriana, un des plis de terrain où l'attaque et la défense avaient été le plus meurtrières. Là, gisaient étendus pêle-mêle, les ennemis de la veille unis maintenant dans la pâle fraternité de la mort: nos fantassins et voltigeurs, avec leurs longues capotes et leurs guêtres blanches émergeant sous le pantalon garance; les Tyroliens et Croates, avec leurs culottes bleu de ciel dessinant les contours de leurs jambes nerveuses, avec leurs bottines de cuir lacées jusqu'au-dessus de la cheville, les uns sur le dos, les autres la face contre terre, selon l'effet du coup mortel qui les avait fauchés ; la plupart nu-tête ; à leurs casques ou shakos roulés à quelques pas, l'aigle impérial victorieux et l'aigle à deux têtes vaincu semblaient étendre tristement les ailes sur leurs plaques bossuées. Les naseaux dilatés, soufflant avec force, nos chevaux, tirés par le bridon, hésitaient à enjamber tous ces cadavres, comme s'ils eussent eu conscience de commettre un sacrilège. »

On avait transformé les églises, les bâtiments

publics, les maisons, les magnaneries en ambulances. Mais tout manquait : médicaments, matériel, médecin même. A cette époque la *Croix Rouge* n'existait pas encore. Des philantropes, obéissant à l'initiative privée, étaient venus sur le champ de bataille. Ils y conçurent le projet humanitaire qui a été réalisé plus tard par la « Société de secours aux blessés. »

A une armée autrichienne ne comptant pas moins de 150,000 combattants, et occupant des positions formidables, l'armée française avait pris trois drapeaux, trente canons, et fait 6,000 prisonniers. Mais, au prix de quelles hécatombes ! 1,600 tués, 8,500 blessés, 1,500 hommes disparus, tel était le bilan de ses pertes. Parmi les blessés on comptait les généraux Dieu, Auger, Ladmirault, Forey, Douay; les deux premiers moururent des suites de leurs blessures. Sept colonels et neuf lieutenants-colonels avaient été tués : les colonels Laure, des tirailleurs algériens; Waubert de Genlis, du 8ᵉ de ligne; Lacroix, du 30ᵉ; Capri, du 53ᵉ; Douay, du 70ᵉ; Broutta, du 43ᵉ; Jourjon, du génie; les lieutenants-colonels Campagnon, du 2ᵉ de ligne; Bigot, du 85ᵉ; Herment, des tirailleurs algériens; Ducoir, du 3ᵉ grenadiers de la garde; Neuchêze, du 8ᵉ de ligne; Vallet, du 91ᵉ; Hémard, du 61ᵉ; Laurans des Ondes, du 5ᵉ hussards; d'Albrantès, chef d'état-major de la division de Failly.

L'armée piémontaise comptait 700 morts, 3,500 blessés, 1,200 disparus.

En apprenant successivement la perte de tant d'officiers auxquels un si brillant avenir paraissait réservé, et qui avaient montré tant de dévouement à lui et à la France, Napoléon III était sincèrement affligé. De Cavriana, il adressa à son armée cette proclamation qui laisse percer un sentiment de tristesse plutôt qu'un sentiment d'orgueil :

« Soldats !

« L'ennemi croyait nous surprendre et nous rejeter au delà de la Chiese ; c'est lui qui a repassé le Mincio. Vous avez dignement soutenu l'honneur de la France, et la bataille de Solférino égale et dépasse même les souvenirs de Lonato et de Castiglione.

« Pendant douze heures, vous avez repoussé les efforts désespérés de plus de 150,000 hommes. Ni la nombreuse artillerie de l'ennemi, ni les positions formidables qu'il occupait sur une profondeur de trois lieues, ni la chaleur accablante n'ont arrêté votre élan. La patrie reconnaissante vous remercie par ma bouche de tant de persévérance et de courage ; mais elle pleure avec moi ceux qui sont morts au champ d'honneur. Nous avons pris trois drapeaux, trente caissons et 6,000 prisonniers. L'armée sarde a lutté avec la même bravoure contre des forces supérieures ; elle est bien digne de marcher à nos côtés. Soldats, tant de sang versé ne sera pas inutile pour la gloire de la France et le bonheur des peuples.

« Napoléon. »

Tous ceux qui ont vu l'Empereur le lendemain de la bataille de Solférino s'accordent à dire qu'une impression de mélancolie et de lassitude morale se laissait deviner sur son visage habituellement impassible. Peut-être prévoyait-il déjà les catastrophes dont la guerre d'Italie serait l'origine première, et avait-il le pressentiment que les Italiens n'agiraient pas toujours à l'égard des Français comme des frères. Il lui arrivait probablement de se demander si cette guerre voulue et préparée par lui était en réalité aussi indispensable qu'il se l'était imaginé. Cette inquiétude, ce doute, un de ses plus vaillants compagnons d'armes, un de ses plus dévoués serviteurs, le général Fleury, l'exprimait à Cavriana même, le 25 juin : « La guerre est belle de loin, écrivait-il ce jour-là. Elle profite aux généraux en chef, elle glorifie le pays, quand il en a besoin, mais elle coûte bien des larmes, elle fait couler des larmes de sang. La guerre d'indépendance nationale a seule le droit d'imposer de durs sacrifices. La guerre d'influence ne suffit pas pour passionner longtemps même les ambitieux de l'armée ; ils craignent à leur tour de ne pouvoir jouir des grades que la mort de leurs frères d'armes est venue leur donner. » Et le général ajoutait avec une mélancolie bien facile à comprendre : » Les batailles m'exaltent, me laissent calme et libre pendant qu'elles se jouent avec des cadavres ; mais, après, mes nerfs se détendent. Je réfléchis aux douleurs qu'elles laissent après la lutte, et je me dis que ces boucheries ne sont plus de notre temps. »

Les hommes de corvée se lassaient de creuser des fosses. La journée du 25 juin se passa pour l'armée alliée à enterrer les morts et à recueillir les blessés. Le même jour, l'Empereur nommait le général Niel maréchal de France. Le commandant du 4e corps, dont tous les régiments sans exception avaient pris une part si active à la lutte, méritait bien cette récompense. Magenta avait fait deux maréchaux : Mac-Mahon et Regnaud de Saint-Jean d'Angély ; Solférino en faisait ainsi un troisième. Un maréchal de France se trouvait donc à la tête de chacun des quatre corps d'armée et de la garde impériale.

Dans cette même journée du 25, l'armée française, s'approchant du Mincio, s'était établi dans les positions suivantes : le 1er corps aux environs de Pozzolongo ; le 2e à Cavriana ; le 3e à Solférino, laissant une division d'infanterie à Guidizzolo, avec les divisions de cavalerie Desvaux et Partouneaux ; le 4e à Volta. L'Empereur était resté avec la garde à Cavriana, et le roi Victor-Emmanuel à San Martino. Le soir du même jour, l'armée autrichienne avait presque en totalité repassé le Mincio, et François-Joseph avait installé son quartier général impérial à Vérone.

XXVIII

L'IMPÉRATRICE RÉGENTE

Pendant que Napoléon III était en Italie, rien ne troublait l'Impératrice dans ses fonctions de régente. Les partis avaient désarmé et ne songeaient nullement à faire le jeu de l'étranger.

Les Chambres s'étaient séparées à la fin du mois de mai. Le 26, la souveraine reçut au palais des Tuileries les membres du Sénat, du Corps législatif et du Conseil d'Etat. Le président du Sénat lui dit : « Le Sénat remercie Votre Majesté de cette audience affectueuse, qui lui permet de voir cet Enfant bien aimé, l'espoir de la patrie. En l'absence de l'Empereur, chacun de nous éprouve un dévouement plus vif pour les personnes chéries qu'il a confiées au patriotisme des Français. » L'Impératrice répondit : « Messieurs les Sénateurs, vous avez voulu, avant de vous séparer, donner une nouvelle preuve de dévouement à l'Empereur en manifestant le désir de voir le Prince impérial. Ce témoignage de la sollicitude dont vous l'environnez ne m'a point surprise, mais je n'en suis pas moins profondément émue; cette démarche est pour moi, comme le sont les conseils de mon bien aimé oncle, un précieux encouragement et une force. »

Le comte de Morny, président du Corps législatif, prit ensuite la parole : « Nous retournons tous dans nos départements, dit-il ; nous allons y entretenir le patriotisme que réclament les circonstances actuelles ; seulement, nous n'avons pas de grands efforts à faire sur des populations dans le cœur desquelles vibrent toujours les mots de gloire et d'honneur. L'absence de l'Empereur a pu causer quelque inquiétude à ceux qui ne connaissent pas la France ; mais cette nation, généreuse et sensible, comprend toutes les délicatesses, et quand elle voit l'Empereur s'éloigner pour aller partager le péril de ses soldats et défendre l'honneur du drapeau, elle témoigne plus encore, s'il est possible, de respect pour votre autorité, d'affection et de dévouement pour votre personne. Comptez donc, Madame, sur le concours de tous et sur les sentiments auxquels vous avez droit comme Régente et comme mère. »

L'Impératrice répondit : « Messieurs, je suis touchée du désir que vous m'avez exprimé de voir le Prince impérial avant de retourner dans vos départements. Je compte sur votre patriotisme éclairé pour entretenir la foi que nous devons tous avoir dans l'énergie de l'armée, et, quand le jour sera venu, dans la modération de l'Empereur. Pour moi, quelque lourde que puisse être ma tâche, je trouverai dans mon cœur tout français le courage nécessaire pour l'accomplir. Je me repose donc, Messieurs, sur votre loyal concours et sur l'appui de la nation qui, en l'absence du chef qu'elle s'est donné, ne fera jamais défaut à une femme et à un enfant. »

Hélas! le 4 septembre 1870, l'Impératrice se souviendra peut-être des paroles qu'elle prononçait le 26 mai 1859 !

La guerre qui avait lieu de l'autre côté des Alpes ne changeait rien à la physionomie de Paris. Comme d'habitude, la saison mondaine ne continuait point après Pâques, mais les théâtres étaient pleins, et, chaque jour, on voyait au fameux « tour du lac » une foule d'élégants cavaliers et de brillants équipages. De loin, la guerre est aussi belle que de près elle est horrible. En 1859, c'était pour les Parisiens un sujet de distraction plutôt que d'inquiétude. Elle rappelait des lieux célèbres, des noms de victoires. Son théâtre était cette poétique et illustre Italie, qui a joué un si grand rôle dans les annales des gloires françaises. On achetait des cartes sur lesquelles on plaçait des épingles surmontées de minuscules drapeaux français, piémontais, autrichiens, qui indiquaient les positions des trois armées. On était alors optimiste dans toutes les classes de la société. L'idée d'un désastre ne venait à l'esprit de personne. Les ennemis mêmes de Napoléon III croyaient à sa chance, à sa bonne étoile. La nation française, infatuée d'elle-même depuis ses succès de Crimée, se considérait comme invincible.

L'Impératrice accomplissait très consciencieusement ses devoirs de Régente. Ses ministres s'extasiaient sur son zèle, son intelligence, son aptitude à comprendre les questions difficiles. Elle s'était installée au château de Saint-Cloud, et y vivait dans le recueillement et dans l'étude des sujets politiques les plus ardus. La comtesse Stéphanie de Tascher de la Pagerie résume ainsi la vie que la souveraine menait alors : « Elle préside trois conseils de ministres par semaine, dont deux aux Tuileries; elle supporte vaillamment les émotions de la situation. Elle se fait même si bien à ce travail sérieux et grave qu'elle dit parfois que, la régence finie, elle craint de s'ennuyer, tant ces occupations intéressantes et importantes la captivent. Le soir, elle réunit quelques personnes, le comte et la comtesse Waleswski, la marquise de Cadore, quelques dames du palais. On cause en faisant de la charpie et on boit du thé. Souvent, ces soirées sont pénibles. La pensée est en Italie, sur le théâtre de la guerre, et les nouvelles font défaut. »

La population parisienne n'apprit la victoire de Magenta que dans la soirée du 5 juin. Le même jour, à quatre heures 15 du soir, l'Empereur avait adressé à l'Impératrice cette dépêche télégraphique : « Voici le résumé connu de la bataille de Magenta : 7,000 prisonniers au moins ; 20,000 Autrichiens mis hors de combat ; trois canons, deux drapeaux pris. Aujourd'hui l'armée se repose et s'organise. Nos pertes sont d'environ 3,000 hommes tués et un canon pris par l'ennemi. »

A huit heures du soir, des salves d'artillerie, parties des Invalides, annonçaient aux Parisiens la victoire. Entre neuf et dix, l'Impératrice et la princesse Clotilde parcoururent en calèche découverte les boulevards et la rue de Rivoli. Partout sur leur passage elles furent accueillies par les cris de : « Vive l'Empereur ! Vive l'Impératrice ! Vive la princesse Clotilde ! » Les édifices publics et beaucoup de maisons particulières étaient illuminés.

Un *Te Deum* fut chanté, le 7 juin, à Notre-Dame, en présence de la Régente, du roi Jérôme, de la princesse Clotilde et de la princesse Mathilde. Sur tout l'itinéraire du cortège de la souveraine, les rues et les places étaient pavoisées de drapeaux français et sardes. La haie, sur le parcours, était formée par la garde nationale et par les troupes de ligne. Reçue sous le dais par le clergé de Notre-Dame, l'Impératrice fut conduite processionnellement au chœur sur l'estrade préparée pour elle. A son entrée dans l'église, comme à sa sortie, elle fut saluée par les plus vives acclamations.

« Tous nos grands théâtres, disait le *Moniteur*, ont célébré la victoire de Magenta par des chants de triomphe. Méry, qui improvise des vers avec autant de rapidité que les zouaves prennent des batteries, a composé de très belles strophes guerrières, et M. Auber, comme il convenait au chef et au doyen de l'école française, a voulu rendre le premier hommage musical à la gloire de nos armes. A l'Opéra, ce chant martial, intitulé *Magenta*, entonné par Gueymard d'une voix qui étouffait les cuivres et dominait l'orchestre, a été accueilli par une immense acclamation de la salle entière. La musique est telle qu'elle doit être : un motif heureux, une mélodie facile, un rythme entraînant. »

La cantate de Méry et d'Auber fut également chantée à l'Opéra-Comique. On y ajouta un à-propos dont les paroles étaient de M. de Saint-Georges et la musique d'Halévy. Il avait pour titre : *l'Italie*. Les rôles étaient ceux d'un officier français, d'un vétéran de la grande armée, d'un zouave et d'une paysanne italienne. Les chœurs et les soli produisirent un très grand effet. On applaudit chaleureusement Montaubry,

Jourdan, Crosti, et Mme Faivre-Lefebvre, femme du célèbre baryton, était délicieuse dans son costume de paysanne.

Tout Paris avait un air de fête. Il n'y a point de ville au monde plus sensible aux satisfactions de l'amour-propre et aux joies de la victoire.

Napoléon III, avant de quitter Milan, nomma lieutenant-colonel un de ses officiers d'ordonnance, le commandant Schmitz, et le chargea d'aller remettre à l'Impératrice les deux drapeaux autrichiens pris à Magenta. Cet officier arriva à Saint-Cloud le 13 juin. La souveraine lui donna l'accolade, et, après avoir reçu avec une émotion profonde le glorieux présent, elle fit au messager de nombreuses questions sur les grands événements dont il venait d'être témoin.

Le 24, Napoléon III adressait à la Régente une dépêche télégraphique ainsi conçue : « Cavriana, 24 juin, neuf heures un quart du soir. L'Empereur à l'Impératrice. Grande bataille et grande victoire. Toute l'armée autrichienne a donné. La ligne de bataille avait cinq lieues d'étendue. Nous avons enlevé toutes les positions, pris beaucoup de canons, de drapeaux et de prisonniers. Les autres détails sont impossibles pour le moment. La bataille a duré depuis quatre heures du matin jusqu'à huit heures du soir. »

L'Impératrice était couchée au château de Saint-Cloud quand la dépêche lui arriva dans la nuit. Aussitôt elle se leva, s'habilla en toute hâte, descendit dans le jardin et annonça elle-même la victoire aux factionnaires et aux soldats du corps de garde.

Je me rappelle la matinée du 25 juin à Paris. Je venais d'arriver au boulevard des Capucines, quand je vis les boutiques et les maisons se pavoiser de drapeaux. J'appris ainsi la nouvelle de la victoire. Un temps superbe était en harmonie avec la joie patriotique qui faisait tressaillir les cœurs. Dans la soirée, une foule innombrable parcourait les rues et les promenades. Paris illuminé resplendissait.

Le 1er juillet, le ministre de l'Instruction publique et des Cultes adressait cette circulaire aux recteurs d'académie : « Je crois devoir exprimer le désir que tous les bulletins de l'armée d'Italie publiés dans le *Moniteur* soient lus devant les élèves des lycées et des collèges, et affichés dans l'intérieur de ces établissements. La jeunesse est prompte aux nobles sentiments ; son cœur est touché des grandes choses et dévoué aux dynasties qui savent les comprendre ; elle se réjouira des nouvelles gloires du drapeau impérial ; elle apprendra aussi, en écoutant l'histoire quotidienne de cette héroïque campagne d'Italie, combien le travail et l'étude forment les générations intelligentes et fortes. »

Le 2 juillet, aux Tuileries, le commandant d'Andlau, officier d'ordonnance de l'Empereur, présentait à l'Impératrice les drapeaux autrichiens pris à la bataille de Solférino.

L'enthousiasme était général. La guerre de Crimée, engagée sur un théâtre lointain, pour des intérêts diplomatiques peu connus et mal définis, avait beaucoup moins passionné les imaginations. La monotonie d'un long siège ne ressemblait pas à une série de batailles rapides comme celles de la guerre d'Italie.

Le télégraphe n'apportait que de bonnes nouvelles. Chaque lettre d'officiers ou de soldats respirait l'entrain, la gaieté, la confiance. Tous les bulletins étaient des récits de victoires. Si lugubre, si lamentable, si horrible, quand ses souffrances et ses deuils ne sont pas compensés par la victoire, la guerre prend un aspect de fête et d'allégresse continuelle quand elle n'est qu'une suite de triomphes. C'est à peine si les mères elles-mêmes osent pleurer.

Le 3 juillet avait été fixé comme date du *Te Deum* qui devait être chanté à Notre-Dame pour célébrer la victoire de Solférino et rendre grâces au Dieu des armées. L'Impératrice-Régente, qui avait assisté sans son fils au *Te Deum* pour Magenta, décida qu'elle le conduirait à celui du 3 juillet. Quand, la veille, l'enfant apprit cette bonne nouvelle, il en fut tout joyeux et fit une foule de questions sur la belle cérémonie qui se préparait. Favorisée par le temps, elle fut magnifique. A onze heures du matin, le cortège partit des Tuileries. La Régente avait avec elle, dans une calèche découverte, le Prince Impérial, la princesse Clotilde et la princesse Mathilde. A la portière de droite, se tenaient à cheval le maréchal Magnan, grand veneur, commandant en chef l'armée de Paris, l'adjudant général du Palais et le premier écuyer de l'Impératrice ; à la portière de gauche, le général marquis de Lawoëstine, commandant supérieur de la garde nationale de la Seine, l'écuyer de l'Empereur détaché auprès du Prince Impérial et deux officiers d'ordonnance. Le cortège traversa la place du Carrousel, la rue de Rivoli, la place de l'Hôtel de Ville, le pont et la rue d'Arcole, la place du Parvis Notre-Dame. Sur tout le parcours, une double haie était formée par la garde nationale et par des troupes de la garde impériale et de la ligne. Derrière cette haie, et à toutes les fenêtres des maisons, une foule immense attendait le passage de la voiture impériale, qui, toute remplie de bouquets, ne s'avançait que sous une pluie de fleurs. Des salves d'artillerie furent tirées, au moment du départ des Tuileries, et à celui de l'arrivée à Notre-Dame.

Le cardinal-archevêque de Paris, grand aumônier de l'Empereur, et le chapitre métropolitain, reçurent au seuil de la cathédrale l'Impératrice-Régente, qui, tenant son fils par la main, fut conduite processionnellement sous un dais jusqu'à l'estrade préparée pour elle au milieu du chœur. L'antique basilique était magnifiquement décorée. Sur les piliers drapés de velours rouge à crépines d'or, apparaissaient des écussons aux armes de France et de Sardaigne; à la voûte, pendaient des drapeaux, oriflammes et bannières. J'assistais à cette solennité. Je crois entendre encore les chants d'église, les cris de: Vive l'Empereur! Vive l'Impératrice! Vive le Prince Impérial! Debout, dans le chœur, à quelques pas derrière la souveraine, je regardais le petit prince, qui, suivant avec attention les mouvements de sa mère, s'asseyait, se levait et s'agenouillait en même temps qu'elle. Rien de plus gracieux que cet enfant de trois ans, avec sa robe de piqué blanc et sa ceinture de moire bleue. « C'était la première fois, a dit le *Moniteur*, que le fils de l'Empereur se mêlait officiellement à la nation. Dieu lui a donné de le faire sous les auspices de la victoire. » A la sortie de la cathédrale, le général de Lawoëstine offrit à l'Impératrice un superbe bouquet, et la cavalerie de la garde nationale lui présenta une couronne de lauriers d'or avec des agrafes en perles fines. L'ovation du retour fut plus chaleureuse encore que celle de l'arrivée. La souveraine acclamée, saluait avec émotion la foule, à qui le petit prince envoyait des baisers.

XXIX

LE PRINCE NAPOLÉON

Le jour où l'on chantait à Notre-Dame de Paris le *Te Deum* d'actions de grâces pour la victoire de Solférino, l'Empereur, qui continuait sa marche en avant et venait de franchir le Mincio, fut rejoint par le prince Napoléon. Le Prince lui amenait le 5ᵉ corps, qui comprenait les divisions d'infanterie d'Autemarre et Ulrich, la brigade de cavalerie légère commandée par le général de Lapérouse et la division toscane sous les ordres du général Ulloa. L'effectif total était d'environ 30,000 hommes et 2,000 chevaux.

Le prince Napoléon, chef du 5ᵉ corps, avait débarqué à Gênes, le 12 mai, avec l'Empereur. Une de ses divisions, la division d'Autemarre, fut détachée du 5ᵉ corps et placée sous les ordres du maréchal Baraguey d'Hilliers, commandant du 1er corps, et deux de ses régiments, le 93e de ligne et le 3e zouaves, prirent part l'un au combat de Montebello, l'autre à celui de Palestro. Il ne restait plus au prince que la division Ulrich et la brigade de cavalerie Lapérouse, avec lesquelles l'Empereur lui prescrivit de s'embarquer pour Livourne, et d'aller occuper la Toscane.

Dès le 27 avril, une révolution avait éclaté à Florence. Préparée de longue main par le ministre de Sardaigne dans cette ville, M. de Buoncampagni, elle s'était effectuée sans violence et sans effusion de sang. Pendant la nuit les troupes toscanes avaient pris la cocarde italienne, et à sept heures du soir le grand-duc Léopold avait quitté sa capitale au milieu d'une foule qui lui témoignait plus d'indifférence que d'hostilité. Chacun des ministres étrangers envoya un de ses secrétaires de légation pour l'escorter, lui et sa famille, jusqu'à la frontière, et la municipalité lui offrit une garde d'honneur. Avant de partir la grande-duchesse dit au comte de Rayneval, secrétaire de la légation de France : « J'espère que l'Empereur des Français nous protégera ; j'ai des lettres de lui qu'il m'écrivait en 1848, et qui témoignent de ses sentiments d'amitié pour notre famille. » Aucune menace, aucune insulte ne fut proférée contre le grand-duc pendant la route. A la frontière, quand M. de Rayneval s'approcha pour prendre congé de la grande-duchesse, elle lui répéta qu'elle comptait sur la protection de l'Empereur, et le prince héréditaire qui, en 1856, avait été l'hôte de Leurs Majestés impériales à Compiègne, exprima le désir d'être rappelé à leur souvenir.

Le jour même où le grand-duc s'éloignait de ses Etats, M. Buoncampagni avait pris en main le pouvoir, avec le titre de commissaire du roi Victor-Emmanuel, et le drapeau tricolore italien avait été arboré.

Le prince Napoléon débarqua à Livourne le 23 mai. Dès son arrivée dans cette ville, son antagonisme avec le marquis de Ferrière-le-Vayer, ministre de France en Toscane, éclata. Autant le prince se montrait favorable à l'annexion du grand duché à la Sardaigne, autant le diplomate français s'y montrait opposé. Ce dernier écrivit au comte Walewski, le 24 mai : « Le prince Napoléon est arrivé hier à Livourne avec une partie de son corps d'armée. Il y a été accueilli avec le plus vif enthousiasme. J'avais été invité par Son Altesse impériale à me rendre auprès d'elle. M. Buoncampagni avait reçu la même invitation que moi et nous avons fait route ensemble. Le prince nous a dit à tous les deux que l'annexion de ce pays à la Sardaigne avait été décidée au quartier général, et que nous devions y préparer les esprits ; qu'il fallait couper court à a prétendue ambition de régner à

Florence, et que le meilleur moyen d'y réussir était de détruire l'autonomie de la Toscane en la livrant au Piémont. Je me suis permis de défendre auprès du prince Napoléon la cause de l'autonomie toscane. J'ai dit qu'elle avait pour elle l'opinion de toutes les notabilités aristocratiques, scientifiques, littéraires et politiques du pays et le sentiment général, qu'elle les avait beaucoup plus que jamais, et qu'elle les aurait encore davantage si elle était sérieusement menacée. »

Le marquis de Ferrière-le-Vayer ajoutait dans la même dépêche : « Si l'annexion doit être consommée, et je me demande en vertu de quel droit, je ne vois pas à quel titre pourrait demeurer ici un ministre de l'Empereur ; et si ce ministre doit y rester pour préparer les esprits à cette mesure, il est évident que je serai tout à fait incapable d'exécuter, soit avec convenance, soit avec succès, des instructions contraires à des opinions que chacun ici sait être les miennes. Je prierais donc Votre Excellence, s'il devait en être ainsi, de vouloir bien me donner le plus tôt possible l'autorisation de retourner en France. »

Le comte Walewski avait été ministre de l'Empereur à Florence, et, comme le marquis de Ferrière-le-Vayer, il était le partisan convaincu de l'autonomie toscane. Le 25 mai, il adressa à celui-ci ce télégramme chiffré : « Je me suis empressé de faire savoir à l'Empereur que le prince Napoléon déclarait que Sa Majesté avait décidé l'annexion de la Toscane au Piémont. L'Empereur me répond ce matin que si son cousin a tenu un semblable langage, il a été contre ses instructions. Informez-en le prince Napoléon. Il est d'autant plus essentiel qu'il ne subsiste pas de malentendu à cet égard que les dépêches que je vous ai adressées ces jours-ci sont dans un sens opposé à ce que le prince vous a dit. »

Le cousin de l'Empereur fit son entrée à Florence le 29 mai. La foule qui se pressait sur son passage était si considérable qu'il mit sept quarts d'heure à se rendre en voiture de la gare au palais de la Crocetta, destiné à lui servir de résidence. Du haut des fenêtres pavoisées, on jetait des fleurs. On criait : « Vive l'Empereur ! Vive la France ! Vive l'armée française ! » Le soir, le prince alla au Théâtre Français. Dès qu'il parut dans sa loge, tout le monde se leva et le salua de bruyantes acclamations. A son retour, la foule, formant une escorte improvisée, avec des drapeaux, des torches, des musiques militaires, le reconduisit jusqu'à son palais, chantant en chœur un hymne de guerre nouvellement composé pour les troupes toscanes. »

Reproduisons ici des extraits de deux dépêches adressées au comte Walewski par le marquis de Ferrière-le-Vayer.

« Florence, 9 juin 1859. — La présence du prince Napoléon a fait beaucoup de mal. Elle a été exploitée par le parti sarde... Le baron Ricasoli et l'avocat Salvagnoli m'ont déclaré tous les deux, il y a peu de jours, que la souveraineté temporelle du Pape devait être radicalement abolie. C'est vraiment trop fort de voir ces messieurs décider ainsi, du haut de leur ministère d'occasion, une des plus grandes questions qui puissent se présenter devant l'épée victorieuse et la haute raison de l'Empereur... Je le répète, monsieur le comte, si l'on veut réserver intacte la question de la Toscane, il faut y mettre non pas un prince avec un corps d'armée, mais cinq ou six cents Français chargés expressément d'y maintenir l'ordre matériel, et enjoignant au commissaire royal et à ses ministres d'attendre les arrangements définitifs qui seront adoptés après la guerre, sans prétendre les préjuger. »

La seconde dépêche, datée du 14 juin, était un véritable plaidoyer contre l'unité italienne. Il y était dit : « L'unité de l'Italie entraînerait la chute de la souveraineté temporelle des Papes, tellement liée aux traditions de notre pays depuis l'origine de sa monarchie, que, sans parler des conséquences pour le monde catholique, cette chute ouvrirait tout d'abord en France un abîme, et, de plus, elle créerait sur la Méditerranée une puissance de premier ordre, qui, une fois constituée, serait plutôt portée, si jamais nous devenions les ennemis de l'Angleterre, à être son alliée que la nôtre, ne fût-ce que pour nous reprendre la Corse, comme le demandent MM. Guerrazzi et Salvagnoli dans leurs romans et brochures. »

Le ministre de l'Empereur à Florence concluait ainsi : « Il vaudrait mieux, pour nous, renoncer à la perspective de gagner la Savoie, et acquérir de la sorte le droit d'imposer, par notre désintéressement, la modération à la Sardaigne, que de lui procurer un agrandissement qui pourrait introduire de si graves perturbations dans notre sphère politique et religieuse. Henri IV et Richelieu, dont on a si souvent invoqué l'autorité depuis quelques mois, songeaient à démembrer les grandes puissances voisines de la France, et non pas à réunir des membres épars pour constituer sur notre frontière un État de plus. »

Cependant, les idées unitaires faisaient de rapides progrès, non seulement en Toscane, mais à Parme, à Modène et dans les Romagnes.

La duchesse de Parme, sœur du comte de Chambord, avait inutilement essayé de sauver le trône de son fils, en observant une stricte neutralité entre l'Autriche et la Sardaigne. Le 10 juin, les Autrichiens ayant évacué Plaisance, elle se sentit perdue. Le 16, M. Pallieri était nommé gouverneur du duché de Parme, par le gouvernement piémontais. Le 27, la duchesse partit pour la Suisse, après avoir annoncé, dans une proclamation, que, mise dans la nécessité ou de prendre part à une guerre dite de nationalité, ou de violer des engagements pris avec l'Autriche, elle se retirait pour éviter l'alternative de contrarier les vœux de l'Italie, ou de manquer à ses engagements.

Le duc de Modène François n'avait pas été plus heureux. Dès le 27 avril, les provinces de Massa et de Carrare s'étaient prononcées contre lui. Il se retira dans sa forteresse de Brescello, et fit occuper Modène et Reggio par les Autrichiens. Ceux-ci ayant évacué les deux villes le 12 juin, il se réfugia en Autriche, et le 19 M. Farini s'installa à Modène en qualité de commissaire piémontais.

Les Romagnes eurent un sort analogue. Les Autrichiens s'en éloignèrent le 11 et le 12 juin. Bologne nomma aussitôt une junte dont l'un des membres était le marquis Joachim Popoli, petit-fils du roi Murat, cousin de Napoléon III, et marié à une princesse de sang royal de Prusse, la fille du prince de Hohenzollern, alors président du Conseil des ministres à Berlin. Le premier acte de cette junte fut de proclamer la dictature du roi Victor-Emmanuel, qui s'empressa d'envoyer M. d'Azeglio dans les Romagnes, en qualité de commissaire extraordinaire. Le 15 juin, le cardinal Antonelli protestait contre « une félonie, qui, disait-il, faisait horreur à tout le monde. »

La politique du prince Napoléon triomphait,

et l'Empereur, tout en désirant la fédération de l'Italie, ne prenait aucune mesure pour s'opposer à l'unité, dont l'attitude du gouvernement piémontais en Toscane, à Parme, à Modène et dans les Romagnes donnait audacieusement le signal.

Toute l'Italie centrale étant évacuée par les Autrichiens, le prince Napoléon reçut l'ordre de réunir toutes les troupes du 5ᵉ corps et de rejoindre avec elles l'armée commandée par l'Empereur. Le 3, il arrivait à Goito. La jonction était faite, la concentration des cinq corps d'armée et de la garde impériale effectuée.

XXX

LA SITUATION DIPLOMATIQUE

Le prince Napoléon, qui avait tant poussé à la guerre, était devenu tout à coup le partisan passionné de la paix. Le général Fleury écrivait à sa femme le 30 juin : « Quel esprit mobile que le nôtre! Le prince Napoléon en est le type exagéré. Il dit tout bonnement que l'Empereur devrait rentrer à Paris, aussi bien que l'empereur d'Autriche à Vienne, et que le moment de négocier est venu. »

Autre lettre le 1er juillet : « J'ai beaucoup et longuement causé avec le prince Napoléon. Il m'a paru, non seulement raisonnable, désireux de voir l'Empereur profiter de sa victoire pour assurer la base de la paix, mais singulièrement effrayé de la gravité et de l'étendue que doit fatalement prendre la guerre, si l'on ne sait pas à temps la limiter... De tout ceci, il résulte cependant que le prince n'est pas d'un mauvais conseil *pour le moment.* »

Il n'était plus permis de se faire d'illusions. L'Allemagne tout entière allait se prononcer contre la France, et la Russie ne prendrait pas les armes contre l'Allemagne. L'armée prussienne était en mouvement pour se concentrer sur le Rhin, en donnant la main à plusieurs autres corps de l'armée fédérale, et le corps d'observation, réuni à Nancy sous les ordres du maréchal Pélissier, n'avait pas un effectif suffisant pour résister à une attaque de la Prusse et des autres Etats de la Confédération Germanique.

On a souvent reproché à Napoléon III de s'être arrêté au milieu de la lutte, et l'on a prétendu que s'il l'avait continuée, il aurait pu compter sur le concours assuré de la Russie. Nous allons reproduire une dépêche qui prouve que c'est là une erreur capitale. Dès le 25 juin, l'ambassadeur de France à Saint-Pétersbourg, le duc de Montebello, écrivait au comte Walewski : « La nouvelle de la mobilisation de six corps de l'armée prussienne a produit sur le cabinet russe la plus fâcheuse impression. Le prince Gortchakoff ne m'a pas dissimulé qu'il était fort inquiet. L'intention de la Prusse est de porter une armée sur le Rhin et une autre sur le Mein. La conclusion du prince est que, pour éviter la terrible extrémité d'une guerre avec l'Allemagne, il faut nous hâter d'arriver à des négociations. Il désire ardemment que des négociations puissent s'ouvrir sur des bases justes, propres à assurer une paix durable, et en rapport avec les vœux légitimes de l'Italie, l'intérêt de l'Europe et la situation des parties belligérantes. Il est intimement convaincu que si la guerre se prolonge, elle deviendra générale; il prévoit que dans nos opérations ultérieures il nous sera difficile de ne pas emprunter le territoire germanique. Dans cette situation pleine de dangers incalculables, le cabinet de Saint-Pétersbourg met sa confiance dans la modération dont l'Empereur a donné tant de preuves, et qui doit être facile après la victoire. — Si la France consent à négocier, m'a dit le prince Gortchakoff, elle trouvera en nous un appui pour ses vues; si elle n'y consent pas, il ne nous restera qu'à nous résigner tristement et à nous abstenir. »

L'empereur Alexandre II agit avec franchise et loyauté. Il envoya à Napoléon III le comte Schouwaloff, porteur d'une lettre dans laquelle il faisait le tableau le plus exact de la situation.

De Valeggio, le général Fleury écrivait le 1er juillet : « Nous avons ici un nouveau venu à l'état-major général, le jeune comte Schouvaloff, aide de camp de l'empereur de Russie, porteur d'une lettre autographe de son souverain, et qui vient suivre les opérations de la campagne.

C'est un jeune colonel très gentil, très intelligent, et dont on peut tirer quelque chose. Il m'a dit qu'il avait vu à Berlin, en passant, la grande-duchesse Hélène, et qu'il avait appris d'elle que le prince de Prusse était positivement jaloux des lauriers et de l'influence de l'empereur Napoléon ; qu'il passait son temps à étudier sa carte, à piquer des épingles, et à se préparer à devenir à son tour un grand guerrier... Quant au secours effectif et immédiat qu'un instant le public avait cru devoir trouver en Russie contre l'Autriche, il faut complètement y renoncer... Gare la guerre générale : alors gare l'abandon de l'Angleterre, et gare surtout la révolution et l'abandon de la France ! »

Le comte Walewski avait toujours été opposé à la guerre, et il faisait tous ses efforts pour décider l'Empereur à la cesser en lui envoyant les rapports les plus alarmants. Tous les représentants de la France à Berlin, à Francfort, et dans les Etats secondaires de l'Allemagne étaient unanimes pour montrer la situation comme très menaçante. Les passions de 1813 revivaient. Tout ce que Napoléon III avait essayé pour rassurer les Allemands avait été inutile. Le prince de Prusse ne cessait de dire que l'Empereur trompait tout le monde, et que le devoir des Prussiens, et de tous les Allemands était de se mettre en mesure de faire face au danger. Tous les Etats de la Confédération se prononçaient contre la France, et il aurait été impossible de trouver chez aucun d'entre eux la moindre sympathie pour la cause italienne.

Dans la crise générale qui semblait imminente, les Italiens pouvaient-ils au moins compter sur les Anglais ? En aucune manière. Le 10 juin, le ministère tory que présidait lord Derby avait été renversé par un vote parlementaire et remplacé par un ministère whig, dans lequel lord Palmerston était premier ministre, et lord John Russell chef du *Foreign-Office*. En voyant arriver au pouvoir ces deux anciens champions de leur cause, les Italiens s'étaient fait de grandes illusions et avaient espéré que les flottes de l'Angleterre allaient peut-être les aider à délivrer Venise. Au momment où l'on proclamait le vote des Communes, qui avait fait tomber le ministère tory, on avait vu dans les couloirs le marquis Emmanuel d'Azeglio lancer son chapeau en l'air et pousser des cris de joie. « Jamais, a dit lord Malmesbury, on n'aurait imaginé un ambassadeur, même Italien, se livrer à de pareilles extravagances. » Peu de jours après, le marquis, encore plein de confiance, exposait à lord Palmerston le plan d'un royaume d'Italie qui comprendrait la Lombardie, la Vénétie, les Romagnes et les Duchés. Le premier ministre se contenta de répondre : « La question est de savoir si la France voudra constituer à son flanc une seconde Prusse. »

Menacés par l'Allemagne, Napoléon III et Victor-Emmanuel n'avaient pas un seul instant l'idée de compter sur un concours armé de l'Angleterre. Pouvaient-ils au moins espérer son appui moral ? Pas le moins du monde. La lutte, une fois finie, les démonstrations italiennes devaient être bruyantes à Londres. Mais pendant, comme avant la guerre, il ne s'éleva point en Angleterre une seule voix pour réclamer l'abolition des traités de 1815, dont la Reine, le prince Albert et les whigs, aussi bien que les tories, demandaient le maintien. L'idée de voir flotter le pavillon anglais dans l'Adriatique pour aider à la délivrance de Venise ne venait à personne.

Napoléon III, trop porté à croire aux intententions amicales de l'Angleterre, s'imagina qu'elle l'aiderait, sinon à continuer la guerre, du moins à faire la paix. Il espéra que lord Palmerston, son ancien ami, lui prêterait ses bons offices, et chercherait à le tirer d'une situation qui, chaque jour, devenait plus critique. Il fit sonder le terrain par son ambassadeur, le comte de Persigny. Celui-ci indiqua, à titre de suggestion personnelle, un projet d'arrangement qui attribuait la Lombardie au Piémont, et créait au profit d'un archiduc un royaume séparé comprenant la Vénétie et le duché de Modène. « Ce sont là, répliqua lord Palmerston, des combinaisons qui déplairont des deux côtés. Les Autrichiens ne céderont pas la Vénétie qu'ils occupent encore. Quant aux Italiens, ils espèrent la liberté entière de leur pays, et ne croiront pas à cette liberté, tant qu'un archiduc régnera à Venise et à Modène. » Tout espoir d'une médiation anglaise fut vite dissipé.

Lord Palmerston, autrefois grand admirateur de Napoléon III, en était venu à partager contre lui les défiances de l'Allemagne, et à parler dédaigneusement de sa politique. « Sa tête, disait-il, est comme une garenne, où les idées se renouvellent sans cesse comme des lapins. » Aux démarches du comte de Persigny, il répondait d'un ton qui n'avait rien de bienveillant : « Si l'Empereur trouve la guerre assez longue et la besogne trop rude, qu'il fasse ses offres personnelles, formelles, à l'empereur d'Autriche, et qu'il ne nous demande pas de prendre ses suggestions sous notre responsabilité. » Ce conseil allait être suivi bien plus tôt que l'homme d'État anglais ne l'aurait cru. Napoléon III, voyant qu'il n'avait rien à espérer du côté de Londres, résolut de s'adresser directement à l'empereur d'Autriche, et de faire brusquement la paix, au moment où tout le monde croyait à la continuation de la guerre. Il aimait les choses imprévues. Les coups de théâtre lui plaisaient.

XXXI

LES DERNIERS JOURS DE LA GUERRE

Napoléon III mettait en pratique le vieil adage : Si tu veux la paix, prépare la guerre, *si vis pacem para bellum*. Au moment même où il désirait une solution pacifique, il avait soin de cacher à tout le monde le fond de sa pensée, et il donnait un surcroît d'activité à ses préparatifs belliqueux. Loin de diminuer ses effectifs, il les augmentait. Sur le Mincio, son armée se renforçait tous les jours. Outre le corps du prince Napoléon qui venait de le rejoindre, on attendait une division de France. Le 1er juillet, le ministre de la Guerre avait transmis un ordre dans ce sens au maréchal de Castellane, qui désigna la division du général d'Hugues pour quitter l'armée de Lyon et rejoindre, à Brescia, l'armée d'Italie, avec mission de couvrir les débouchés des Alpes, en servant de réserve à Garibaldi et au général Cialdini.

L'armée alliée était convaincue qu'elle allait aborder de front le formidable quadrilatère, qui, formé par les quatre villes de Peschiera, Mantoue, Vérone et Legnago, constitue l'une des positions stratégiques les plus fortes du monde entier. On avait déjà commencé le siège de Peschiera, située sur le Mincio, au point où ce fleuve sort du lac de Garde, à 24 kilomètres de Vérone. L'investissement était complet sur la rive gauche, et l'on entamait, sur la rive droite, le travail de la ligne de contrevallation.

L'Empereur passait ses journées à visiter les points les plus avancés occupés par ses troupes, et à surveiller les travaux du génie et de l'artillerie sur le Mincio. Partout on le voyait s'enquérant par lui-même des moindres détails. Pendant toute la campagne, il fit preuve d'une égalité d'humeur inaltérable, d'une parfaite bienveillance pour les chefs de l'armée et d'une sollicitude incessante pour le sort des officiers et des soldats. Supportant très bien la fatigue, il donnait à tous le bon exemple. Sa douceur et sa courtoisie inspiraient l'affection et le respect. Cependant la situation sanitaire ne laissait pas que de l'inquiéter. Au commencement de juillet, il y avait dans les hôpitaux ou infirmeries 25,000 malades. Un assez grand nombre de prisonniers autrichiens avaient été transférés à Gênes. Napoléon III avait donné des ordres pour qu'on les traitât avec égards et qu'on fît des avances d'argent aux officiers qui en auraient besoin. La douleur que lui inspiraient les calamités de la guerre et son désir de les atténuer se manifestaient dans toutes les occasions. Un messager de l'empereur d'Autriche, étant venu réclamer la dépouille mortelle du prince de Windischgrætz, tué glorieusement à Solférino, il l'accueillit avec une extrême bienveillance, et le pria de remercier François-Joseph de ses bons traitements envers les prisonniers français.

Cependant, on ne croyait pas encore que les sentiments humanitaires de Napoléon III lui feraient déposer les armes, tant qu'il n'aurait pas mis à exécution son programme : l'Italie libre des Alpes jusqu'à l'Adriatique. On voyait approcher le moment où, selon toutes les prévisions, l'Autriche serait attaquée à la fois par terre et par mer, et les marins s'imaginaient qu'eux aussi allaient jouer un grand rôle. Dans l'Adriatique une flotte de blocus, composée de six vaisseaux de ligne, deux frégates à hélice, deux corvettes et quelques transports avaient été placés sous les ordres du vice-amiral Romain-Desfossés, et, depuis le 1ᵉʳ juin, le contre-amiral Jurien de la Gravière bloquait Venise et ses approches avec quatre navires. L'Empereur avait, en outre, décidé que la flotte de blocus serait assistée d'une flotte de siège, dont le commandement fut confié au contre-amiral Bouët-Willaumez, et qui se composait de trois batteries flottantes et de 21 canonnières.

Napoléon III avait désigné comme base des opérations de la flotte l'île de Lossini, dont le port, à cheval sur les deux rives de l'Adriatique, est un excellent abri pour les navires. Située à 20 lieues de Venise, à l'extrémité de l'archipel de Quarnero, l'île de Lossini est à peu près le point central entre Venise, Trieste, Pola, Fiume et Zora, qui sont les principaux établissements maritimes sur l'Adriatique. Le 3 juillet, l'escadre française, commandée par le vice-amiral Romain-Desfossés occupait l'île de Lossini. Les Autrichiens n'y avaient pas opposé la moindre résistance.

La flotte, pleine d'ardeur et de confiance en elle-même, croyait qu'elle allait forcer les passes de Venise, pénétrer dans les lagunes et s'emparer des forts qui dominent la ville. Des trois entrées principales qui donnent accès dans la ville des doges du côté de la mer, le Lido, Malamacco et Chioggia, cette dernière était déjà désignée comme point d'attaque. Le général de Wimpffen, nommé général de division après la bataille de Magenta, avait été désigné pour commander un corps de toutes armes destiné à opérer un débarquement sur les côtes de l'Adriatique. Arrivé à Rimini par Livourne et Florence, il s'était mis immédiatement en rapport avec la flotte, qui n'attendait qu'un signal pour commencer l'attaque. Les Vénitiens partisans de Victor-Emmanuel tressaillaient de joie et d'espérance.

Tout semblait prêt pour une action générale et décisive. Le parc de siège destiné aux opérations contre le quadrilatère se complétait. Dès le 3 juillet, les premières pièces étaient à Pozzolango. En même temps le chemin de fer amenait jusqu'à Desenzano des chaloupes canonnières démontées qui devaient concourir au siège de Peschiera.

En résumé les combinaisons préparées par l'Empereur pour attaquer la Vénétie étaient les suivantes : 1° à l'aile gauche, menacer la droite autrichienne et inquiéter la ligne du haut Adige par les opérations de Garibaldi et du général Cialdini dans les montagnes ; 2° à l'aile droite, faire prendre Venise par la flotte, et y jeter un fort détachement qui, sous la protection du fort de Malghera et des navires français, pourrait entreprendre des incursions sur la ligne de retraite de l'armée autrichienne ; 3° au centre, avec Peschiera pour point d'appui et l'intervention de 300 pièces de siège, commencer le siège de Vérone.

Dans la journée du 6 juillet, tous les commandants en chef des corps d'armée, ainsi que ceux de l'artillerie et du génie, avaient reçu de l'Empereur un ordre de mouvement précis et détaillé.

Tout était prévu minutieusement. Jamais le souverain n'avait rempli avec plus de zèle et de conscience son rôle de général en chef. L'ordre de mouvement, daté de Valeggio, commençait ainsi : « Le siège de Peschiera est une opération à laquelle j'attache un grand intérêt; mais il est clair que nous ne pouvons le faire avec sécurité que lorsque nous aurons repoussé une attaque des Autrichiens. D'après les renseignements qui m'arrivent, il est très probable que nous serons attaqués demain, de front et de flanc, par l'armée sortie de Vérone et par une autre, venant du haut Adige. Déjà les Autrichiens ont occupé, ce matin, Pastrengo. Il est donc utile que demain matin, dès le lever du jour, les troupes prennent leur position. » L'Empereur indiquait ensuite la place assignée à chaque corps d'armée. L'ordre de mouvement se terminait ainsi : « On n'emportera aucun bagage. Les bidons seront pleins d'eau mêlée d'eau-de-vie : on laissera un faible bataillon à la garde des camps. Les hommes prendront leurs sacs, dans lesquels il n'y aura que du biscuit et des cartouches. Tous laisseront leurs capotes au camp, et n'auront que la veste. Dès que l'ennemi paraîtra, on commencera le feu de l'artillerie. Les lignes d'infanterie seront disposées quand le terrain le permettra, alternativement en bataillons déployés et en bataillons en colonnes doubles. On évitera des tirailleries inutiles, et, pendant que les bataillons déployés feront un feu de file, les autres battront la charge et aborderont l'ennemi à la baïonnette. »

Une grande bataille paraissait certaine et imminente.

XXXII

L'ARMISTICE

Le 6 juillet, Napoléon III avait fait une longue reconnaissance sur les hauteurs de Somma-Compagna. Ecoutons le général Fleury qui accompagnait le souverain : « La chaleur était horrible; l'Empereur paraissait soucieux et préoccupé. Nous avions rencontré plusieurs corvées marchant péniblement. L'air était lourd, et tout faisait présager de grandes difficultés pour les longs sièges qui nous attendaient... Nous étions à peine rentrés à Valeggio et descendus de cheval que le maréchal Vaillant, major-général, me faisait appeler. Il s'agit d'une mission délicate et d'un homme d'initiative pour la remplir, me dit-il. L'Empereur vous envoie à Vérone, tenez-vous prêt à partir dans dix minutes, donnez vos ordres à la voiture, et rendez-vous chez Sa Majesté qui vous attend. »

Aussitôt le général commanda une voiture de poste, un postillon à cheval qui la conduirait, et un trompette des guides qui sonnerait l'appel des parlementaires aux avant-postes. Puis, montant chez l'Empereur, qui se trouvait avec le roi Victor-Emmanuel, il leur annonça qu'il était prêt à partir. Napoléon III lui dit alors : « Voici une lettre que vous allez porter à l'empereur d'Autriche... Je fais appel à ses sentiments d'humanité, et je lui propose de suspendre les hostilités pour laisser le temps à la diplomatie de négocier les conditions de la paix. » Il ajouta : « J'ai besoin que l'ambassadeur soit aimable et intelligent. Je vous ai choisi. »

Le général Fleury avait toutes les qualités nécessaires pour remplir la mission qui lui était confiée. Courtois, séduisant, plein de tact, fait pour la diplomatie autant que pour la carrière militaire, c'était un homme de cour dans la meilleure acception de ce mot. Il plut à tous les souverains avec lesquels il fut mis en rapport. Personnellement, il aurait peut-être eu quelque chose à gagner à la continuation de la guerre. Mais il en comprenait le danger, comme les hommes au courant de la situation diplomatique, et il savait très bien que si Napoléon III engageait une lutte avec l'Autriche, soutenue par toute l'Allemagne, il s'exposait, en cas de défaite, à perdre la couronne. Le général désirait donc ardemment le succès de sa mission. Nous en connaissons les détails par les lettres qu'il adressa à sa femme.

Il partit le 6 juillet de Valeggio, à sept heures du soir, accompagné de son aide de camp, M. de Verdière, dans une voiture de la poste impériale. Sur le siège de derrière se tenaient un courrier et un trompette des guides, porteur d'un drapeau parlementaire. Dès qu'il eut dépassé les grand'gardes françaises, il fut escorté par des fantassins autrichiens, puis par des uhlans. Quelques instants après, la voiture roulait sur le pont-levis de Vérone et entrait dans la ville, dont les rues éclairées par le gaz contenaient des promeneurs et des officiers, tous surpris de voir passer une voiture aux armes de l'empereur des Français. Arrivé au palais que François-Joseph occupait, le général fut reçu courtoisement par le feld-maréchal de Hesse et le comte de Grünne, premier aide de camp et grand écuyer du souverain. L'empereur, qui était déjà couché, lui fit dire qu'il allait se lever, et qu'il le recevrait dans un instant. Et, en effet, au bout d'un quart d'heure, François-Joseph apparaissait.

La lettre de Napoléon III, écrite en termes élevés et chevaleresques, était faite pour plaire au jeune monarque. Après l'avoir lue : « Mon cher général, dit-il, c'est une très grave chose que vous m'apportez là. Je ne saurais vous répondre de suite. Il faut que je réfléchisse; veuillez attendre jusqu'à demain matin huit heures, j'ai besoin de me recueillir. » Le général répondit : « Je suis aux ordres de Votre Majesté », puis demanda la permission de faire valoir les considérations qui militaient en faveur de l'armistice et conclut ainsi : « Quelle que soit la décision de Votre Majesté, elle me permettra de lui dire combien il est urgent que cette réponse soit prompte lorsqu'elle saura ce qu'elle ignore peut-être, que la flotte française occupe en ce moment l'île de Lossini. Au premier signal vont commencer les attaques sur le littoral de la Vénétie. Un corps expéditionnaire de quatre mille hommes, sous les ordres du général de Wimpffen, a rejoint l'amiral Romain-Desfossés. »

« En effet, répliqua l'empereur, je viens d'apprendre l'occupation de Lossini par les troupes françaises. Mais je n'ai rien reçu d'officiel des cours, et j'ai besoin de réfléchir. Demain matin, général, je vous donnerai ma réponse. »

Au fond, François-Joseph courait moins de risques à continuer la guerre que Napoléon III, car, fût-il même complètement vaincu, le souverain d'une vieille monarchie comme l'Autriche n'était pas exposé à perdre son trône, tandis que l'Empereur des Français, chef d'une jeune dynastie, avait besoin, pour se maintenir, d'être toujours heureux. Si François-Joseph inclina pour la paix, ce fut sans doute à cause de la répulsion que la politique du cabinet de Berlin lui inspirait. D'une part, il sentait que, pour réussir, le concours de la Prusse lui était indispensable, et, d'autre part, il lui aurait déplu de devoir quelque chose à cette puissance rivale, dont il redoutait les convoitises. Tout ce qui pouvait augmenter l'influence et favoriser l'ambition des Hohenzollern éveillait la défiance instinctive du chef de la maison de Habsbourg.

Ajoutons que, comme Napoléon III, le monarque autrichien avait été vivement impressionné par l'aspect lamentable des champs de bataille, et que son caractère, essentiellement humain et généreux, lui faisait ardemment désirer la fin de pareilles calamités.

Chose curieuse à remarquer : la guerre qui venait de faire couler des torrents de sang n'avait créé entre les deux souverains aucune animosité personnelle, et, même au plus fort de la lutte, il ne leur était pas arrivé de prononcer l'un contre l'autre une seule parole amère !

Le général Fleury se demandait avec anxiété quelle serait, le lendemain matin, la réponse de l'empereur François. Objet des prévenances du maréchal de Hesse et des officiers de la maison militaire, il passa la nuit dans la chambre du comte de Grünne, que ce dernier lui avait courtoisement cédée. A cinq heures du matin, le général y vit entrer le prince Richard de Metternich, fils de l'illustre chancelier. Le prince avait alors trente ans. Très en faveur auprès de l'empereur François-Joseph, il servait d'intermédiaire entre le souverain et le ministre des Affaires étrangères. Il avait fait partie de l'ambassade d'Autriche à Paris, et, pendant ce temps, avait entretenu des relations très amicales avec le général Fleury. « Si, comme je l'espère, lui dit le général, la paix sort de l'armistice, je ne désire qu'une chose, c'est de vous voir ambassadeur en France. » (Le vœu devait se réaliser).

Vers huit heures du matin, François-Joseph fit demander l'envoyé de Napoléon III, et lui donna lecture de sa réponse, pleine de noblesse et de dignité. Il acceptait l'armistice et priait l'empereur des Français de désigner le lieu où les conditions de la paix pourraient être discutées. Puis, après avoir cacheté la lettre, il exprima le désir que la flotte française fût immédiatement prévenue de la suspension d'armes qui allait être conclue. Ayant reçu à l'avance de Napoléon III l'autorisation nécessaire, le général Fleury obtempéra sur-le-champ au désir de l'empereur François-Joseph, et sur la table même du souverain, il écrivit à l'amiral Romain-Desfossés d'avoir à donner contre-ordre. Cette lettre, immédiatement expédiée à Venise au gouverneur général de la Vénétie, fut remise dans la même journée au contre-amiral Jurien de la Gravière, qui croisait dans les plages vénitiennes, et transmise à l'amiral Romain-Desfossés, qui fut tout étonné de la recevoir le lendemain, au moment même où il comptait quitter l'île de Lossini et attaquer Venise avec la flotte entière.

Laissons la parole au général Fleury : « Encore un mot, dit-il, sur l'empereur d'Autriche, dont l'attitude et la manière d'être m'ont tout à fait séduit. Sachant combien je suis dévoué à l'Empereur, il est entré dans des détails intimes, me questionnant sur sa santé, ses habitudes, le tout avec un air de déférence qui m'a beaucoup plu. Nous avons ensuite causé de la bataille assez longuement, et j'ai pris congé. Quelques instants après, un des aides de camp est venu me dire que Sa Majesté, sachant que j'avais mon aide de camp avec moi, désirait le voir, et Verdière a eu les honneurs de la présentation. » Très flatté de cette attention, et gardant à l'empereur François-Joseph un souvenir de respect et de reconnaissance, le général Fleury repartit pour Valeggio, non plus en parlementaire, mais en messager de son souverain, sa voiture avec les glaces ouvertes, les stores levés, et l'escorte de uhlans constituant une escorte d'honneur. Au village de Santa-Lucia, il but avec un général autrichien à la paix prochaine et à la gloire des deux nations. A onze heures du matin, il dépassait les avant-postes de l'armée française.

Toutes les troupes étaient sous les armes depuis l'aurore. Dès quatre heures du matin, Napoléon III avait traversé avec son état-major les différentes lignes, pour se porter à la gauche du 2ᵉ corps, commandé par le maréchal Canrobert et occupant l'espace compris entre Valeggio et les collines de Venturelli. Puis, surveillant en personne l'exécution des ordres donnés par lui la veille, il avait suivi en tête de la ligne de bataille toutes les crêtes que garnissaient les différents corps d'armée.

Ni le 4 juin, jour de la bataille de Magenta, ni le 24, jour de la bataille de Solférino, les troupes, en se levant le matin, ne se doutaient qu'une lutte générale serait engagée dans la journée. Le 8 juillet, au contraire, tout le monde croyait dans l'armée qu'une grande bataille allait avoir lieu. Personne ne soupçonnait la mission pacifique du général Fleury, et, à onze heures et demie, au moment où il revenait de Vérone, les troupes ne pouvaient pas s'expliquer pourquoi elles n'avaient point encore rencontré l'ennemi.

Le général Fleury raconte ainsi son arrivée au quartier général de Napoléon III à Valeggio : « J'étais attendu, dit-il, avec une vive impatience... Aussi quand je dis ces mots : — Bonnes nouvelles, — et que je fis le geste de prendre dans ma poche la lettre dont j'étais porteur, avant que j'eusse parlé, je vis combien la certitude d'une réponse causait déjà de plaisir à l'Empereur. Il eut beau reprendre son calme habituel après cette première émotion dont il n'avait pas été le maître, j'avais surpris sur ses traits, comme une lueur, l'impression d'un grand soulagement et d'une satisfaction réelle... Je lui remis la lettre de l'empereur d'Autriche, qu'il lut avec empressement, et lui racontai toutes les péripéties de ma mission. Comme toujours, bon et affectueux, il me remercia avec les compliments les plus flatteurs. »

Vers une heure, l'armée reçut, à son grand étonnement, l'ordre de quitter ses positions de combat et de rentrer dans ses cantonnements. La prise d'armes dans la matinée avait été son dernier service de guerre dans cette campagne.

Le village de Villafranca, situé à mi-chemin environ entre Valleggio et Vérone, fut indiqué comme le point où se rencontreraient les délégués chargés d'arrêter les conditions d'armistice. C'étaient pour l'Autriche le feld-maréchal baron de Hess, chef d'état-major d'armée autrichienne et le général comte de Mensdorf-Pouilly; pour la France, le maréchal Vaillant, major-général de l'armée française et le général de Martimprey, aide-major général; pour la Sardaigne, le lieutenant-général comte della Rocca, premier aide de camp du roi Victor-Emmanuel et major-général de l'armée sarde.

Les délégués se réunirent à Villafranca, le 8 juillet, et réglèrent les conditions de l'armistice. L'article 1er de la convention stipulait la suspension d'armes. L'article 2 portait que cette suspension d'armes durerait, jusqu'au 15 août, sans dénonciation, et qu'en conséquence les hostilités, s'il y avait lieu, recommenceraient, sans avis préalable, le 16 août à midi. Les travaux d'attaque et de défense de Peschiera resteraient devant la suspension d'armes dans l'état où ils se trouvaient actuellement. L'arrangement indiquait les lignes de démarcation que les armées devraient strictement observer. Les hostilités cesseraient immédiatement sur terre comme sur mer, et les bâtiments de commerce, sans distinction de pavillon, pourraient librement circuler dans l'Adriatique.

La convention signée le 8 juillet par les délégués des trois puissances, fut ratifiée, dans la journée, par les trois souverains.

Le lendemain, Napoléon III annonçait aux troupes l'armistice par cet ordre du jour, daté de son quartier général impérial de Valeggio :

« Soldats,

« Une suspension d'armes a été conclue, le 8 juillet, entre les parties belligérantes, jusqu'au 15 août prochain. Cette trêve vous permettra de vous reposer de vos glorieux travaux et de puiser, s'il le faut, une nouvelle force pour continuer l'œuvre que vous avez si brillamment inaugurée par votre courage et votre dévouement. Je retourne à Paris, et je laisse le commandement provisoire de mon armée au maréchal Vaillant, major-général; mais, dès que l'heure des combats aura sonné, vous me reverrez au milieu de vous pour partager vos dangers. »

A Paris, on lisait dans le *Moniteur :* « Il ne faudrait pas qu'on se méprît sur la portée de la suspension d'armes convenue entre l'empereur des Français et l'empereur d'Autriche. Il ne s'agit que d'une trêve entre les armées belligérantes, trêve qui, tout en laissant le champ libre aux négociations, ne saurait faire prévoir dès à présent la fin de la guerre. »

L'armistice était pour les Français une surprise et pour les Piémontais une déception; Venise, qui avait cru que l'heure de sa délivrance allait sonner, était inconsolable, et le comte de Cavour frémissait de colère. Victor-Emmanuel, plus politique, dissimulait son mécontentement. Napoléon III lui dit à Valeggio, pour le consoler, qu'il ne s'agissait que d'une trêve, et que l'Autriche refuserait sans doute les propositions qui lui seraient faites. Le Roi réunit ses généraux à son quartier général de Monzambano et leur répéta les paroles de Napoléon III. Cependant Victor-Emmanuel ne se faisait pas d'illusions; il était persuadé qu'une solution pacifique serait le résultat de l'entrevue que son puissant allié allait avoir avec l'empereur François-Joseph.

XXXIII

L'ENTREVUE DE VILLAFRANCA

Le prince Alexandre de Hesse étant venu au grand quartier général français conférer avec Napoléon III, on apprit que les deux monarques se rencontreraient dans la matinée du 11 juillet.

Le 10, le général Fleury écrivait à sa femme : « Je pense que le jeune empereur d'Autriche n'a consenti à l'entrevue que parce qu'il accepte les bases des négociations. C'est donc la paix, c'est donc le retour de l'armée d'ici peu de temps. Cette nouvelle est énorme ; c'est le coup de théâtre de la modération... L'Empereur a l'air ravi, et tout le monde aussi. Ainsi, nous ne nous tourmenterons plus pour la politique. Le plus fort est fait, et cela ne nous regarde plus. Je te raconterai le mieux que je pourrai l'entrevue de demain. Nous y allons, toute la maison militaire, avec deux escadrons, un de cent-gardes et un de guides. Tu penses si l'on se prépare à être beau. » Le général, qui avait été colonel du régiment des Guides, ajoutait : « Mes pauvres guides qui n'ont pas eu l'occasion de charger ! J'en suis doublement malheureux, d'abord parce que je ne puis faire passer Mirandole général, puis par le regret que j'éprouve de n'avoir pas vu mes enfants se glorifier un peu. »

Dans la nuit du 10 au 11, François-Joseph envoya à Valeggio un de ses aides de camp, le jeune prince de Hohenlohe, pour demander à Napoléon III de fixer lui-même la tenue dans laquelle Leurs Majestés et les deux états-majors se rendraient à l'entrevue, ainsi que le nombre et la composition des escortes. Il fut convenu que les souverains et leurs maisons militaires seraient en tenue de campagne, les escortes en grande tenue. Les empereurs se rencontreraient, à Villafranca, le 11, à neuf heures du matin.

11 juillet, sept heures un quart. — Napoléon III part de Valeggio, à cheval, ayant à sa gauche le maréchal Vaillant. Il porte le képi, comme tout son état-major. Derrière lui se tient sa maison militaire. A trente pas en arrière suivent les cent-gardes et les guides.

Neuf heures. — Napoléon III atteint Villafranca. François-Joseph, un peu en retard, n'étant pas encore arrivé, l'empereur des Français continue sa route, dans la direction de Vérone, voulant, par courtoisie, dépasser le lieu du rendez-vous et aller à la rencontre de l'empereur d'Autriche. Après avoir parcouru ainsi environ l'espace d'un kilomètre, il aperçoit François-Joseph, qui, comme lui, arrive au galop. Les souverains s'arrêtent, et, après s'être salués militairement, se tendent la main. Avec le tact qui lui est habituel, Napoléon III prend la gauche de l'empereur d'Autriche, et tous deux, accompagnés de leur maison militaire et de leur escorte, se dirigent vers Villafranca. Arrivés dans la grande rue de la ville, ils descendent de cheval, et montent au premier étage d'une maison appartenant à M. Gaudini-Morelli. Un petit salon a été préparé pour les recevoir. Les escortes se rangent en bataille dans la rue, à gauche et à droite de la porte d'entrée. Devant cette porte, tous les aides de camp causent et fument.

Voici les deux monarques en présence l'un de l'autre. Jamais peut-être entrevue de souverains ne fut aussi importante depuis celle de Tilsitt entre les empereurs Napoléon Ier et Alexandre. De ce que vont se dire François-Joseph et Napoléon III, de l'impression mutuelle qu'ils se produisent, il faut attendre ou la paix, ou de nouvelles hécatombes, peut-être une conflagration générale s'étendant sur la plus grande partie de l'Europe. Les empereurs engagent l'entretien avec une courtoisie et un calme parfaits, comme deux gentlemen accomplis. L'un aura vingt-neuf ans le 18 août prochain ; l'autre a eu cinquante-et-un ans le 20 avril. Tous deux ont pris en mains le pouvoir la même année et le même mois. L'un est monté sur le trône le 2 décembre 1848, l'autre a été élu président de la République le 10. Tous deux ont, des hommes et des choses, une expérience déjà longue, et, à certains moments, douloureuse, tous deux ont fait dans leur carrière des réflexions pénibles sur les caprices de la fortune et les responsabilités du rang suprême. Napoléon III ne se présente point avec les allures et le ton d'un vainqueur. Rien dans son langage ne ressemble à un ultimatum ou à une menace quelconque. Il est ému par la jeunesse, les malheurs et la dignité de son interlocuteur, qui doit, à l'heure qu'il est, trouver bien lourd le poids du sceptre. De son côté, François-Joseph est touché par la douceur de la voix de Napoléon, par l'affabilité et la bonté qui se peignent sur son visage. L'empereur des Français ne dicte pas des conditions ; se contentant de formuler des vœux, il propose la cession de la Lombardie à la Sardaigne, la création d'un royaume de Vénétie sous un prince autrichien, l'établissement d'une Confédération italienne sous la présidence du Pape, l'octroi de réformes dans les Etats pontificaux, et enfin, un Congrès pour régler le détail des questions. « Je désire la paix, dit alors le monarque autrichien, et je vais donner à Votre Majesté une preuve de confiance, en lui indiquant la limite des concessions que je puis faire... J'ai perdu la Lombardie, mais je ne la donnerai pas à la Sardaigne. Tout ce que je puis faire, c'est de la céder à la France, qui en fera ce qu'elle voudra. Quant à la Vénétie, je l'occupe encore, et je ne puis abandonner ce qui n'a pas été conquis. Mais je sens que de grands changements y sont nécessaires; je les accomplirai, et sous mon sceptre Venise sera non seulement contente, mais heureuse. »

Napoléon III n'a pas conquis la Vénétie; il ne l'a pas même envahie. Aussi ne peut-il point insister. Il se borne à poser en principe que la Vénétie fera partie de la Confédération italienne sous la couronne de l'empereur d'Autriche. A cette confédération, dont le Saint-Père aurait la présidence, François-Joseph ne fait pas d'objection absolue, mais les détails de son organisation restent dans le vague. Il consent également à s'unir à la France pour demander des réformes au Pape, tout en formulant quelques doutes sur l'urgence et sur le moyen de les mettre en pratique. Un point surtout lui tient au cœur, c'est la réintégration dans leurs Etats du grand-duc de Toscane et du duc de Modène qui tous deux se sont associés à sa fortune. Ces deux princes sont des archiducs d'Autriche. C'est pour S. M. Impériale et Royale apostolique une question d'honneur de les soutenir. Napoléon III semble le comprendre et il promet de faire tous ses efforts pour que les deux princes restent dans leurs Etats, en accordant une amnistie générale et une Constitution. Mais quel sera le caractère de l'intervention des deux empereurs? Doit-elle être purement platonique, ou, au besoin, ira-t-elle jusqu'à l'emploi de la force? Insister sur ce point, ce serait peut-être mettre en danger le résultat de l'entrevue. Rien n'est donc précisé. Les souverains se déclarent satisfaits d'avoir tracé les grandes lignes de leur accord. Pour le moment, ils ne demandent rien de plus. Ils avaient sur une table devant eux du papier, des plumes et de l'encre. Ils n'en font aucun usage. Tout s'est borné à des paroles. Les souverains se fient à leur bonne foi et à leur mémoire. L'entrevue a duré un peu moins d'une heure.

Après être sortis de la maison où ils viennent d'échanger leurs vues, François-Joseph et Napoléon III se présentent nominativement les officiers de leur maison militaire. Le souverain français se montre prévenant pour le feld-maréchal baron de Hess, qui, né en 1788, est un vétéran de l'armée autrichienne. « Monsieur le maréchal, lui dit-il, je suis fier d'avoir pu faire la guerre en face d'un glorieux soldat de Wagram. » Le vaillant militaire a conservé les allures d'un jeune homme. Les cinquante années qui se sont écoulées entre Wagram et Solférino semblent l'avoir à peine effleuré.

Comme Napoléon III, François-Joseph n'a pour escorte que deux escadrons, l'un de gendarmes de la Cour, et l'autre de uhlans. L'empereur des Français les passe en revue, et déclare qu'ils sont magnifiques. L'empereur d'Autriche, après avoir inspecté l'escadron des cent-gardes et l'escadron des guides, en fait un grand éloge.

Le général Fleury a écrit dans ses *Souvenirs* : « Jamais en France, je le crains bien, l'on ne reverra d'aussi belles troupes. Un niveau démocratique passe sur tous les uniformes de l'armée. Infanterie, cavalerie, train des équipages, tout finit par se ressembler. On ne s'aperçoit presque pas que, sous prétexte de simplification dans les approvisionnements d'habillement, nos ministres de la Guerre,— qui changent tous les ans, — détruisent ainsi l'esprit de corps, cet amour-propre de régiment qui, à un moment donné, enfantait des prodiges. »

François-Joseph, voulant rendre la politesse que Napoléon III lui avait faite, en allant à sa rencontre au delà de Villafranca, sur la route de Vérone, reconduisit le souverain français jusqu'à environ un kilomètre sur la route de Villafranca à Valeggio. Les empereurs prirent amicalement congé l'un de l'autre. Ainsi, au moment même où tant de victimes venaient d'être jetées dans les fosses communes aux combattants des trois armées, au moment où un grand nombre de malades et de blessés souffraient et mouraient dans les hôpitaux où ils étaient amoncelés, les deux souverains auteurs de la guerre se donnaient amicalement la main

XXXIV

LES PRÉLIMINAIRES DE LA PAIX

A son retour à Valeggio, Napoléon III trouva Victor-Emmanuel, à qui il raconta tout ce qui venait de se passer. La brusque solution qui ne réalisait que la moitié des espérances du Roi était pour lui une grande déception. Mais ce monarque, très fin, très habile sous sa rude écorce, était trop politique pour chercher à éviter l'inévitable. Il ne fit à son puissant allié ni objection, ni récrimination, et se contenta de lui dire : « Quelle que soit la décision de Votre Majesté, je serai éternellement reconnaissant à l'Empereur de ce qu'il a fait pour la cause de l'indépendance italienne, et, en toute circonstance, il peut compter sur mon entière fidélité. »

Rien n'avait été écrit à Villafranca. Napoléon III prit, à Valeggio, un papier sur lequel il mit les conditions qui, si sa mémoire était fidèle, avaient été convenues entre lui et l'empereur d'Autriche. Il chargea le prince Napoléon de porter ce papier à François-Joseph, à Vérone, et le rapporter avec la signature du souverain. Ce n'était point là une simple formalité, et Napoléon III craignait que des difficultés ne vinssent à surgir, quand il s'agirait non plus d'une conversation, mais d'un engagement écrit.

A Paris, on reprochait souvent au cousin de l'Empereur des allures trop démocratiques. A l'étranger, il était toujours très correct, et, dès qu'il se trouvait en rapport avec des souverains ou des princes, on ne pouvait rien critiquer dans ses manières et son langage. C'était, d'ailleurs, un esprit très intelligent, très ouvert, fort au courant des choses diplomatiques et de tous les usages des Cours. En le désignant pour l'importante et délicate mission qu'il lui confiait, l'Empereur faisait quelque chose d'agréable à Victor-Emmanuel, qui, connaissant les idées et les sentiments de son gendre à l'égard de l'Italie, savait très bien que le prince ferait tout ce qu'il pourrait pour elle.

Le temps pressait. Ainsi que l'a écrit le maréchal de Moltke, dans son histoire de la campagne d'Italie de 1859, « la Prusse était complètement armée. La mobilisation des deux tiers de ses forces militaires était terminée. Le reste était sur le pied de guerre. Les troupes étaient déjà en marche pour se rendre aux premiers endroits d'assemblement. Ce n'était plus un mystère que le 15 juillet le transport des soldats par chemin de fer, vers le Rhin, devait commencer, et qu'en très peu de temps une armée de 250.000 hommes y serait rassemblée, à laquelle les contingents des autres États allemands étaient prêts à se réunir. »

Français et Bonaparte par son père, mais Allemand par sa mère, fille du premier des rois de Wurtemberg, le prince Napoléon connaissait parfaitement l'Allemagne. Il y avait été élevé et savait tout ce qu'on devait en redouter. L'étendue et la gravité du danger ne lui échappaient point; il voulait faire tous ses efforts pour le conjurer sans perdre une minute.

Napoléon III était rentré à Valeggio à une heure de l'après-midi. A deux heures et demie de l'après-midi, une voiture attelée de quatre chevaux de poste emportait le prince Napoléon vers Vérone. Il y arrivait deux heures plus tard et se présentait au quartier général impérial autrichien. François-Joseph lui tendit la main avec affabilité et le conduisit dans son cabinet. Le prince a fourni les détails de son entrevue au baron de Bazancourt, qui les a consignés dans sa remarquable histoire de la campagne d'Italie.

L'empereur d'Autriche s'exprima ainsi : « J'ai donné l'exemple de la franchise ce matin, en disant nettement à l'empereur Napoléon quelles étaient les limites des concessions compatibles avec mon honneur et les intérêts de ma couronne. Mais, croyez-le bien, si vous avez une opinion publique à ménager, j'en ai aussi une de mon côté, et elle est d'autant plus exigeante que c'est moi qui fais tous les sacrifices. »

Le papier rédigé par Napoléon III contenait sept paragraphes. François-Joseph et le prince Napoléon les examinèrent un à un.

I. *Les deux souverains favoriseront la formation d'une Confédération italienne.*

Ce premier paragraphe ne souleva point d'objection. La Confédération était établie en principe. Son organisation devait être réglée par un Congrès.

II. *Cette Confédération sera sous la présidence honoraire du Pape.*

François-Joseph avait voulu que le mot *honoraire* fut effacé. Le prince le décida au maintien de ce mot.

III. *L'empereur d'Autriche cède ses droits sur la Lombardie à l'empereur des Français, qui, selon le vœu des populations, les remet au roi de Sardaigne.*

Ce troisième paragraphe donna lieu à des discussions sérieuses.

François-Joseph n'accepta pas les mots: *selon le vœu des populations.* « Quant à moi, dit-il, je ne connais que le droit écrit sur les traités. D'après eux, je possède la Lombardie. Je veux bien, trahi par les armes, céder cette province à l'empereur Napoléon, mais je ne veux pas reconnaître le vœu des populations, que j'appelle, moi, le droit révolutionnaire. Employez ces mots avec le roi de Sardaigne, je n'aurai rien à y voir, mais vous comprendrez que moi, l'empereur d'Autriche, je ne puis accepter ce langage. »

Le prince Napoléon n'insista point, et les mots *selon le vœu des populations* furent supprimés.

Une question plus grave se posa. L'empereur d'Autriche déclara en termes péremptoires que les deux villes fortes de Peschiera et de Mantoue n'étaient pas comprises dans la cession de la Lombardie. « Je ne puis, s'écria-t-il, faire évacuer par mon armée les places fortes qu'elle occupe, et qu'elle a conservées en sa possession, l'honneur me le défend. Si l'armée alliée s'était emparée de Peschiera, je comprendrais que l'empereur Napoléon demandât à conserver cette place; mais mes troupes y sont encore. Dites bien à l'Empereur que, si même je le voulais personnellement, il me serait impossible de céder aucune de mes forteresses. »

IV. *La Vénétie fait partie de la Confédération italienne, tout en restant sous la couronne de l'empereur d'Autriche.*

Ce paragraphe fut adopté sans discussion.

V. *Les deux souverains feront tous leurs efforts, excepté le recours aux armes, pour que le grand-duc de Toscane et le duc de Modène restent dans leurs Etats, en donnant une amnistie générale et une Constitution.*

C'était là le point délicat, et l'on ne pouvait s'entendre si l'on ne précisait rien.

Les mots *excepté le recours aux armes* ne furent pas admis par François-Joseph. Il y voyait, en effet, un appel indirect à l'insurrection, et un encouragement donné aux populations dans la voie révolutionnaire. D'autre part, il savait que Napoléon III ne voudrait, à aucun prix, employer la force pour opérer la restauration des deux princes. Comment donc s'effectuerait-elle? On se trouvait dans une impasse.

L'empereur d'Autriche n'alla point jusqu'à exiger que les deux parents auxquels il portait un si vif intérêt, et qui, au fond, en leur qualité d'archiducs, étaient considérés comme ses lieutenants, fussent rétablis par les baïonnettes autrichiennes ou françaises. Mais il dit que le duc de Modène espérait pouvoir se réintégrer dans son duché avec les quelques bataillons qui lui étaient restés fidèles, et que le grand-duc de Toscane n'était pas loin de s'entendre avec ses sujets. Pour le moment, les empereurs devaient donc se borner à reconnaître le principe du rétablissement des princes.

VI. *Les deux souverains demanderont au Saint-Père d'introduire dans ses Etats des réformes nécessaires, et de séparer administrati-*

vement la Légation du reste des Etats de l'Église.

François-Joseph admit les réformes, il substitua même au mot *nécessaires* le mot *indispensables*, mais il demanda la suppression de la seconde partie de la phrase, parce que, dit-il, un Congrès pourrait seul décider si les Légations devraient être séparées administrativement du reste des Etats pontificaux.

VII. *Amnistie pleine et entière est accordée, de part et d'autre, aux personnes compromises à l'occasion des derniers événements, dans les territoires des parties belligérantes.*

Ce dernier paragraphe, qui répondait aux sentiments généreux des deux empereurs, fut accepté sans la moindre hésitation.

Remarquons que, dans aucun paragraphe, il n'était parlé du duché de Parme. Comme la duchesse régente, sœur du comte de Chambord, n'avait jamais voulu s'inféoder à la politique autrichienne, François-Joseph ne se croyait pas tenu à défendre les droits du fils de cette princesse. Le prince Napoléon essaya donc de le décider à reconnaître l'annexion du duché à la Sardaigne, mais l'empereur d'Autriche n'en fit rien. Il se contenta de dire : « Qu'il ne soit point question du duché de Parme dans ces préliminaires. La duchesse régente n'est point une princesse de ma famille. Mais je ne puis céder des Etats qui ne m'appartiennent pas. »

Cependant, l'entrevue durait déjà depuis plus de deux heures, sans que l'accord se soit encore établi sur plusieurs des points essentiels. Le prince Napoléon fit observer qu'il avait reçu de son souverain l'ordre d'être de retour à Valeggio à dix heures du soir au plus tard. « C'est bien, dit alors l'empereur d'Autriche en se levant, vous aurez bientôt ma réponse. » Et il conduisit lui-même son interlocuteur dans l'appartement préparé pour le prince.

Un dîner fut servi à Son Altesse Impériale. Deux officiers de la maison militaire de l'empereur d'Autriche lui tenaient compagnie.

À sept heures et demie du soir, le prince vit entrer le souverain. « Voici ma réponse écrite, dit Sa Majesté, vous pouvez la porter à l'empereur Napoléon. » Le texte était celui-ci :

1º Les deux souverains favoriseraient la création d'une Confédération italienne;

2º Cette Confédération sera sous la présidence honoraire du Saint-Père;

3º L'empereur d'Autriche cède à l'empereur des Français ses droits sur la Lombardie, à l'exception des forteresses de Mantoue et de Peschiera, de manière que la frontière des possessions autrichiennes parte du rayon extrême de la forteresse de Peschiera, et s'étende en ligne droite le long du Mincio jusqu'à le Grazie ; de là, à Scarzarola et Suzana au Pô, d'où les frontières actuelles continueront à former les limites de l'Autriche. L'empereur des Français remettra le territoire cédé au roi de Sardaigne;

4° La Vénétie fera partie de la Confédération italienne, tout en restant sous la couronne de l'empereur d'Autriche;

5° Le grand-duc de Toscane et le duc de Modène rentrent dans leurs Etats, en donnant une amnistie générale;

6° Les deux empereurs demanderont au Saint-Père d'introduire dans ses Etats des réformes indispensables;

7° Amnistie pleine et entière est accordée de part et d'autre aux personnes compromises à l'occasion des derniers événements dans les territoires des parties belligérantes.

Le prince Napoléon s'aperçut que c'était bien là le dernier mot de François-Joseph, et que Sa Majesté n'accepterait aucune modification à ce texte. Le prince lui demanda donc de le signer. « Je ne puis pas m'engager, répondit le souverain, si l'empereur Napoléon ne l'est pas également de son côté. Il m'est impossible de signer de pareilles conditions sans être certain qu'elles seront admises par lui. » Le prince Napoléon répliqua : « Sire, je donne à Votre Majesté ma parole d'honnête homme que, demain matin, elle recevra ce même papier, avec ou sans la signature de l'empereur Napoléon. »

François-Joseph se décida alors à signer. Puis il dit : « C'est un grand sacrifice que je fais de céder ainsi une de mes plus belles provinces. Mais, si nous pouvons nous entendre avec l'empereur Napoléon sur les affaires d'Italie, il n'y aura plus de causes de discorde entre nous. »

Huit heures sonnaient. Le souverain et le prince restèrent ensemble pendant quelques minutes encore, et ne se dirent plus un seul mot de politique. Puis François-Joseph reconduisit jusqu'au haut de l'escalier le cousin de Napoléon III, et lui tendit la main, en lui disant : « Au revoir, prince, j'espère que ce ne sera plus en ennemis. »

A dix heures du soir, le prince Napoléon était de retour à Valeggio. Dès que l'Empereur eut lu le papier signé par François-Joseph, un rayon de joie éclaira son visage, et il embrassa cordialement son cousin. Le lendemain même, il signait à son tour le papier, et le renvoyait avec une lettre autographe à l'empereur d'Autriche. Les préliminaires de paix étaient définitivement conclus.

XXXV

LA DÉMISSION DE M. DE CAVOUR

L'homme qui aurait le plus vivement désiré la continuation de la guerre, c'était le comte de Cavour. Sa politique révolutionnaire était fortement blâmée par le ministre de France à Turin, le prince de la Tour d'Auvergne. Ce diplomate essentiellement conservateur, très hostile aux projets d'unité italienne, écrivait au comte Walewski, le 8 juillet 1859, à propos du premier ministre piémontais qui déjà préparait si hardiment les annexions : « L'activité dévorante de son esprit, son ambition, la nature aventureuse de son génie, dominent presque toujours chez lui les conseils de la raison. Ce serait donc se flatter singulièrement quelles que soient les apparences, de penser que M. de Cavour renonce sincèrement aux voies plus ou moins loyales et régulières auxquelles il a trop souvent recours, et qui, il faut le reconnaître, lui ont parfois réussi. Je ne me fais pour ma part aucune illusion. J'ai constaté souvent mon impuissance, et je ne sache qu'un moyen véritablement sérieux à opposer aux impatiences et aux velléités de M. de Cavour, c'est la volonté ferme et catégorique de l'Empereur. En dehors de cela, je ne vois point de remède. »

Dès que le premier ministre eut appris par une lettre du général de La Marmora que l'armistice conclu était une longue trêve qui pouvait conduire à la paix, il ne cacha ni son dépit, ni sa colère, et partit immédiatement pour le camp, dans l'espérance de faire renoncer le Roi et l'Empereur à toute intention pacifique. Le 10, à l'aube du jour, il arrivait de Turin à Desenzano, et dans la journée, à Monzambano, quartier général de l'armée sarde. Victor-Emmanuel se trouvait à la villa Melchiarri. Il y reçut le ministre, dont l'explosion de fureur ne le toucha nullement. En vain M. de Cavour supplia son maître de refuser un affranchissement incomplet, d'appeler à lui toute l'Italie, et de continuer la lutte même sans l'appui de Napoléon III. Victor-Emmanuel se garda bien de suivre un si mauvais conseil. Dans la même journée, le téméraire ministre vit le prince Napoléon, qui ne lui donna aucun espoir, et, malgré ses instances, il ne put parvenir à être admis auprès de l'Empereur. Le lendemain 11 juillet, il essaya de revoir le prince Napoléon; mais le prince était allé à Vérone, pour s'entendre avec François-Joseph sur les préliminaires de paix. M. de Cavour en connut le texte dans la soirée, et, le 12, au matin, il repartit exaspéré, après avoir donné sa démission.

Les violences du ministre avaient fini par lasser le souverain. « La paix se fait sans moi, lui dit-il, je ne suis pas le plus fort, laissez-moi tranquille. »

Victor-Emmanuel avait souvent besoin de M. de Cavour, mais, au fond, il ne l'aimait pas. Le chef de la maison de Savoie, très jaloux de son autorité et très fier de sa race, ne pouvait s'habituer aux allures envahissantes, au ton dominateur de son ambitieux ministre, et il ne voulait pas ressembler lui-même à un Louis XIII obligé de subir le joug d'un Richelieu. Victor-Emmanuel était un souverain qui ne se laissait mener par personne. Il savait, quand il le croyait nécessaire, imposer sa manière de voir à ses sujets, et prouver à tous sa force de volonté. Cette fois encore, c'était le Roi qui avait raison, car rien n'aurait été plus fatal au Piémont qu'une brouille avec Napoléon III.

Sans doute, M. de Cavour était un habile homme d'État, mais, en temps que disciple de Machiavel, il le cédait au Roi. Victor-Emmanuel, qui, le lendemain des préliminaires de Villafranca, comprit la situation beaucoup mieux que son ministre. Il se souvint que : « Patience et longueur de temps font plus que force ni que rage. » Au lieu d'aborder de front les grandes difficultés, il les éluda, les ajourna. Contraint de s'incliner devant les faits accomplis, il eut le soin, tout en adhérant aux préliminaires de Villafranca, de stipuler à son profit sa liberté d'action pour l'avenir, la *liberta d'operarê*, comme il disait. « J'approuve pour ce qui me concerne », telle fut sa réponse à l'Empereur. Cela signifiait qu'il réservait aux Toscans, aux Modénais, aux Parmesans, aux Romagnoles, la faculté de disposer de leur sort. Si, au lieu de se borner à cette réserve, il avait rompu en visière avec Napoléon III, comme M. de Cavour le lui conseillait, il aurait placé son royaume entre l'Autriche et la France comme entre l'enclume et le marteau.

Le Roi fit une entrée solennelle à Milan, par la porte orientale et le Corso, le 13 juillet, vers cinq heures du soir. La division d'infanterie française, commandée par le général d'Hugues, venait d'arriver de Lyon. Ses troupes formèrent la haie sur la place du Dôme. Entré dans le palais, Victor-Emmanuel y reçut les généraux français d'Hugues, de Bailliencourt, de Béville et Suau. Dans un intéressant volume intitulé : *Feuillets militaires*, le général de Bailliencourt a donné de curieux détails sur cette réception. « Le Roi, dit-il,

encore couvert d'une noble poussière, dans une
tenue fort négligée, affectait les poses d'un capitaine de hussards du premier Empire... Jetant
les yeux au plafond, relevant sa tête outre mesure, il nous dit : — Eh! bien, messieurs, je ne
suis pas content, vous ne devez pas l'être non
plus, car vous ne faites qu'arriver, et la paix
vous enlève l'espoir d'assister à des victoires,
comme celles que nous avons remportées! Votre
armée nous a rendu de grands services...; la
vôtre et la mienne ont combattu comme deux
sœurs...; je ne suis qu'un soldat; je n'aime pas
les avocats. Je tiens peu à mon royaume, je ne
veux que des batailles. J'avais bâti des châteaux
en Espagne; je croyais faire la guerre pendant
deux ans, on ne me la laisse faire que pendant
deux mois, j'espérais faire le tour du monde avec
les soldats français. J'aurais voulu avoir quelques
côtes cassées, à la condition de pouvoir continuer à combattre... A la bataille de Solférino,
c'est moi qui ait fait tirer les derniers coups de
canon de la journée. avec trente-huit pièces en
batterie. »

Revenant ensuite à la pensée qu'il avait déjà
exprimée, le vaillant monarque dit : « Je n'aime
pas les avocats. Et vous, général ? » ajouta-t-il en
s'adressant au général d'Hugues. Celui-ci répondit : « Votre Majesté a raison, les avocats
sont les hommes de la décadence. » Victor-
Emmanuel reprit : « Et cependant je vais de

nouveau avoir affaire à eux. C'est égal, je saurai les mettre à leur place.... Ce Cavour, comblé par moi, vient de me remettre sa démission ; je l'ai fort mal reçu. Il fait mieux, il va tenir des propos dans un café, pour augmenter sa popularité ? Que voulez-vous que je fasse d'un avocat de cette trempe ?... C'est égal, qu'il prenne garde à lui, j'aurai l'œil ouvert... Il ne perdra rien pour attendre, je lui ménage quelque chose. »

Le général de Bailliencourt ajoute à ce récit, dont on mettrait en doute l'authenticité, sans la parfaite honorabilité de son auteur : « Nous sortîmes, ne pouvant en croire ni nos yeux ni nos oreilles... Je pris note immédiatement, pour moi seul, mes camarades en firent autant, désirant garder exact le souvenir de cette entrevue si originale, et en conserver scrupuleusement la physionomie. »

Revenu à Turin, M. de Cavour disait que, non seulement il n'était plus président du Conseil, mais qu'il se ferait conspirateur plutôt que de prêter la main à un marché comme celui qui venait de se conclure. Cependant, ses compatriotes ne croyaient point à sa retraite définitive. « Cavour s'en va, disaient-ils, mais avec une contremarque dans sa poche. »

XXXVI

LE RETOUR DE L'EMPEREUR

Napoléon III se préparait à retourner en France. Le 12 juillet, il remit au maréchal Vaillant le commandement en chef de l'armée d'Italie, et il adressa aux troupes cette proclamation datée du quartier général impérial de Valeggio :

« Soldats !

« Les bases de la paix sont arrêtées avec l'Empereur d'Autriche ; le but principal de la guerre est atteint. L'Italie va devenir pour la première fois une nation.

« Une Confédération de tous les Etats de l'Italie, sous la présidence honoraire du Saint-Père, réunira en un faisceau les membres d'une même famille. La Vénétie reste, il est vrai, sous le sceptre de l'Autriche ; elle sera néanmoins une province italienne, faisant partie de la Confédération.

« La réunion de la Lombardie au Piémont nous crée de ce côté des Alpes un allié puissant qui nous devra son indépendance ; les gouvernements restés en dehors du mouvement, ou rappelés dans leurs possessions, comprendront la nécessité de réformes salutaires.

« Une amnistie générale fera disparaître les traces des discordes civiles. L'Italie, désormais maîtresse de ses destinées, n'aura plus qu'à s'en prendre à elle-même, si elle ne progresse pas régulièrement dans l'ordre et la liberté.

« Vous allez bientôt retourner en France ; la patrie reconnaissante accueillera avec transport ses soldats qui ont porté si haut la gloire de nos armes à Montebello, à Palestro, à Turbigo, à Magenta, à Marignan, à Solférino, qui, en deux mois, ont affranchi le Piémont et la Lombardie, et ne se sont arrêtés que parce que la lutte allait prendre des proportions qui n'étaient plus en rapport avec les intérêts que la France avait dans cette guerre formidable.

« Soyez donc fiers de vos succès, fiers des résultats obtenus, fiers surtout d'être les enfants bien aimés de cette France qui sera toujours la grande nation, tant qu'elle aura un cœur pour comprendre les nobles causes, et des hommes comme vous pour les défendre. »

Le même jour, l'Empereur quitta son quartier général impérial de Valeggio. La Garde reçut l'ordre d'aller prendre ses premiers campements à Desenzano, et les divers corps d'armée commencèrent à s'éloigner des bords du Mincio, où leur concentration n'était plus utile, pour être répartis dans les grands centres de la Lombardie.

« Ce fut un superbe spectacle, a écrit le baron de Bazancourt, de voir défiler le long des routes, musique en tête, ces beaux régiments poudreux et hâlés, portant les nobles traces des fatigues et des combats. Une énergie indomptable se lisait sur ces fronts bronzés par les rayons brûlants du soleil. Comme devant l'ennemi, les généraux s'avançaient, les premiers en tête de leurs colonnes. »

Napoléon III fit une halte à Desenzano. Le calme et la beauté du site semblaient le reposer des tristes émotions qu'il avait ressenties à la vue des horreurs de la guerre. Au bord du lac de Garde, se trouvaient les chaloupes canonnières, qui, préparées à grands frais pour le siège de Peschiera, ne servaient plus à rien. Il en fit don au roi Victor-Emmanuel.

Le 14 juillet, l'Empereur fit à Milan une entrée qui ne fut pas moins brillante que celle du 8 juin. La station du chemin de fer était ornée comme pour une fête. Un peu après cinq heures du soir, le prince de Carignan y arrivait pour attendre les deux souverains. Les troupes françaises et piémontaises faisaient la haie avec la milice nationale. Le cortège traversa les rues de la Tchernaïa, de Sainte-Thérèse et la place du château, pour se rendre au Palais Royal. Leurs Majestés, en voiture découverte, étaient acclamées sur leur route.

Un témoin oculaire, le général de Bailliencourt, a écrit : « Les rues pavoisées regorgent de monde. Les femmes parées, coquettes sous *l'ombrella*, se pressent aux fenêtres, sur les balcons chargés à rompre. On me montre la ravissante duchesse Litta. Ce ne sont que guirlandes, bouquets, verdures ; tous ces parfums semblent sortir d'un encensoir naturel. On s'empresse jusque sous les pieds des chevaux, au risque de se faire écraser. Mais le délire ne calcule rien, et c'est bien vraiment du délire que ces cris, ces bravos, ces applaudissements frénétiques. Nous marchons sur les fleurs, le sol en est jonché... Les acclamations retentissent bruyantes, au point de faire cabrer le cheval arabe que monte l'Empereur. Le souverain paraît calme, et je me plaîs à retrouver sur sa physionomie une sorte de cachet poétique qui lui est propre. »

Arrivé au Palais Royal, Napoléon III y reçoit immédiatement les généraux qui viennent de l'escorter. Comme ceux-ci expriment leur admiration pour ses triomphes, il répond avec un accent de tristesse profonde : « Mais que de pertes ! Que de sang répandu ! »

Un dîner de cent couverts fut servi, à six heures et demie, dans la magnifique galerie du palais. « Placé presque en face de l'Empereur, ajoute le général de Bailliencourt, je ne perdais pas un mouvement des principaux acteurs du grand drame qui venait de se jouer. Napoléon III avait à sa droite Victor-Emmanuel, à sa gauche le prince Napoléon. Il paraissait visiblement préoccupé. Le Roi, toujours expansif, pétulant, regrettait hautement les deux années de campagne sur lesquelles il avait compté. Pour lui, la guerre est un goût personnel, au même titre que la chasse... L'Empereur, s'adressant directement à tous, s'informa, avec un grand intérêt, des nouvelles de M. le maréchal de Castellane (commandant en chef l'armée de Lyon), en nous citant plusieurs passages de l'admirable lettre qu'il en avait reçue, pour lui demander de marcher sous n'importe quel commandement. »

Les généraux quittèrent le Palais Royal à huit heures et demie. La ville était splendide. Les maisons illuminées, des milliers de lanternes multicolores, agitées par la brise, produisaient un effet magique. « Une foule curieuse, énorme, dit encore le général de Bailliencourt, encombre la place par laquelle nous passons. On s'empresse autour de nous; les enfants s'attachent aux pans de nos tuniques; les femmes se cramponnent à nos bras, baisent nos mains, tandis que les hommes veulent nous porter en triomphe. »

Milan a conservé pour Napoléon III et pour la France un souvenir d'affection et de gratitude. Il n'en a pas toujours été de même des autres grandes villes italiennes.

De retour au palais Gonfalonieri où il logeait, le général de Bailliencourt apprit qu'une dépêche de Turin, arrivée dans la soirée, annonçait que l'esprit turbulent de la population s'y montrait hostile à l'Empereur, qui y était attendu. Des manifestations indignes avaient eu lieu. Les portraits de Sa Majesté avaient été arrachés dans les boutiques par une foule qui leur substituait ceux de Mazzini et d'Orsini. Informé de ces détails, Napoléon III venait de donner à la brigade commandée par le général de Bailliencourt l'ordre de partir immédiatement pour Turin.

Le même jour, 14 juillet, le prince de La Tour d'Auvergne, ministre de France dans cette ville, écrivait au comte Walewski : « La nouvelle de la signature de la paix a produit à Turin une profonde sensation. Les clauses relatives à la Vénétie ont particulièrement excité le mécontentement. La possession par l'Autriche de cette province et des forteresses de Mantoue, Peschiera, Vérone et Legnago est considérée comme une menace perpétuelle pour la sécurité et l'indépendance du Piémont. On n'envisage pas non plus favorablement l'idée d'une Confédération italienne qui obligerait le Piémont à vivre dans une étroite alliance avec l'Autriche... On répand le bruit que l'Angleterre ne consentira pas à reconnaître un état de choses dans l'arrangement duquel elle n'est point intervenue. La démission du comte de Cavour est venue couronner l'œuvre. Aujourd'hui, l'agitation est plus grande qu'hier. Dans la ville, chez tous les marchands de gravures, le portrait d'Orsini a été substitué à celui de l'Empereur. L'attitude de la presse est également hostile. Le Gouvernement, dont le rôle, dans une pareille circonstance, devrait être de calmer l'opinion en l'éclairant, s'abstient d'intervenir. Il est vivement à désirer que le comte Arese, qui accepte la succession du comte de Cavour, parvienne à replacer sur la bonne voie l'esprit public évidemment égaré. »

Le 15 juillet, à trois heures de l'après-midi, le prince de La Tour d'Auvergne adressait cette dépêche télégraphique au comte Walewski : « L'Empereur arrive vers cinq heures à Turin. Les dispositions de la population sont meilleures. Une notification du syndic, invitant les habitants à illuminer leurs maisons pour fêter l'arrivée de Leurs Majestés, est lue tranquillement. Les portraits d'Orsini ont été retirés. Je pense que la réception sera convenable. M. Irvoy (chef de la police de sûreté de l'Empereur), vous prie de donner une communication de cette dépêche au ministre de l'Intérieur. »

Cependant Napoléon III et Victor-Emmanuel étaient montés tous deux en chemin de fer à

Milan. Le train qui les emportait vers Turin passa par Magenta. L'Empereur ému, jeta un coup d'œil sur la gare de la ville et sur le Naviglio-Grande. Il se souvint des prodiges de valeur que sa garde avait faits à cet endroit, et des perplexités cruelles, des angoisses que lui-même avait eu à subir, au moment où la victoire paraissait si douteuse et même si improbable. C'est un spectacle impressionnant de retrouver calme et désert un champ de bataille qu'on avait vu au milieu de toutes les agitations et de toutes les horreurs du carnage. Impassible et sereine, la nature a tout oublié. Le chant des oiseaux a remplacé le bruit du canon, des obus et des balles. L'herbe recouvre les fosses où les victimes de la bataille dorment leur dernier sommeil. Quel contraste entre les deux aspects d'un même lieu !

Le 15 juillet, à Turin, vers quatre heures du soir, les troupes formaient la haie dans les principales rues. Plusieurs généraux piémontais, sous les ordres du vieux général de Sonnaz, attendaient l'arrivée des deux souverains. M. de Cavour, dans un élégant équipage attelé de beaux chevaux anglais, s'était rendu également à la gare. Un de ses chevaux, pris de vertige, tomba, et faillit renverser la voiture. M. de Cavour dut faire quelques pas à pied, et plus d'un Italien superstitieux vit dans ce petit accident un mauvais présage.

Cinq heures sonnaient quand le train impérial et royal arriva. Napoléon III serra la main du premier ministre démissionnaire, mais sans lui adresser la parole. On avait fait courir le bruit que, sur le passage des souverains, il y aurait des gardes nationaux qui abaisseraient leurs armes et pousseraient des cris malsonnants. Il n'en fut rien, mais il était incontestable que les acclamations de la foule s'adressaient au Roi bien plus qu'à l'Empereur. Le cortège s'arrêta dans la seconde cour du palais, et Napoléon III occupa les beaux appartements du rez-de-chaussée habités jadis par le roi Charles-Albert. Il y eut un grand dîner auquel M. de Cavour n'assista point. Mais l'Empereur le fit appeler dans la soirée et l'entretint avec beaucoup de bienveillance.

« Je ne veux pas, lui dit-il, que nous nous quittions brouillés. Il n'est pas exact que j'aie refusé de vous recevoir. Seulement que vous aurais-je dit ?... Il eût fallu trois cent mille hommes pour poursuivre la campagne et je ne les avais pas. » M. de Cavour ayant fait valoir la triste situation des provinces abandonnées, Napoléon III répondit : « Je ferai plaider leur cause dans le Congrès. » Puis, les deux anciens associés de Plombières se séparèrent. Ils ne devaient plus jamais se revoir.

Le lendemain matin à six heures, l'Empereur s'éloignait de la capitale piémontaise. Peut-être avait-il choisi pour son départ cette heure matinale, parce qu'il n'avait pas confiance dans les bonnes dispositions de la population à son égard. Il n'y avait aux fenêtres aucun drapeau. Les rues étaient à peu près vides. Les acclamations furent bien rares. Victor-Emmanuel, son état-major, le prince de Carignan et le personnel de la légation de France, accompagnèrent l'Empereur jusqu'à Suse, où se terminait la voie ferrée. Là, Napoléon III embrassa cordialement le Roi et le prince de Carignan, serra la main aux personnes de leur entourage, puis monta dans une berline de voyage qui gravit le col du mont Cenis et redescendit vers Saint-Jean de Maurienne, où il reprit le chemin de fer. Son passage par Chambéry donna lieu à des manifestations qui furent comme un premier présage de l'annexion de la Savoie à la France. M. Grand Thorane, agent consulaire de France à Chambéry, écrivit au prince de La Tour d'Auvergne: « S. M. l'Empereur a été accueilli ici avec enthousiasme, par tout ce qu'il y a de bon dans la population, et c'est bien certainement l'immense majorité, mais il y aurait eu bien plus de foule sur son passage si M. l'intendant général avait eu soin de faire connaître à la population le moment de son arrivée. Si on l'avait su dans les communes environnantes, il y aurait eu encore un bien plus grand concours de monde sur toute la route qu'il a parcourue. Le syndic n'a pas voulu permettre au corps des pompiers de se trouver à la gare, parce que ce corps est composé de gens d'ordre dont on connaît les sentiments envers l'Empereur, et qu'on ne se souciait pas qu'ils fissent entendre leurs unanimes acclamations. Mgr l'archevêque et le premier président de la Cour d'appel, qui se sont rendus à la gare, n'avaient pas été avertis. »

Napoléon III s'aperçut des dispositions favorables de la Savoie pour lui et son empire. Peut-être, après avoir fait beaucoup pour l'Italie, songea-t-il, en ce moment, à faire quelque chose pour la France.

XXXVII

SAINT-CLOUD

L'Empereur, après avoir traversé la Savoie que, l'année suivante, il devait annexer à la France, se rendit à Saint-Cloud, sans s'arrêter en route. Malgré l'incognito qu'il gardait dans son rapide voyage, les populations stationnaient aux gares de chemins de fer, pour voir passer le train, et acclamer le souverain victorieux, qui les remerciait en les saluant. Le 17 juillet, à dix heures du matin, il arriva, par le chemin de fer de ceinture, au palais de Saint-Cloud. En descendant de wagon, il fut reçu par l'Impératrice et le Prince Impérial, et les embrassa avec effusion. Quand l'Empereur demanda au petit Prince s'il reconnaissait son papa, l'enfant parut un peu humilié d'un tel doute. Toutes les personnes présentes avaient des larmes de joie dans les yeux.

Napoléon III avait à un très haut degré les sentiments de famille. Il cachait sous une apparence froide et sous un masque d'impassibilité absolue une sensibilité presque féminine et une nature très aimante. A son bonheur se mêlait une impression de mélancolie. Il songeait à tant d'autres qui, moins heureux que lui, ne devaient pas revenir, et que pleuraient, en ce moment même, leurs mères, leurs femmes et leurs enfants. Le château de Saint-Cloud, avec la douce fraîcheur des ombrages séculaires, des cascades et des eaux jaillissantes, ne lui faisait pas oublier la chaleur accablante des champs de bataille de l'Italie, les nuages de poussière, la fumée de la poudre, les angoisses de la lutte, les horreurs du carnage. A midi, il entendit la messe dans la chapelle pour rendre grâces à Dieu. Il reçut ensuite la famille impériale, les membres du conseil privé, les ministres, les personnes de sa maison et de celle de l'Impératrice.

La comtesse Stéphanie de Tascher de La Pagerie assistait à cette réception. « L'Empereur, dit-elle, se montrait calme, content, naturel comme toujours. Sa mine était excellente ; son teint basané disait qu'il avait passé sous les ardeurs du soleil d'Italie. Il allait de l'un à l'autre, aimable, affectueux, et, tout en se promenant au milieu de nous, il nous racontait certains détails. Mais il insistait sur ce point qu'en se retrouvant ici, il lui semblait que toute cette campagne, si riche en incidents, en épisodes de toutes sortes, était un rêve... Quel rêve ! »

Toutes les nouvelles qui arrivaient à l'Empereur, toutes les réflexions qu'il se faisait sur la situation de l'Europe, le portaient à se féliciter de n'avoir pas tenté plus longtemps la fortune. Il savait que s'il ne s'était point hâté de signer les préliminaires de paix, l'entrée en scène de la Prusse et de tous les autres États de la Confédération germanique n'aurait été qu'une question de jours, une question d'heures. Autour de lui les généraux français critiquaient la landwehr prussienne et plusieurs d'entre eux allaient jusqu'à la comparer à la garde nationale. Napoléon III, qui connaissait l'Allemagne, où il avait été élevé, savait combien une pareille appréciation était erronée. Il n'ignorait point que la landwehr était une armée véritable, et il se rendait très bien compte que les effectifs actuels des troupes françaises n'étaient point assez considérables pour lui permettre de triompher à la fois sur l'Adige et sur le Rhin. Quand il examinait à fond les choses, il s'étonnait même que l'empereur d'Autriche, qui occupait des positions formidables dans le quadrilatère, eût renoncé à la lutte. Les dépêches de Saint-Pétersbourg prouvaient que le tsar, malgré ses sympathies à l'égard de la France, n'aurait pas été jusqu'à tirer l'épée pour la défendre. Le plaisir avec lequel le gouvernement russe apprit la conclusion des préliminaires de paix confirma Napoléon III dans la conviction qu'il avait bien fait de s'arrêter à mi-chemin.

L'ambassadeur de France à Saint-Pétersbourg, le duc de Montebello, écrivait au comte Walewski, le 14 juillet : « Les dépêches télégraphiques de Votre Excellence, en date du 12 de ce mois, m'ont apporté la nouvelle que la paix avait été signée entre l'empereur Napoléon et l'empereur d'Autriche, et je me suis empressé d'aller l'annoncer à Péterhoff, où se trouvent en ce moment l'empereur Alexandre et le prince Gortchakoff. La satisfaction que le prince a montrée a été sincère et complète. Avant tout il m'a exprimé chaleureusement son admiration pour la profonde habileté de la politique de S. M. Impériale. Depuis que l'on savait à Saint-Pétersbourg qu'un armistice avait été conclu, dont l'expiration était fixée au 15 août, le Cabinet russe avait espéré que les hostilités ne seraient pas reprises, et qu'un arrangement définitif serait la conséquence de la suspension d'armes. Mais il ne s'attendait pas à ce que la rencontre des deux souverains amenât aussi rapidement la réalisation de ses espérances. La surprise n'a fait qu'augmenter la satisfaction. L'empereur Alexandre, auquel le prince Gortchakoff a transmis sur-le-champ la nouvelle, m'a fait dire qu'il désirait me voir immédiatement, et Sa Majesté m'a manifesté avec une vivacité égale à celle de son ministre les sentiments dont ce dernier venait de se montrer animé... Les bases arrêtées sont considérées par le gouvernement russe comme étant de nature à servir de fondement à une paix durable. L'empereur Alexandre et le prince Gortchakoff reconnaissent que l'empereur Napoléon, en bornant à ces limites les sacrifices que le succès de ses armes pouvait justement imposer à la Cour de Vienne, s'est montré aussi profond politique dans la négociation qu'il s'était montré grand capitaine sur les champs de bataille. »

D'autre part, Napoléon III avait le pressentiment des difficultés dont la guerre était l'origine, et leurs développements futurs ne laissaient pas que de l'inquiéter. Il ne se faisait point d'illusions sur les obscurités des préliminaires de la paix et sur les obstacles qu'on rencontrerait avant de la rendre définitive. Les questions relatives aux Etats de l'Italie centrale, surtout aux Etats du Saint-Père, étaient bien loin de se trouver résolues, et l'Empereur sentait très bien qu'un des problèmes les plus ardus consistait à établir une harmonie quelconque entre le parti clérical et le parti révolutionnaire, aussi ardents, aussi intransigeants l'un que l'autre. Les soucis de l'avenir se mêlaient donc, dans la pensée du souverain, à la joie des succès présents.

Le 19 juillet, à huit heures et demie du soir, au château de Saint-Cloud, les grands corps de l'État entraient dans le salon de Mars, pour présenter leurs félicitations au monarque vainqueur. M. Troplong, le comte de Morny et M. Baroche, qui étaient les présidents, le premier du Sénat, le second du Corps législatif, le troisième du Conseil d'État, rivalisèrent de louanges et de protestations dévouées.

D'après M. Troplong, « lorsque Scipion eut vaincu Annibal à Zama, il aurait pu détruire Carthage ; il ne le voulut pas, bien qu'il se fût engagé à abattre la puissance carthaginoise. Politique prudent autant qu'habile général, il savait que souvent, c'est se perdre soi-même que de trop perdre son ennemi. » Napoléon III fut assez étonné de se voir ainsi comparé à Scipion.

« Sire, dit M. de Morny, en trois mois que de prodiges !... Mais la plus belle de toutes les victoires est celle que vous avez remportée sur vous-même. Dans l'enivrement des triomphes, vous vous êtes montré généreux ennemi autant qu'allié fidèle et désintéressé. Entouré de soldats victorieux et ardents, vous n'avez songé qu'à épargner leur sang précieux. Vous avez rendu à l'Italie la vraie liberté, en la délivrant du despotisme et en lui interdisant les procédés révolutionnaires. Enfin, avec cette merveilleuse mesure qui vous caractérise, vous avez été aussi loin que l'exigeait l'honneur de la France, pas plus loin que ne le voulaient ses intérêts. »

« Béni soit Dieu, dit M. Baroche, qui vous ramène sain et sauf, couvert d'une nouvelle gloire, dans cette France dont vous êtes le sauveur et l'espoir, entre cette épouse auguste, dont nous avons, pendant votre absence, éprouvé le ferme courage et la haute raison, et ce noble enfant qui apprend déjà à remercier le ciel des triomphes de son père. »

L'Empereur répondit :

« Messieurs,

« En me retrouvant au milieu de vous qui, pendant mon absence, avez entouré l'Impératrice et mon fils de tant de dévouement, j'éprouve le besoin de vous remercier tout d'abord, et ensuite de vous expliquer quel a été le mobile de ma conduite.

« Lorsque, après une heureuse campagne de deux mois, les armées française et sarde arrivèrent sous les murs de Vérone, la lutte allait inévitablement changer de nature, tant sous le rapport militaire que sous le rapport politique.

« J'étais fatalement obligé d'attaquer de front un ennemi retranché derrière de grandes forteresses, protégé contre toute diversion sur ses flancs par la neutralité des territoires qui l'entouraient, et, en commençant la longue et stérile guerre des sièges, je trouvais en face de moi l'Europe en armes, prête, soit à disputer nos succès, soit à aggraver nos revers.

« Néanmoins, la difficulté de l'entreprise n'aurait ni ébranlé ma résolution, ni arrêté l'élan de mon armée, si les moyens n'eussent pas été hors de proportion avec les résultats à attendre.

« Il fallait se résoudre à briser hardiment les entraves opposées par les territoires neutres, et alors accepter la lutte sur le Rhin comme sur l'Adige. Il fallait partout franchement se fortifier du concours de la révolution. Il fallait répandre encore un sang précieux qui n'avait que trop coulé déjà ; en un mot, pour triompher, il fallait risquer ce qu'il n'est permis à un souverain de mettre en jeu que pour l'indépendance de son pays.

« Si je me suis arrêté, ce n'est donc pas par lassitude ou par épuisement, ni par abandon de la noble cause que je voulais servir, mais parce que, dans mon cœur, quelque chose parlait plus haut encore : l'intérêt de la France. »

Ainsi l'Empereur cherchait à se justifier plus qu'à se glorifier. Son discours était une sorte de confession publique, un habile plaidoyer pour prouver qu'il avait eu raison de déposer les armes.

D'autre part, il se rendait parfaitement compte de la déception cruelle que Venise avait éprouvée, au moment même où elle croyait l'heure de sa délivrance arrivée. Il connaissait trop bien les passions italiennes, il s'y était lui-même trop profondément associé dans sa jeunesse, pour n'être pas vivement affligé de n'avoir pu réaliser que la moitié de son programme libérateur.

« Croyez-vous donc, ajouta l'orateur couronné, qu'il ne m'en ait pas coûté de mettre un frein à l'ardeur de ces soldats qui, exaltés par la victoire, ne demandaient qu'à marcher en avant ?

« Croyez-vous qu'il ne m'en ait pas coûté de retrancher ouvertement, devant l'Europe, de mon programme, le territoire qui s'étend du Mincio jusqu'à l'Adriatique ?

« Croyez-vous qu'il ne m'en ait pas coûté de voir dans des cœurs honnêtes de nobles illusions se détruire, de patriotiques espérances s'évanouir ?

« Pour servir l'indépendance italienne, j'ai fait la guerre contre le gré de l'Europe; dès que les destinées de mon pays ont été en péril, j'ai fait la paix. ».

L'Empereur termina ainsi son discours, comme pour chercher à se consoler et à se rassurer lui-même.

« Est-ce à dire maintenant que nos efforts et nos sacrifices aient été en pure perte ? Non. Ainsi que je l'ai dit dans mes adieux à nos soldats, nous avons droit d'être fiers de cette courte campagne.

« En quatre combats et deux batailles, une armée nombreuse, qui ne le cède à aucune en organisation et en bravoure, a été vaincue. Le roi de Piémont, appelé jadis le gardien des Alpes, a vu son pays délivré de l'invasion, et la frontière de ses Etats portée du Tessin au Mincio.

« L'idée d'une nationalité italienne est admise par ceux qui la combattaient. Tous les souverains de la Péninsule comprennent enfin le besoin impérieux des réformes salutaires.

« Ainsi, après avoir donné une nouvelle preuve de la puissance militaire de la France, la paix que je viens de conclure sera féconde en heureux résultats; l'avenir les révélera chaque jour davantage, pour le bonheur de l'Italie, l'influence de la France, le repos de l'Europe. »

Le Corps diplomatique, ayant manifesté le désir d'être admis par l'Empereur à lui présenter ses félicitations, fut reçu par le souverain, au château de Saint-Cloud, le 21 juillet : « Sire, dit le nonce, le Corps diplomatique éprouvait le besoin de demander à Votre Majesté de lui offrir ses félicitations empressées et sincères pour son heureux retour et la prompte conclusion de la paix. »

Napoléon III répondit, non sans laisser percer, malgré sa courtoisie habituelle, un certain sentiment d'amertume :

« L'Europe a été, en général, si injuste pour moi au début de la guerre, que j'ai été heureux de pouvoir conclure la paix dès que l'honneur et les intérêts de la France ont été satisfaits, et de prouver qu'il ne pouvait entrer dans mes intentions de bouleverser l'Europe et de susciter une guerre générale. J'espère qu'aujourd'hui toutes les causes de dissentiment s'évanouiront, et que la paix sera de longue durée. Je remercie le Corps diplomatique de ses félicitations. »

Dans le public, les impressions avaient été complexes, et, au premier moment, la nouvelle de la paix n'avait produit qu'une satisfaction modérée. La comtesse Stéphanie de Tascher de la Pagerie l'a remarqué : « On s'était, dit-elle, tellement fait à l'idée de cette guerre, qui avait caressé de mille manières notre orgueil national, qu'on était presque fâché d'un dénouement si prompt. On n'aime pas beaucoup, en général, ces coups de bascule politique, qui déroutent l'opinion et apportent des solutions contraires à celles qu'on s'était imaginées. »

Dans le premier moment, il y avait peut-être eu plus de surprise que de satisfaction. Mais, en réfléchissant un peu, on ne tarda point à voir les choses sous leur jour véritable. Le 15 juillet, dans la *Revue des Deux-Mondes*, le chroniqueur de la quinzaine, M. Eugène Forcade, fut, croyons-nous, un interprète fidèle de l'impression qui dominait : « La guerre, dit-il, vient de donner au monde une preuve de la puissance française, qui n'était point nécessaire assurément, car les étrangers ont peut-être plus que nous encore le sentiment de notre force, mais qui a été singulièrement agréable à notre orgueil national. Nous n'avons goûté en quelque sorte de la guerre que les douceurs de la lune de miel, des succès, merveilleux et rapides, obtenus par nos soldats avec un entrain incomparable et une bonne humeur communicative sur des ennemis dignes d'estime. Mais le plus grand agrément d'une guerre, c'est qu'elle soit courte, et, grâce à la paix, qui a eu pour elle le charme presque d'une surprise, c'est en ce moment celui que la France semble disposée à savourer avec délices. Gardons-nous pourtant d'accepter ainsi la guerre et la paix avec une insouciance épicurienne. Outre tant d'existences précieuses sacrifiées, la guerre laisse des charges et des responsabilités qui se prolongent au loin dans l'avenir. »

Les diplomates et les hommes politiques prévoyaient déjà les difficultés et les complications prochaines. Mais le gros du public se laissait aller à une joie toute naturelle. Les gens d'affaires reprenaient si bien confiance qu'en quelques jours la rente monta de cinq francs. Les catholiques, naguère fort alarmés, se rassuraient. Il y avait alors dans le parti républicain, et même dans le parti orléaniste, des sympathies italiennes très marquées. C'est le duc d'Aumale qui avait obtenu du roi Victor-Emmanuel pour le duc de Chartres l'autorisation de servir sous les drapeaux du Piémont, à côté de l'armée française. Beaucoup d'hommes qui, plus tard, furent hostiles à l'unité italienne, voyaient avec plaisir l'affranchissement de Milan.

M. de la Gorce a eu raison de le dire : « La France, qui devait être plus tard si impitoyable pour Napoléon III, fut en ce temps-là plus indulgente pour le souverain que le souverain ne l'était pour lui-même. » La France n'aime ses chefs que tant qu'ils sont heureux. Au lendemain de la guerre d'Italie, l'Empereur n'avait eu depuis son avénement au trône que des succès. Il était populaire.

Le dimanche 7 août, le vainqueur de Magenta et de Solférino quittait Saint-Cloud pour aller passer quelques jours au camp de Châlons. Arrivé à six heures du soir à la gare de Mourmelon, il y fut reçu par le général Schramm, commandant en chef du camp; il monta à cheval et gagna son quartier général au milieu d'une double haie formée par les troupes de toutes armes qui l'acclamaient. Il réunit à sa table tous les officiers.

A la nuit tombante, et au signal donné par un coup de canon, une illumination soudaine éclaira le camp. Des cordons de lanternes vénitiennes de toutes couleurs, soutenues par des armes en faisceaux, reliaient entre eux des massifs de girandoles. Les phares destinés à l'éclairage ordinaire du camp avaient été transformés en immenses foyers de lumière. A dix heures, un nouveau coup de canon marqua le terme de l'illumination. L'obscurité et le silence succédèrent aux feux multicolores et au bruit des tambours qui venaient de battre la retraite.

Le lendemain 8 août, à sept heures du matin, l'Empereur assistait aux manœuvres. Dans l'après-midi, il visita les établissements agricoles construits par le génie. Surprenant les soldats dans leurs travaux habituels ou dans leur repos, il était, partout sur son passage, l'objet d'ovations dont le caractère spontané le touchait beaucoup. Napoléon III aimait l'armée, il savait que c'était à elle qu'il devait son trône et son prestige. Jamais il ne se sentait mieux servi et mieux compris que par ses troupes. Lorsqu'à six heures et demie du soir, sa voiture, quittant la gauche du camp, revint au grand quartier général, on vit les soldats se porter au pas de course à travers la plaine sur le bord du chemin, y former de nouveau leurs rangs, et acclamer encore une fois leur Empereur. Après le dîner, il assistait à une représentation théâtrale donnée au camp. Le 9, il alla visiter, à Plombières, les travaux exécutés par ses ordres à l'établissement thermal. Le 10, il était de retour à Saint-Cloud. Le 11, il créait la médaille d'Italie, destinée aux officiers et aux soldats qui avaient fait la campagne. Encadrée par une couronne de lauriers, cette médaille porte, d'un côté, l'effigie du souverain avec ces mots : Napoléon III Empereur; de l'autre côté, les noms des cinq victoires : Montebello, Palestro, Turbigo, Magenta, Marignan, Solférino.

XXXVIII

LA RENTRÉE DES TROUPES D'ITALIE

Napoléon III a voulu ajourner toute cérémonie triomphale jusqu'au moment où ses troupes seraient revenues d'Italie. Il sait tout ce qu'il leur doit. La gloire de son armée lui tient plus au cœur que la sienne propre.

Le 23 juillet, les troupes qui viennent de faire la campagne ont reçu l'ordre de rentrer en France, à l'exception de cinq divisions d'infanterie et de deux brigades de cavalerie, qui doivent rester en Italie jusqu'à la conclusion définitive de la paix.

Les phalanges victorieuses sont campées à Saint-Maurice, où les Parisiens viennent en foule les voir sous leurs tentes. Leur entrée solennelle dans la capitale est fixée au dimanche 14 août. Ce sera le plus beau jour du Second Empire.

Les troupes partiront du camp de Saint-Maur de manière à ce que la tête de colonne, en passant par le faubourg Saint-Antoine, soit rendue à la place de la Bastille à neuf heures du matin. C'est là que le cortège se mettra en marche dans l'ordre suivant :

L'Empereur avec sa maison militaire et sa suite ;

Les quatre drapeaux autrichiens portés, le premier par un chasseur à pied de la garde impériale et escorté par deux soldats de chaque régiment de la garde, les trois autres par des soldats du 1er, du 3e et du 4e corps ;

Les quarante canons autrichiens ;

Le maréchal Regnaud de Saint-Jean d'Angély, à la tête de l'infanterie de la garde, chasseurs à pied, voltigeurs, zouaves, grenadiers et de l'artillerie à pied et à cheval ;

Le maréchal Baraguey d'Hilliers et le 1er corps ;

Le maréchal de Mac-Mahon, duc de Magenta et le 2e ;

Le maréchal Canrobert et le 3e ;

Le maréchal Niel et le 4e.

La cavalerie de la garde fermera le cortège.

A partir de la place de la Bastille, les troupes suivront les boulevards et la rue de la Paix ; elles passeront place Vendôme devant l'Empereur placé à l'entrée du Ministère de la Justice, et retourneront par la rue de Rivoli.

La garde nationale et l'armée de Paris, formeront une double haie depuis la Bastille jusqu'à la place Vendôme, et depuis cette place jusqu'au château des Tuileries.

Les troupes de l'armée de Paris seront en grande tenue de parade, l'armée d'Italie en tenue de campagne.

On évalue à plus de cinq cent mille le nombre des provinciaux et des étrangers arrivés à Paris pour assister à cette incomparable fête. Tous les hôtels sont combles depuis huit jours. Des trains de plaisir ont amené des curieux de toutes les capitales. Les fleuristes ont réquisitionné jusqu'aux moissons de fleurs de Nice et de Montpellier. Sur l'itinéraire du cortège, les loueurs de croisées ont fait fortune en quelques heures. Toutes les fenêtres, tous les balcons regorgent de monde. Il y a foule jusque sur les toits. On voit sortir à côté des cheminées d'innombrables têtes attentives. Les vitrines des marchands se sont vidées de leurs montres pour exhiber sur des gradins un étalage vivant. D'intrépides curieux, se sont installés dans le bassin du Château-d'Eau, où ils resteront plusieurs heures ayant de l'eau jusqu'à la ceinture.

Un soleil magnifique favorise la journée triomphale. L'itinéraire de l'armée victorieuse est comme une voie sacrée pour les héros de Magenta et de Solférino. Toutes les maisons sont pavoisées. Le défilé vient de commencer. Sur la place de la Bastille, à l'entrée du boulevard, s'élève un arc de triomphe, imitant la façade de la Cathédrale de Milan. Dans son vaste triangle de marbre blanc s'ouvrent trois arcades. Au dessus de la porte principale apparaît une statue de la Paix, tenant d'une main le rameau d'olivier, de l'autre la corne d'abondance. Au-dessous de la statue, on lit sur un cartouche : « A l'Empereur, à l'Armée d'Italie, la Ville de Paris. » Un second cartouche contient les noms des six victoires. Au soubassement de l'arc, des statues encadrent la liste des régiments. Des bas-reliefs représentant des saints dans leurs niches, des pignons surmontés de statuettes, rappellent la cathédrale lombarde. La liberté italienne et la gloire française s'associent dans un même souvenir.

L'Empereur s'avance à la tête de son armée. Trêve à l'esprit de parti! Il n'y a plus que des Français, qui applaudissent avec joie, avec enthousiasme, avec frénésie, d'autres Français qui sont vainqueurs. Ceux-là même qui, la veille, blâmaient la guerre d'Italie, ne songent plus aujourd'hui qu'à l'allégresse de la victoire. La foule est transportée, électrisée. Une nuée de fleurs tombe des fenêtres et des balcons ; les couronnes jonchent le chemin. Le cortège triomphal s'avance sous une pluie de roses, sur un tapis de feuillage. On plante des bouquets à la pointe des baïonnettes ; les chevaux sont chargés de guirlandes. Il y a des gens qui, forçant la haie, se glissent jusqu'aux soldats, et leur offrent des cigares, du tabac, des verres de bière, des verres de vin.

Comme le dira le chroniqueur de la quinzaine dans la *Revue des Deux-Mondes* : « Il est touchant de voir ces soldats, enfants du peuple, rentrer fièrement, après le devoir rempli, au milieu de ce peuple qui s'admire en eux. De ces armes qui ont répandu la mort, de ces intrépides visages qui viennent de la regarder en face, il s'échappe une électricité héroïque qui pénètre les foules et les sature des sentiments de la puissance et de la gloire nationales. Il n'y a pas de plus noble et de plus belle allégresse populaire. Ces grandes scènes sont des excitations incessantes à ce naïf et merveilleux dévouement des masses, dont les prodigues sacrifices font la grandeur militaire d'une nation et d'un gouvernement. »

Le cortège continue sa marche. A la hauteur du Cirque d'Hiver, il trouve un grand portique bleu et or, surmonté d'un aigle gigantesque aux ailes déployées. Dans une de ses serres, l'aigle tient le laurier, symbole de la gloire, et l'épée de la France ; dans l'autre, le drapeau tricolore décoré de la croix de la Légion d'honneur, sur lequel sont inscrits les noms des régiments qui l'ont obtenue. Au boulevard du Temple, deux colonnes cannelées supportant le chiffre impérial placé au centre d'un trophée d'armes. A la hauteur du théâtre de la Porte Saint-Martin, voici de chaque côté du boulevard deux grands mâts ornés de faisceaux, de boucliers et d'inscriptions; voilà devant le Gymnase, devant les Variétés, devant l'Opéra-Comique, des mâts vénitiens, des victoires, des couronnes.

Pour faire un peu reposer les blessés qui sont à pied dans le cortège, l'Empereur, près de la rue Le Peletier, ordonne une halte de quelques instants, puis la marche reprend. On passe sous les fenêtres du Jockey-Club. Laissons la parole au marquis de Massa : « Le Jockey-Club, dit il, occupait alors l'immeuble situé sur le boulevard des Italiens, au coin de la rue de Gramont. L'élément militaire y était déjà nombreux, car environ quarante de ses membres avaient pris part à cette courte et décisive campagne. Chaque fois que l'un d'eux passait sous le balcon du cercle, en tête de l'unité qu'il commandait, de chaleureux applaudissements saluaient sa bienvenue. Parmi les morts, le Club comptait le colonel Paulze d'Ivoy, du 1er zouaves, glorieusement tombé à Marignan ; parmi les grièvement blessés, le capitaine d'état-major de Champlouis, le comte Alfred de Gramont, chef de bataillon d'infanterie, et François de La Rochefoucauld, duc de Liancourt, nommé deux ans plus tard lieutenant-colonel aux dragons de l'Impératrice. La majorité des membres du Jockey-Club, présidé par le marquis de Biron, était néanmoins plus légitimiste qu'impérialiste, mais elle était aussi trop patriote pour ne pas se réjouir du succès de nos armes. »

Il y avait autant d'enthousiasme parmi les gens du monde que parmi les gens du peuple. Toutes les classes de la société, de même que tous les partis, se réunissaient en un sentiment de respect, d'admiration, de reconnaissance pour l'armée. Les femmes se faisaient surtout remarquer par l'ardeur de leurs démonstrations. Elles agitaient leurs mouchoirs, elles jetaient des bouquets. On pouvait croire au retour des beaux jours de la chevalerie où la vaillance n'avait pas de meilleur juge que le sexe féminin.

Cependant la tête du cortège, après avoir parcouru toute la ligne des boulevards, approchait de la rue de la Paix, que les troupes allaient traverser, se rendant à la place Vendôme. Sur le boulevard, dans l'axe de la rue, apparaissait une statue colossale, la statue de la Paix, ayant à ses pieds un grand lion de bronze, symbole de la modération dans la force. L'entrée de la rue était marquée par deux obélisques de granit gris et rouge, et à l'endroit où elle débouche sur la place Vendôme quatre groupes de colonnes formaient une espèce de portique triomphal.

Jetons maintenant un coup d'œil sur la place Vendôme. C'est là que la solennité aura le plus d'éclat. Rien de mieux réussi, de plus grandiose que la décoration de la place.

Les balcons des maisons sont, à tous les étages, drapés de velours cramoisi sur lequel se détachent des N, des crépines et des abeilles d'or. Partout les drapeaux et les aigles se mêlent aux guirlandes de feuillage. Des hampes dorées avec flammes tricolores sont plantées autour de la colonne. Aux quatre angles du socle on a suspendu des guirlandes rejointes par des couronnes de lauriers passées au cou des aigles de bronze. La grille qui entoure le monument est chargée de festons et de bouquets. Tout autour de la place, dont ils laissent le milieu libre, se dressent en gradins, jusqu'au premier étage des maisons d'immenses amphithéâtres pouvant contenir dix mille personnes.

Devant l'hôtel du ministre de la Justice, en face de la colonne Vendôme, on a établi une tribune supportée par un avant-corps d'architecture d'ordre toscan. Au-dessus, des hampes dorées soutiennent un velarium rayé de pourpre et d'or. Une riche tenture avec faisceaux de drapeaux tricolores couvre le fond. Une draperie de velours cramoisi, relevée par des câbles d'or, et ornée du blason et du chiffre impérial, retombe sur le balcon. C'est la tribune réservée à l'Impératrice.

A neuf heures trois quarts quatre voitures de gala, précédées de piqueurs à la livrée impériale, débouchent sur la place. C'est la Souveraine, le jeune Prince et leur suite qui arrivent.

L'Impératrice, rayonnante de beauté, porte une robe blanche et un mantelet noir avec broderies bleues qu'agrafe un bouquet de diamants. Le petit Prince a l'uniforme des grenadiers de la garde, avec un bonnet de police bleu et rouge. La mère et l'enfant, salués par une acclamation universelle, descendent de voiture et prennent place dans la tribune.

Tous les regards se tournent vers la rue de la Paix, par où doivent déboucher l'Empereur et son armée. Bientôt les cent-gardes, avec timbales et trompettes, font leur apparition entre les colonnes surmontées de victoires d'or. Ils précèdent de quelques pas le souverain, qui s'avance, monté sur un magnifique cheval alezan. Il est en uniforme de général de division avec le chapeau à plumes blanches et le grand cordon de la Légion d'honneur. Tous les spectateurs sont debout. Un immense cri de : « Vive l'Empereur » retentit. On salue le général en chef autant que le souverain.

Napoléon III s'arrête au milieu de la place, et, toujours à cheval, se tient au-dessous du balcon où se trouve l'Impératrice. Les troupes vont défiler devant lui. Dès que le Prince Impérial les aperçoit, il se lève, tire du fourreau sa petite épée, et, la brandissant, il salue. Le geste enfantin est accueilli par une longue salve d'applaudissements.

Voici les quatre drapeaux autrichiens portés

par les soldats qui les ont pris. La foule a le respect de ces nobles trophées, défendus et conquis si bravement. Elle se souvient de la parole de Napoléon Ier, après la bataille d'Austerlitz : « Honneur au courage malheureux ! » Voilà les quarante canons autrichiens avec leurs attelages. Puis, après un peloton de guides, dont le soleil a roussi le kolback, voici, précédés par trois aumôniers, ceux des blessés qui ont pu faire le trajet à pied, depuis la place de la Bastille. Ils tendent la jambe, cherchent à marquer le pas. Leurs mains mutilées peuvent à peine tenir les couronnes et les bouquets que la foule leur a jetés. Un d'entre eux, un jeune officier au teint pâle, a les deux bras en écharpe. Ces blessés, comme on leur sait gré de marcher ainsi malgré leurs souffrances ! Comme on les admire, et comme on les aime ! Comme on voudrait pouvoir soulager leurs maux ! Quand ils passent, on entend un très long murmure de compassion et d'attendrissement ! Eux-mêmes paraissent tout étonnés de l'ovation qui leur est faite. Les héros ne trouvent rien de plus simple et de plus naturel que l'héroïsme.

Voici le commandant en chef de la garde impériale, Regnaud de Saint-Jean d'Angély, qui doit à la bataille de Magenta son bâton de maréchal ; voilà les deux divisionnaires de l'infanterie de la garde : Mellinet, dont les grenadiers et les zouaves, au nombre de moins de quatre mille, ont résisté, pendant plus de trois heures, à quarante mille Autrichiens, sur les bords du Naviglio Grande ; Camou, dont les voltigeurs et les chasseurs à pied ont enlevé la tour de Solférino et les hauteurs environnantes. Comme elles sont belles, ces troupes d'élite, et comme l'Empereur doit être fier de sa garde ! Chacun des régiments dont elle se compose lui remet, en passant, son drapeau, tandis que la musique joue au pied de la colonne.

Voici maintenant Baraguey d'Hilliers, maréchal depuis la prise de Bomarsund, qui marche en tête du 1er corps. Puis le 2e corps, avec son commandant en chef, Mac-Mahon, que la victoire a fait maréchal de France et duc de Magenta ; parmi ses troupes, voilà les tirailleurs algériens, les turcos, qui marchent derrière les trois aumôniers, trois prêtres catholiques, respectés par eux malgré la différence de religion ; les voilà, avec leur uniforme bleu de ciel, soutaché de jaune, leurs types qui résument toutes les races du nord de l'Afrique, depuis le nègre jusqu'à l'arabe ; sur leurs guidons figurent le croissant de l'islam et la main ouverte, ce préservatif de mauvais œil encore sculpté à la clef de voûte de la première porte de l'Alhambra.

Voici le maréchal Canrobert, maréchal depuis la guerre de Crimée, avec le 3e corps. Voilà le 4e corps, commandé par Niel, qui a gagné son bâton de maréchal à Solférino, où ses régiments sans exception ont combattu d'une manière héroïque pendant toute la journée.

L'artillerie de chaque corps passe avec ses canons ornés de guirlandes. Parfois un œillet ou une rose enclavent la lumière qui mettait le feu à la poudre.

Non, il ne sera pas dit que les vainqueurs de Magenta et de Solférino auront été moins acclamés par les Parisiens que par les Milanais. Entre les populations des deux villes, il y a eu comme une émulation d'enthousiasme et d'applaudissements.

Les refrains de Béranger reviennent à la mémoire :

> De quel éclat brillaient dans la bataille
> Ces habits bleus par la victoire usés...
> Les nations, reines par nos conquêtes,
> Ceignent de fleurs le front de nos soldats.

Le défilé va finir. Le Prince Impérial, qui n'a cessé de battre des mains, est descendu de la tribune par son écuyer, M. Bachon, et porté à Napoléon III, qui embrasse son fils et le pose quelques instants sur le devant de sa selle; aux cris mille fois répétés de : « Vive l'Empereur ! Vive l'Impératrice ! Vive le Prince Impérial ! »

Pendant tout le défilé, le temps a été superbe. A trois heures, au moment même où tout vient de se terminer, éclate un orage qui fait penser à celui de Solférino. Mais il n'est ni aussi fort, ni aussi long que l'autre. Il se dissipe bien vite, le ciel redevient pur, et une foule innombrable sillonne les rues et les boulevards. Le soir, elle sera plus grande encore pour admirer les illuminations. La place de la Concorde et le Jardin des Tuileries scintillent des couleurs de la France et de la Sardaigne. Au bas de la terrasse du bord de l'eau et dans la rue de Rivoli flamboient des ifs surmontés d'étoiles. Au Ministère de la Marine, deux génies de flammes entourent l'aigle impérial. La tour Saint-Jacques et les tours de Notre-Dame resplendissent. On raconte que des hirondelles, trompées par tant de soleils, ont volé à travers les rues.

Pendant ce temps, au Louvre, dans la salle des Etats, l'Empereur donne un dîner en l'honneur de l'armée d'Italie. Avant le repas, les trois cents convives parcourent la grande galerie, où, admirablement éclairés, les chefs-d'œuvre de la peinture paraissent plus beaux que jamais. Une table est dressée sur une estrade, d'où partent trois autres tables qui occupent toute la longueur de la salle des Etats. Les membres de la famille impériale, les ministres, les maréchaux, les grands officiers de la couronne et leurs femmes, les généraux et les colonels y prennent place. Dans les tribunes se font entendre les chœurs de l'Opéra et deux orchestres. Ces uniformes, ces femmes en grande toilette, ces riches surtouts aux figures en argent, ces corbeilles de fleurs, ces lustres, ces candélabres, présentent un coup d'œil féerique.

La voix très forte, très bien timbrée de l'Empereur, résonne sous les voûtes de la salle. On ne perd pas un mot de sa harangue : « Messieurs, dit-il, la joie que j'éprouve en me retrouvant avec la plupart des chefs de l'armée d'Italie serait complète s'il ne venait s'y mêler le regret de voir se séparer bientôt les éléments d'une force si bien organisée et si redoutable. Comme souverain et comme général en chef, je vous remercie encore de votre confiance. Il était flatteur pour moi, qui n'avais pas commandé d'armée, de trouver une telle obéissance de la part de ceux qui avaient une grande expérience de la guerre. Si le succès a couronné nos efforts, je suis heureux d'en reporter la meilleure part aux généraux habiles et dévoués qui m'ont rendu le commandement facile, parce que, animés du feu sacré, ils ont sans cesse donné l'exemple du devoir et du mépris de la mort. »

A ces paroles simples et modestes, Napoléon III ajoute : « Une partie de nos soldats va retourner dans ses foyers ; vous-mêmes, vous allez reprendre les occupations de la paix. N'oublions pas néanmoins ce que nous avons fait ensemble. Que le souvenir des obstacles surmontés, des périls évités, des imperfections signalées, revienne souvent à votre mémoire ; car, pour tout homme de guerre, le souvenir est la science même.

« En commémoration de la campagne d'tIalie, je ferai distribuer une médaille à tous ceux qui y ont pris part, et je veux que vous soyez aujourd'hui les premiers à la porter. Qu'elle me rappelle parfois à votre pensée, et qu'en lisant les noms glorieux qui y sont gravés, chacun se dise : — Si la France a tant fait pour un peuple ami, que ne ferait-elle pour son indépendance? »

XXXIX

LA FÊTE DE L'EMPEREUR

Le dimanche 14 août avait été la fête de l'armée, le lundi 15 fut celle de l'Empereur. Jamais depuis le commencement du règne le 15 août n'avait été célébré avec autant de magnificence. Jamais pareille affluence de provinciaux et d'étrangers ne s'était pressée dans les murs de la grande capitale, et jamais elle n'avait paru aussi belle, aussi majestueuse.

Napoléon III, il faut le reconnaître, était un metteur en scène admirable. Simple d'habitudes et de goûts pour lui-même, il avait, dans les grandes occasions, l'art d'organiser des spectacles féeriques, de pompeuses solennités qui frappaient les imaginations. Il savait que la nation française aime ce qui brille.

Pendant deux jours et deux nuits, la population fut en liesse. Le dimanche et le lundi rivalisèrent d'éclat. Riches et pauvres oubliaient leurs soucis habituels pour ne plus songer qu'à la gloire nationale et à l'allégresse de la victoire. Jamais, depuis, Paris n'a rien vu de pareil à ces journées triomphales.

Les soldats, mêlés à la foule, se promenaient dans la ville, et on leur demandait de raconter des scènes de la guerre d'Italie. Les turcos, bien que ne sachant pas un mot de français, avaient un succès d'enthousiasme. On ne cessait d'admirer les martiales figures, les uniformes variés et pittoresques des divers régiments. Le peuple et l'armée fraternisaient.

Il y eut un *Te Deum* dans la chapelle des Tuileries, un autre à Notre-Dame.

Des spectacles gratis furent donnés dans les théâtres, et partout l'enthousiasme des spectateurs se manifesta au moment des cantates et des pièces faites pour la circonstance. Toutes les allusions étaient saisies à l'instant même et applaudies chaleureusement. A l'Opéra on joua *Robert le Diable*, et les gens du peuple surent apprécier, le chef-d'œuvre de Meyerbeer. Le Théâtre Français donna *Polyeucte*. Jamais, le rideau levé, silence plus religieux ne régna dans une salle. Aucune des mâles beautés de Corneille ne passa sans être admirée. Les représentations populaires sont celles où les auteurs et les artistes sont peut-être le mieux compris et le mieux jugés.

A l'Opéra-Comique on joua la pièce militaire par excellence, la *Fille du Régiment*, avec une cantate, et les *Rendez-vous bourgeois* ; au Gymnase le *Retour d'Italie* ; à la Porte Saint-Martin la *Voie Sacrée*, ou les *Étapes de la Gloire* ; à la Gaîté la *Cantinière de la Grande Armée*.

Sur l'esplanade des Invalides on avait élevé deux grands théâtres en plein air. On y représenta des pantomimes : la *Révolte des nègres en Sénégambie* et la *Prise de Tourane sur les Cochinchinois*. Des régates eurent lieu entre le pont de l'Alma et le pont d'Iéna. Vers cinq heures, un énorme ballon s'éleva du centre de l'Esplanade, jetant une multitude de petits drapeaux tricolores, et semant, pour gagner les hautes régions de l'atmosphère, son lest de sable bleu, blanc et rouge.

La nuit était venue. Le ciel se couvrait de nuages. On aurait pu craindre un orage ; mais il n'avait pas éclaté. La foule se persuadait que l'Empereur avait trop de chance pour que la pluie vînt à éteindre les illuminations qui se préparaient. Et, en effet, quelques gouttes d'eau ne firent que rafraîchir l'air, sans nuire en rien aux merveilles de pyrotechnie qu'on allait admirer.

Voici les illuminations : aux Tuileries une décoration de charmilles avec treillages en feux verts, ornés du chiffre impérial en feux jaunes ; le long de la terrasse du bord de l'eau des ifs, des N, des aigles, des étoiles de gaz ; la silhouette de l'Arc de Triomphe indiquée en lettres de feu, et terminant majestueusement la perspective lumineuse des Champs-Élysées; la coupole de l'Institut, la tour Saint-Jacques, les tours de Notre-Dame rayonnant comme des phares; toutes les églises, tous les édifices publics, les façades des théâtres, les hôtels, les cafés, les maisons, les cercles illuminés.

Un feu d'artifice gigantesque est tiré à l'entrée du Champ de Mars. La pièce principale représente le temple de la Paix en pierreries enflammées. Des feux multicolores s'épanouissent en gerbes immenses et se déploient dans le ciel comme la queue d'un colossal paon de flammes faisant la roue. L'innombrable foule groupée sur les quais pousse un cri d'admiration. La radieuse fête du 15 août éclipse les splendeurs féeriques des Mille et une Nuits.

Milan et Turin célèbrent, comme Paris, la fête de l'Empereur.

Les Italiens avaient encore besoin du vainqueur de Solférino. Les unitaires étaient bien résolus à l'employer bon gré mal gré à la réalisation de leur programme; et ils n'hésitaient pas à reconnaître que la France pourrait seule les prémunir contre l'éventualité d'un retour offensif de l'Autriche. Lombards et Piémontais se montrèrent, le 15 août, aussi zélés que s'ils eussent été les sujets de Napoléon III. On se serait cru revenu au temps où son oncle était à la fois empereur des Français et roi d'Italie.

Un *Te Deum* fut chanté dans la cathédrale de Milan devant Victor-Emmanuel et le maréchal Vaillant. Le Roi reçut ensuite à déjeuner, au Palais Royal, le maréchal et cent officiers supérieurs de l'armée française. Trois toasts furent portés, l'un à Napoléon III par Victor-Emmanuel, l'autre à l'Impératrice et au Prince Impérial, par le prince de Carignan, le troisième à l'armée française par le ministre de la Guerre, le général de La Marmora. Puis le maréchal Vaillant porta ce toast au Roi : « Au chef de cette belle et solide armée dont le drapeau, uni aux aigles françaises sur les rives de la mer Noire et dans les plaines du Pô, s'est partout montré le digne émule du nôtre ! Au Roi chevalier, qui, tenant en main la vieille et noble épée de la maison de Savoie, l'a fait briller d'un vif éclat au soleil de Palestro et de Solférino ! »

Le soir, il y eut au théâtre de la Scala une représentation de gala aux frais de la municipalité et au bénéfice des blessés. Le Roi, le prince de Carignan et le maréchal Vaillant y assistaient ! Le nom de Napoléon III fut acclamé. Il y avait dans la ville illumination générale.

A Turin, également le 15 août, une grande revue fut passée sur la place du château royal et dans la rue du Pô. « La tenue des troupes était fort belle, a écrit le général de Bailliencourt, et les Italiens purent admirer une fois de plus les régiments français; le défilé s'exécuta dans un ordre irréprochable aux cris de : Vive l'Empereur! Chose étrange, il y avait accord parfait, sans note dissonante. Les soldats furent couverts de fleurs, de couronnes, de petits drapeaux. Sur la place du château, sur les balcons, plusieurs charmantes femmes nous jetèrent de véritables guirlandes. Les soldats joyeux les portaient à l'extrémité de leurs fusils... Moi-même, en qualité de commandant supérieur, sans doute, car je n'y avais pas d'autre droit, je vis apparaître à mon balcon un colossal bouquet, le plus gros que j'aie vu de ma vie.

« Le général comte de Sonnaz, délégué par le ministre de la Guerre, assistait à la revue... Les éloges bienveillants et réellement sincères du vénérable général me firent grand plaisir... Quelle belle existence de soldat? Il a noblement servi la France, sous le premier Empire, et son pays sous trois règnes. »

A neuf heures du matin, une grand'messe suivie d'un *Te Deum* solennel fut célébrée à l'église de Saint-Philippe. Tous les corps de l'Etat y étaient représentés. On avait disposé trois tribunes, l'une à droite pour les ministres piémontais, l'autre au centre du chœur pour le général de Bailliencourt, et la troisième à gauche pour le prince de La Tour d'Auvergne, ministre de France à Turin.

Sur le portail de l'église on avait mis cette inscription : « Reconnaissants à Napoléon III qui conduisit à de grandes batailles les invincibles légions de la France, pour donner une vie nationale à l'Italie, les Turinois rendent grâce à Dieu, et l'invoquent pour qu'il soit propice à leurs destinées futures. »

Sur la place du Château l'on avait exposé les huit canons pris aux Autrichiens par l'armée du Roi à Palestro et à Solférino.

A la sortie de l'église, les Français furent acclamés par la population. « Selon l'usage italien, a dit encore le général de Bailliencourt, des jeunes filles nous jetèrent des bouquets; rien ne manquait à notre triomphe, pas même le sourire des femmes — la plus belle fleur — disent les poètes; et le soldat n'est-il pas un poète ? »

Dans la soirée, il y eut une fête de nuit sur la place d'Armes. Comme Paris, comme Milan, Turin était illuminé.

Napoléon III apparaissait alors comme le monarque invincible, le souverain heureux par excellence, l'homme à qui tout réussissait, et l'on croyait à son étoile autant qu'il y croyait lui-même. Ses adversaires politiques, qui devaient bientôt reprendre la lutte, semblaient découragés. Au lendemain de la guerre d'Italie, on aurait pu s'imaginer qu'ils avaient désarmé devant le vainqueur de Solférino.

Arrivé à l'apogée de sa fortune, Napoléon III voulut effacer les dernières traces des guerres civiles. Il songea aux infortunés citoyens victimes des insurrections de 1848, de 1849 et du coup d'Etat de 1851. Il y en avait encore dix-huit cents qui demeuraient sous le coup de mesures rigoureuses, surveillance de la police, exil, internement dans les pénitenciers de l'Algérie et de la Guyane. L'Empereur résolut de rendre à la patrie et à la liberté ceux-là même qui n'avaient pas voulu solliciter leur grâce, et qui étaient irrévocablement décidés à ne rien abdiquer de leurs passions et de leurs rancunes. Il signa le 16 août un décret conçu en ces termes : « Amnistie pleine et entière est accordée à tous les individus qui ont été condamnés pour crimes et délits politiques, ou qui ont été l'objet de mesures de sûreté générale. » A ne juger que la surface des choses, on aurait cru que tous les partis en France étaient réconciliés. Malheureusement, pendant que les républicains exilés revenaient de Belgique, de Suisse et d'Angleterre, les portes de la patrie n'étaient pas rouvertes aux princes et aux princesses appartenant aux deux branches de la famille des Bourbons. Il y avait encore des proscrits.

XL

LA TOSCANE

La guerre était glorieusement terminée, mais l'ère des difficultés politiques ne faisait que de s'ouvrir, et tout était encore confusion et obscurité dans la situation de l'Italie. Les arrangements de Villafranca recevraient-ils leur exécution, ou seraient-ils lettre morte ? Y aurait-il une Confédération italienne ? Les souverains de l'Italie centrale seraient-ils rétablis sur leurs trônes ? Le Pape conserverait-il l'intégrité de ses Etats ? Les partisans de l'unité italienne seraient-ils obligés de renoncer à leurs projets, ou les verrait-on continuer avec succès leur propagande ? Un Congrès se réunirait-il, et serait-ce à la diplomatie européenne qu'il appartiendrait de dire le dernier mot ? Telles étaient les questions qui se posaient, et qui allaient causer à

Napoléon III les préoccupations les plus graves.

L'Empereur a été accusé de duplicité à propos des affaires italiennes. Cependant, il fut peut-être sincère dans le désir qu'il exprimait de tenir les promesses faites par lui à François-Joseph. Mais il restait bien entendu que les populations ne seraient pas violentées, et qu'on respecterait leur droit de disposer elles-mêmes de leur sort. Le dogme de la souveraineté nationale était la base des doctrines de Napoléon III, et il était irrévocablement résolu à ne permettre à personne d'y porter atteinte. Cette réserve une fois faite, il devait n'entraver en rien le rétablissement des princes dépossédés. L'unité italienne n'entrait pas dans ses vues, et il désirait particulièrement le maintien de l'autonomie toscane.

Victor-Emmanuel, feignant d'abord de vouloir exécuter scrupuleusement les conventions de Villafranca, rappela de Florence, de Parme, de Modène et de Bologne les quatre commissaires piémontais, MM. Buoncompagni, Pallieri, Farini et d'Azeglio. A Florence, les partisans du Piémont furent d'abord très effrayés. Une restauration grand-ducale leur semblait imminente. Il y eut de l'agitation au Palazzo-Vecchio et sous les portiques. Le général de La Marmora ayant envoyé du camp piémontais au baron Ricasoli un avis l'invitant au calme et à la résignation, celui-ci s'écria, parlant au porteur du message : « Dites à La Marmora que j'ai déchiré sa lettre en morceaux. » Mais bientôt les partisans de Victor-Emmanuel reprirent courage. Le bruit ayant couru que Napoléon III avait dit : « le traité consacre la restauration des princes, mais il ne pourra s'exécuter par la force, » tous les amis du Piémont se rassurèrent. Quant aux partisans de la dynastie de Lorraine, ils avaient décidé le grand-duc Léopold à abdiquer, le 21 juillet, en faveur de son fils, le prince Ferdinand, qui avait été à Compiègne l'hôte de Napoléon III, et ils espéraient que le jeune prince allait monter sur le trône toscan.

A Paris, cette combinaison était chaleureusement appuyée au ministère des Affaires étrangères. Le comte Walewski, marié à une Florentine et ancien ministre de France à Florence, portait un très vif intérêt à la dynastie de Lorraine et à l'autonomie toscane. Le 23 juillet, il adressa cette dépêche télégraphique au marquis de Ferrière-le-Vayer, ministre de France à Florence : « Le grand-duc vient d'abdiquer en faveur de son fils. Nous avons tous espoir que ce dernier donnera une Constitution, et peut-être même qu'il prendra le drapeau italien. L'Empereur pense que les Toscans, dans leur intérêt, devraient s'empresser de prendre l'initiative en rappelant eux-mêmes le grand-duc héritier. L'annexion au Piémont est une impossibilité ; j'ai lieu de croire que le Gouvernement sarde ne tardera pas à le faire comprendre lui-même à

Florence. Travaillez donc nettement dans le sens des intentions de l'Empereur. »

Le marquis de Ferrière-le-Vayer aurait, comme le comte Walewski, très vivement désiré le maintien de la dynastie de Lorraine, mais il ne se faisait aucune illusion. Le 24 juillet, il répondit par le télégraphe : « J'ai sondé le terrain. Impossible d'obtenir de la Toscane le rappel du jeune grand-duc. Le ressort révolutionnaire est trop tendu, et le sentiment national trop blessé. Une restauration ne serait possible qu'avec la présence de troupes françaises, mais quelle complication ! Le grand-duc héritier aurait eu quelque chance si le prince Napoléon n'avait pas séjourné à Florence, si la Toscane n'avait pas été abandonnée depuis deux mois à l'intimidation des clubs et à la pression d'un gouvernement annexionniste, et si les princes n'avaient pas été dans le camp ennemi ; on ne veut pas plus du fils que du père ; on admettra tout, plutôt que la dynastie. »

L'autonomie toscane, sinon la dynastie de Lorraine, avait encore des partisans nombreux, mais ils étaient intimidés par un Florentin, plus Piémontais que les Piémontais eux-mêmes, le baron Ricasoli. Portant un nom illustre et possesseur d'une fortune considérable, ce grand seigneur démocrate, partisan fanatique de l'unité italienne, était prêt à tout sacrifier au triomphe de ses idées, et à solliciter pour leur réalisation le concours des révolutionnaires les plus hardis et les plus avancés. Avec son visage rigide, ses traits anguleux, son âpre et ardente éloquence, il avait la physionomie et le tempérament d'un sectaire. C'était un de ces hommes infatigables et inflexibles que rien n'effraie, rien ne décourage, et qui, malgré tous les obstacles, poursuivent leur but avec une énergie et une ténacité indomptables. Après le départ de M. Buoncompagni, il se proclama, de son autorité privée, président du Conseil des ministres, et fit fonctionner un gouvernement dont l'annexion de la Toscane au Piémont était l'unique programme. Le marquis de Ferrière-le-Vayer savait très bien qu'un pareil homme ne céderait jamais qu'à la force.

Le jeune grand-duc s'était empressé d'adresser aux Toscans une proclamation où il déclarait qu'il adopterait les couleurs italiennes, qu'il donnerait une Constitution, et qu'il reconnaîtrait les droits de la nation. Le baron Ricasoli répondit en appelant le peuple aux armes contre le vaincu de Solférino ; c'est ainsi qu'il appelait le jeune prince.

Le marquis de Ferrière-le-Vayer écrivait au comte Walewski, le 26 juillet : « Pour vous donner une idée de l'opinion publique, je vous dirai que le marquis Ginori m'a lu deux lettres, l'une du prince Strozzi, et l'autre du comte Ugolino della Gherardesca, qui, tous les deux, quoique ayant toujours professé les sentiments les plus monarchiques déclarent que l'on ne doit plus chercher à ramener la dynastie de Lorraine. » Ainsi cette dynastie ne pouvait plus même compter sur les grandes familles qui avaient été si longtemps son soutien. Le ministre de France ajoutait : « Si les moyens employés sont condamnables, le résultat n'en a pas moins été, comme on le voulait, de tendre le ressort révolutionnaire, et de grossir le parti de l'annexion, que la conduite des archiducs, leur présence dans l'armée autrichienne, et la nouvelle non démentie de leur participation à la bataille de Solférino, ont encore augmenté de tous ceux qui, par un sentiment assez naturel, ne veulent plus voir revenir à Florence des princes qui ont combattu dans le camp des ennemis de l'Italie. Si l'on avait eu seulement un bataillon français à Florence, comme j'en avais exprimé le désir, rien de tout cela ne serait arrivé. On aurait toujours eu à compter avec les unitaires et avec l'impression produite par la fâcheuse attitude des archiducs, mais on n'aurait pas eu cette débandade générale des incertains et des timides, produite par cet état moral tout particulier d'une société, la plus impressionnable et la plus paisible peut-être du monde, abandonnée sans défense à un parti qui a pour auxiliaire la révolution. »

La révolution ! Elle faisait chaque jour des

progrès que rien n'entravait. Dans une nouvelle dépêche, en date du 10 août, le marquis de Ferrière-le-Vayer s'exprimait ainsi : « Les partisans de la dynastie la servent fort peu depuis sa chute, après l'avoir servie fort mal auparavant. Ils ne parlent que de leurs frayeurs, quand ils pourraient m'entretenir de leurs projets, et ne me voient que pour me demander des passeports, que je leur refuse impitoyablement. Lorsqu'ils me disent qu'on les menace de les emprisonner et de les tuer, je leur dis qu'un parti qui se tait devant les menaces ne mérite guère qu'on s'en occupe, et que si plusieurs d'entre eux se faisaient tuer pour leurs princes, au lieu de les renier et de se cacher, cela rendrait leur cause plus intéressante, mais ils aiment mieux compter les bras croisés sur l'Autriche ou sur la France, et gémir en grand secret dans leurs villas ou dans les lettres qu'ils m'écrivent, se laissant intimider par des écrits et par des paroles plus qu'on ne le serait ailleurs par les baïonnettes des soldats ou la hache du bourreau. Singulier pays où l'on renverse un trône avec des rubans et de la musique, et où l'on fait de la terreur non plus avec la guillotine, mais avec un article de journal et trois mots : *Morte ai codini!* charbonnés sur un mur ! Singulier pays, mais bien doux et bien mou pour résister sans un appui étranger au contact de la Sardaigne ! Et pourtant je crois qu'au point de vue français, au point de vue italien et au point de vue catholique, la raison d'État nous commande, surtout si nous n'avons pas la Savoie, de ne pas laisser le Piémont s'emparer de la Toscane, et arriver sur les frontières pontificales et napolitaines, encouragé à tout oser par le succès de sa politique. »

Le comte Walewski s'imaginait que des moyens de persuasion, des conseils amicaux, des missions officieuses, pourraient avoir une influence quelconque. Le comte Walewski se trompait. A quelques jours de distance il envoya à Florence deux émissaires, le comte de Reiset et le prince Joseph Poniatowski, ayant pour mission, comme le disait le ministre, de contribuer, par leurs démarches, à ramener l'opinion publique en Toscane à des appréciations plus conformes aux vues du Gouvernement de l'Empereur.

Les deux messagers, en tant qu'hommes du monde, furent reçus à Florence de la manière la plus courtoise. Mais, comme leur mission était purement officieuse, on affecta de n'y attacher aucune importance, sous le rapport diplomatique. On les invita, avec une politesse dans laquelle il y avait une certaine nuance d'ironie, à parcourir le pays, à interroger les habitants, à sonder l'opinion publique; ce qui leur permettrait de mesurer les sympathies que les princes de la maison de Lorraine avaient laissées.

J'ai connu le prince Joseph Poniatowski.

C'était un des hommes les plus aimables et les plus séduisants que j'aie rencontrés. Gentleman accompli, tour à tour militaire, diplomate, chanteur et compositeur de musique, il avait partout et toujours obtenu des succès. Il était le neveu du célèbre prince Poniatowski, le héros de l'épopée impériale, le *Bayard polonais*, celui qui fut nommé maréchal de France sur le champ de bataille de Leipzig, et qui périt trois jours après en se noyant dans les flots de l'Elster. Ce guerrier légendaire popularisé par le tableau d'Horace Vernet et la chanson de Béranger :

> Il va périr ; non, il lutte, il surnage.
> Il se rattache aux longs crins du coursier.
> Mourir noyé, dit-il, lorsqu'au rivage,
> J'entends le feu, je vois luire l'acier.
> Frères, à moi ! Vous vantiez ma vaillance.
> Je vous chéris ; mon sang l'a bien prouvé.
> Ah ! qu'il en reste à verser pour la France !
> Rien qu'une main, Français, je suis sauvé.

Comme son oncle, le prince Joseph Poniatowski avait servi sous les drapeaux de la France. Après s'être distingué dans plusieurs campagnes en Algérie, il était entré dans la diplomatie toscane, et avait été à Paris le ministre du grand-duc Léopold. Puis naturalisé Français, il avait été nommé sénateur par Napoléon III à la fin de 1854. Lorsqu'au mois d'août 1859 il arriva à Florence, où il n'avait que des amis, on revit avec grand plaisir l'homme du monde, mais on ne tint pas compte du diplomate. Cependant, pour appuyer cette mission et pour en augmenter les chances de succès, le comte Walewski avait écrit au marquis de Ferrière-le-Vayer, le 10 août : « L'Empereur vous autorise à remettre copie d'une dépêche conseillant le rappel du grand-duc héritier qui, de son côté, donnera toutes les garanties désirables. »

Le lendemain, 11 août, l'Assemblée toscane, convoquée par le gouvernement du baron Ricasoli, se réunissait à Florence. Sur une population de 1,800,000 âmes, la Toscane comptait 67,000 électeurs, 45,000 s'étaient présentés au scrutin. Leur choix s'arrêta sur les hommes les plus considérables du pays, sans distinction d'origine, pourvu qu'ils eussent marqué leur résolution de repousser la dynastie de Lorraine. Le 16 août, sa déchéance fut prononcée par tous les membres présents. Quatre jours plus tard, à l'unanimité moins trois voix, l'Assemblée votait l'annexion de la Toscane au Piémont.

Mais tout n'était point fait encore. Il s'agissait de savoir si le roi Victor-Emmanuel accepterait ce vote, et surtout si l'empereur Napoléon III et les grandes puissances en permettraient la réalisation.

Le prince de La Tour d'Auvergne, ministre de France à Turin, écrivait au comte Walewski, le 30 août : « Le vote unanime de l'Assemblée toscane, dont l'exemple ne saurait manquer d'être suivi par les duchés de Parme et de Modène, et par les Légations, en faveur de l'annexion au Piémont, complique singulièrement la situation et place le gouvernement du roi Victor-Emmanuel dans un grand embarras. Le premier mouvement de Sa Majesté avait été de refuser nettement d'adhérer au vœu de l'Assemblée toscane ; mais de vives sollicitations, auxquelles l'ambition et l'amour-propre sont venues naturellement donner plus de poids encore, n'ont pas tardé à modifier la manière de voir du Roi. »

Les délégués toscans arrivèrent à Turin le 3 septembre. Le corps municipal et un grand nombre de sénateurs et de députés se rendirent à la gare pour les recevoir. Les quatre légions de la garde nationale formaient la haie sur leur passage. Toutes les rues étaient pavoisées aux couleurs nationales. Les délégués se rendirent au Palais Royal et remirent solennellement à Victor-Emmanuel le procès-verbal des délibérations de l'Assemblée. Le Roi, dans sa réponse, vanta la nécessité d'un royaume fort qui assurerait l'indépendance nationale, et il exprima hautement le désir de grouper sous son sceptre les populations de la Toscane. Mais il ajouta prudemment, car il avait encore beaucoup de choses à ménager : « La réalisation de mes vœux ne peut s'opérer que par la voie des négociations qui auront lieu sur les affaires d'Italie. Fort des droits que votre résolution me confère, je soutiendrai votre cause auprès des puissances, et surtout auprès du magnanime empereur des Français, qui a tant fait pour la nation italienne. J'espère que l'Europe ne refusera pas d'accomplir, vis à-vis de la Toscane, l'œuvre réparatrice que, dans des circonstances moins favorables, elle a accomplie naguère vis-à-vis de la Grèce, de la Belgique et des Principautés. »

Le même jour, Victor-Emmanuel offrit un grand dîner aux délégués toscans. Dans la soirée, les édifices publics étaient illuminés.

Le surlendemain, 5 septembre, le prince de La Tour d'Auvergne écrivait au comte Walewski :

« Le fond et la forme de la réponse du Roi, que le ministre des Affaires étrangères, le général Dabormida, avait modifiée autant que possible dans le sens de nos observations, ont, en général, obtenu l'approbation des gens modérés et de ceux de mes collègues du Corps diplomatique avec lesquels j'ai pu en causer ; mais la presse libérale a peine à se dissimuler son désappointement, et l'on m'assure que la députation toscane elle-même, malgré les nombreuses marques de sympathie dont elle a été l'objet, est loin d'être satisfaite. »

En résumé, tout demeurait encore en suspens. Chacun se demandait ce que déciderait le Congrès, dont la réunion était alors considérée comme prochaine et inévitable. Napoléon III n'avait pas dit son dernier mot. Tous les yeux se tournaient vers lui. On sentait parfaitement qu'il était, en réalité, l'arbitre de la situation.

XLI

PARME

Il y avait dans l'Italie centrale un trône que Napoléon III et l'impératrice Eugénie auraient beaucoup voulu voir respecter, c'était celui du duc de Parme. Né le 9 juillet 1848, le duc n'avait pas encore onze ans quand la guerre d'Italie éclata. Sa mère Louise de France, petite-fille de Charles X, fille du duc et de la duchesse de Berry, veuve du duc Charles III, gouvernait, en qualité de régente, depuis le 27 mars 1854, jour où ce prince avait été assassiné.

Dans notre volume intitulé : *Les Dernières Années de la duchesse de Berry,* nous avons très longuement parlé de la duchesse de Parme, cette princesse si aimable, si séduisante, et restée si Française par l'esprit et le cœur. Elle était née le 21 septembre 1819, un an avant son frère, le comte de Chambord. A Paris, les vieillards se souvenaient de l'avoir vue enfant, quand elle portait le nom de *Mademoiselle* et que sa gentillesse attirait tous les regards, Napoléon III, qui se sentait, lui aussi, menacé par le poignard des assassins, avait été frappé du sort de Charles III, et portait un réel intérêt à une princesse qui avait eu un grand-père détrôné, un frère dépouillé de son héritage, un père et un mari assassinés. L'impératrice Eugénie, ayant déjà peut-être le pressentiment qu'elle-même aurait à exercer la régence dans des circonstances douloureuses, avait une sympathie de femme et de souveraine pour la duchesse. Elle admirait ses vertus, son intelligence et son courage. Les ministres de France en Toscane étaient également accrédités dans le duché de Parme, et tous n'avaient eu qu'à se louer de la duchesse-régente, dont le gouvernement était, comme le disait lord Clarendon : « un pouvoir doux, modéré, empreint d'un caractère d'indulgence et de bon sens. » L'impératrice Eugénie s'intéressait à la princesse, d'abord par générosité de sentiment, et ensuite parce qu'elle comprenait combien le parti légitimiste en France saurait gré à l'Empereur de prêter son appui à la sœur du comte de Chambord.

La politique de la duchesse de Parme était, d'ailleurs, conforme aux vues de Napoléon III. Ce qu'elle désirait en Italie, c'était l'établissement d'une Confédération indépendante de toute influence étrangère. Depuis qu'elle était régente, elle avait recherché toutes les occasions d'être agréable à la France et à son souverain. Plus d'une fois, on s'était plaint à Vienne de la trouver trop libérale, trop Française et trop Italienne.

Quand le 9 juin 1859, la duchesse quitta Parme, qu'elle ne devait plus revoir, son départ fut plein de dignité, comme l'avait été toute sa régence. Après avoir fait à son peuple et à ses soldats de nobles et touchants adieux, elle sortit tranquillement de son palais en voiture, comme pour une promenade ordinaire, et s'éloigna, saluée et respectée de tous.

Quelques jours plus tard, — le 23 juin, — un secrétaire de la légation de France à Florence, le comte de Mosbourg, qui venait de parcourir l'Italie centrale, pour y jeter un coup d'œil sur la situation, écrivait au comte Walewski : « Arrivé le 17 juin à Milan, je suis reparti le 20 pour Plaisance et Parme. La population était sincèrement affectionnée à la duchesse. Il ne m'a pas été difficile de m'en convaincre par la manière dont on parle d'elle, dans ce pays qui ne l'a pas chassée, mais qu'elle a quitté en terminant son gouvernement par des actes dont tout le monde vante la sagesse et la modération. La duchesse de Parme est partie en laissant un million et demi dans les caisses, et sans emporter un seul des objets même les plus personnels qui remplissaient l'élégant palais qu'elle habitait. Elle est partie en laissant de vifs et nombreux regrets, et entourée des marques de respect et d'affection sur son passage. Le hasard m'a fait recueillir sur son voyage des détails intéressants. Elle s'était arrêtée à Vérone, où l'empereur d'Autriche est venu la voir, et a passé quelques instants seulement avec elle. Immédiatement après cette visite, elle a voulu partir, et, comme il n'y avait pas de train de chemin de fer prochain, elle a déclaré à sa suite qu'elle ne coucherait pas à Vérone, et a pris un train spécial pour continuer sa route. Je tiens ce détail d'un diplomate espagnol que j'avais eu pour collègue à Vienne, et qui a accompagné la duchesse jusqu'en Suisse. »

Dans le même rapport, le comte de Mosbourg faisait observer qu'à la différence de la duchesse de Parme, le duc de Modène avait pris avec lui tout ce qu'il était possible d'emporter ; il n'avait laissé que les quatre murs de son palais, et il avait emmené à sa suite à Mantoue cinquante détenus politiques.

L'attitude du duc de Modène et celle de la duchesse de Parme étaient complètement différentes. Le duc s'établissait sur un territoire autrichien ; la duchesse se réfugiait en Suisse. Le duc ne cherchait qu'à resserrer les liens déjà si étroits qui unissaient son duché à l'Autriche ; la duchesse aurait voulu que celui de son fils fût entièrement indépendant. C'est pour cela que l'empereur François-Joseph, qui, lors de l'entrevue de Villafranca, plaida avec tant de soin la cause de ses parents, tous deux archiducs, le grand-duc de Toscane et le duc de Modène, ne s'occupa point de Parme, et passa sous silence le jeune souverain de ce duché.

La duchesse-régente aurait pu espérer qu'elle rencontrerait des dispositions favorables de la part du roi Victor-Emmanuel. Elevé avec le roi, son mari, le duc Charles III avait passé sa jeunesse à Turin et servi dans l'armée piémontaise. Elle-même avait été liée intimement avec la femme du roi, la reine Adélaïde, archiduchesse d'Autriche, morte au mois de janvier 1855. Mais la duchesse de Parme allait bientôt s'apercevoir que la politique n'aurait pitié ni de la veuve, ni de l'orphelin.

Cependant, la malheureuse mère comptait sur la France, et peut-être plus encore sur la Russie. L'ambassadeur de Napoléon III à Saint-Pétersbourg, le duc de Montebello, avait écrit au comte Walewski, le 29 juillet : « Le sort du duché de Parme, qui se trouve entièrement passé sous silence dans les préliminaires de Villafranca, préoccupe beaucoup le Cabinet de Saint-Pétersbourg. La duchesse de Parme a écrit à l'empereur de Russie pour lui recommander la cause de son fils. Le prince Gortchakoff ne met pas en doute que le jeune prince ne soit maintenu dans sa souveraineté. Il m'a dit savoir que l'Empereur était animé des meilleures dispositions à son égard. Il pense, d'ailleurs, que l'Europe ne pourrait reconnaître aux puissances belligérantes le droit de disposer d'une souveraineté italienne. »

De son côté, le gouvernement piémontais était décidé à tenir pour nulles et non avenues les sympathies que pourraient exprimer Napoléon III et Alexandre II en faveur du jeune duc de Parme. Dès le 16 juin, il avait nommé M. Pallieri gouverneur du duché, au nom du roi Victor-Emmanuel, et M. Pallieri fit à Parme ce que faisaient le baron Ricasoli à Florence et M. Farini à Modène. Comme les préliminaires de Villafranca se taisaient sur le sort du duché parmesan, on fit semblant de croire à Turin que ce silence signifiait annexion. Le comte de Cavour télégraphia à M. Pallieri le 13 juillet : « Parme doit rester annexé à la Sardaigne. Faites prêter serment au roi, et agissez avec la plus grande énergie. » Cependant, M. de Cavour ayant donné sa démission, le gouvernement piémontais, qui n'osait pas encore jeter le masque, dut faire abattre sur les édifices publics de Parme l'écusson de Savoie et rappeler à Turin M. Pallieri. Mais, avant de s'éloigner, celui-ci laissa dans le duché, sous le prétexte d'y maintenir l'ordre, un délégué, M. Manfredi, dont l'unique souci fut de préparer l'annexion à la Sardaigne.

La duchesse de Parme n'avait plus qu'un espoir, le Congrès.

XLII

MODÈNE

Si Napoléon III avait des sympathies pour le jeune duc de Parme et surtout pour sa mère, en revanche il n'en avait aucunes pour le duc de Modène, François V.

De toutes les dynasties de l'Europe la plus réactionnaire, la plus intransigeante, la plus opposée aux idées napoléonniennes, au libéralisme, aux institutions parlementaires, était la dynastie de Modène. Elle avait en une égale horreur, le drapeau tricolore italien et le drapeau tricolore français. Quand François IV, père de François V, était monté sur le trône ducal en juillet 1814, son premier soin avait été d'abolir dans son duché le Code Napoléon. La Révolution parisienne de 1830 lui avait inspiré une colère et une indignation sans bornes. Tandis que les

Cours de Turin, de Florence et de Naples se croyaient tenues à des ménagements envers Louis-Philippe, le duc de Modène s'était fait gloire de le braver, et il avait été le seul des souverains de l'Europe qui eût refusé de reconnaître le roi des Français, dans lequel il s'obstinait à ne voir qu'un usurpateur. Il avait offert dans son château ducal de Massa un asile à la duchesse de Berry, qui, tenant là une petite cour composée des légitimistes les plus ardents et les plus exaltés, avait préparé au grand jour la prise d'armes vendéenne de 1832.

François V, qui monta sur le trône en janvier 1846, avait continué en tous points les errements paternels. Sa sœur était mariée au comte de Chambord ; mais le duc était infiniment plus absolutiste que son beau-frère, le chef de la branche aînée des Bourbons. Tandis que toutes les Cours de l'Europe prodiguaient leurs avances à Napoléon III, il observait à l'égard du nouvel empereur des Français l'attitude la plus froide et la plus réservée. Il alla jusqu'à refuser à ceux de ses sujets qui avaient servi sous les drapeaux de Napoléon Ier l'autorisation de porter la médaille de Sainte-Hélène.

François V tenait à honneur d'agir dans toutes les circonstances comme un bon archiduc, comme un lieutenant dévoué du chef de sa famille, l'empereur d'Autriche, comme un général de l'armée impériale et royale. Dès que la guerre d'Italie avait éclaté, il s'était empressé de faire occuper Modène et Reggio par les Autrichiens, tandis que lui-même, avec une petite armée sur laquelle il croyait pouvoir compter, il s'était enfermé dans sa forteresse de Brescella, où il avait emporté et d'où il transporta plus tard en Vénétie soixante mille livres du trésor, les joyaux de la couronne, les médailles des musées, les manuscrits précieux des bibliothèques. A la nouvelle de la bataille de Magenta, il ne se considéra plus comme en sûreté dans sa forteresse, et se réfugia sur le territoire autrichien, tandis que M. Farini arrivait à Modène en qualité de commissaire piémontais.

M. Farini était un élève de Cavour; mais d'origine obscure, besogneux jusqu'à la pauvreté, sectaire ardent et fanatique, il était plus avancé dans la démagogie que son maître. Il y avait en Europe peu de révolutionnaires aussi hardis et aussi fougueux que ce conspirateur pour qui la politique était à la fois et une passion et un gagne pain. La nouvelle des préliminaires de Villafranca le mit littéralement en fureur. « Ne me laissez pas sans instructions, écrivit-il par le télégraphe au comte de Cavour. Sachez que si, par l'effet d'une convention à moi inconnue, le duc faisait quelque tentative, je le traiterais en ennemi du roi et de la patrie. » M. de Cavour, lorsque cette dépêche lui parvint, était déjà démissionnaire. Il répondit par cette seule phrase :

« Le ministre est mort, l'ami applaudit à votre décision. » Peu après M. Farini recevait du gouvernement de Turin son ordre de rappel. Il n'en tint aucun compte, et, après avoir déposé son uniforme de commissaire piémontais, il monta au balcon du palais d'Este, et, devant la foule rassemblée, il proclama sa propre dictature.

Cependant les Autrichiens pouvaient difficilement espérer que Napoléon III soutiendrait sérieusement la cause d'un prince ayant les antécédents et les principes du duc de Modène. Demander à ce prince d'entrer dans une Confédération italienne, qui aurait pour base les idées libérales et le parlementarisme, c'était lui demander une chose impossible. Se posant en vaincu de Solférino, il était décidé à ne jamais pactiser avec les vainqueurs.

D'autre part, si Napoléon III n'avait pas conservé un mauvais souvenir de la Toscane où son père et son frère aîné, exilés de France, trouvèrent une hospitalité généreuse, et où la famille grand-ducale leur avait témoigné des dispositions bienveillantes, en revanche, le duché de Modène n'éveillait dans l'esprit de l'Empereur que des impressions funestes. Il n'oubliait pas au milieu de quelles appréhensions, de quelles angoisses, il en avait traversé le territoire avec sa mère, grâce à de faux passeports, quand il fuyait, après sa participation lamentable à l'insurrection des Romagnes en 1831. Le duc François IV venait de livrer au supplice plusieurs patriotes italiens, et Louis Napoléon, leur complice, avait tout lieu de craindre, s'il venait à être reconnu et arrêté, de partager leur sort.

Autant les sympathies françaises paraissaient devoir s'éloigner de François V, autant l'empereur d'Autriche devait attacher de prix à sauvegarder les droits d'un parent qui, dans les jours d'épreuves, lui avait témoigné tant de confiance, de dévouement et de fidélité. On peut même s'étonner que François-Joseph, n'ait pas mis plus de persistance à soutenir un souverain dans lequel il trouvait plus qu'un allié, un sujet.

Si l'empereur d'Autriche avait été, comme conservateur, aussi hardi que M. Farini l'était comme révolutionnaire, il aurait aidé le duc de Modène à équiper quelques régiments sûrs, exclusivement composés d'hommes n'appartenant point à la nationalité italienne, et ces régiments-là auraient permis au duc de reconquérir son duché. En bravant ce prince, M. Farini n'agissait pas sans témérité, car François V se tenait tout près de la frontière, attendant avec impatience l'occasion de rentrer dans ses Etats, et comptant sur l'appui de l'Autriche ; — mais l'Autriche ne lui prêta aucun secours.

L'empereur François-Joseph croyait peut-être que les troupes françaises laissées en Lombardie, s'opposeraient à toute restauration. Cependant, il n'était pas certain que Napoléon III, redevenu très pacifique, se serait exposé à recommencer la guerre pour soutenir la dictature de M. Farini. Celui-ci, voyant qu'il pouvait tranquillement continuer son œuvre, convoqua à Modène une assemblée qui, le 16 août, vota à l'unanimité la déchéance du duc et l'annexion du duché à la Sardaigne.

Napoléon III ne désirait nullement une restauration de François V, mais recommandait le maintien de l'autonomie modénaise. Il fut même un instant question d'annexer les Etats du duc de Parme à la Sardaigne et de donner comme compensation au jeune souverain le duché de Modène. Un pareil arrangement avait bien peu de chance de succès. L'Autriche devait penser, en effet, que rien ne serait plus contraire à ses principes légitimistes qu'une telle substitution. En l'acceptant pour son fils, la duchesse régente ne se serait-elle pas rendue solidaire des usurpations piémontaises, et n'aurait-elle pas placé le droit révolutionnaire au-dessus du droit divin ? Si la duchesse de Parme était la sœur du comte de Chambord, elle ne pouvait pas non plus oublier que ce prince était le beau-frère du duc de Modène. Elle se rappelait aussi tous les services que la duchesse de Berry, sa mère, avait reçus de François IV, père du duc. La combinaison ne pouvait pas réussir ; elle fut bientôt abandonnée, et M. Farini, de plus en plus audacieux, ne rencontra point d'obstacles sur sa route.

XLIII

LES ROMAGNES

On donne le nom de Romagnes aux territoires qui, dans les États de l'Église composaient les six Légations : Velletri, Urbin-et-Pesaro, Forli, Bologne, Ravenne, Ferrare. Au moment où la guerre d'Italie éclata, Rome était occupée par un corps français, et les Autrichiens tenaient garnison dans les Romagnes. Les Etats de l'Église étaient un terrain neutre, où les armées autrichienne, française et piémontaise ne devaient pas entrer en lutte. Pendant toute la durée de la guerre, aucun trouble, aucune manifestation ne se produisit dans la Ville Eternelle. L'ordre y était maintenu à l'ombre du drapeau de la France, et Pie IX n'eut absolument rien à craindre. Les Romagnes seraient également restées tranquilles, si les Autrichiens, comme ils en avaient le droit et le pouvoir, avaient continué à les occuper.

On a beaucoup accusé Napoléon III d'avoir été l'auteur de l'annexion des Romagnes au royaume de Victor-Emmanuel. Il y contribua certainement ; mais nous croyons que l'empereur d'Autriche y contribua peut-être plus encore. En faisant évacuer par ses troupes les six Légations, le 11 et le 12 juin, ce à quoi rien ne l'obligeait, il laissa le champ libre à la révolution, et mit lui-même un terme à l'influence autrichienne, non seulement dans les Etats de l'Eglise, mais dans toute l'Italie centrale. Il était en effet évident, que si le Pape perdait les Romagnes, le grand-duc de Toscane, le duc de Parme et le duc de Modène seraient dépossédés.

Aussitôt que les troupes autrichiennes eurent évacué Bologne, les écussons pontificaux y furent renversés, et une junte dans laquelle figurait le marquis Joachim Pepoli, petit-fils du roi Murat et cousin de Napoléon III, proclama la dictature de Victor-Emmanuel, Imola, Forli, Faenza, Ferrare, Ravenne suivirent l'exemple de Bologne, et le Pape perdit toutes les Romagnes. Il ne devait jamais les recouvrer.

Victor-Emmanuel n'osa point tout d'abord assumer la dictature. Il se contenta de prendre un biais et de nommer commissaire le marquis d'Azeglio, celui qui, en 1845, avait publié la célèbre brochure *I Casi delle Romagne*. Après les préliminaires de Villafranca, le roi se crut obligé de le rappeler. Mais ce rappel n'était qu'une feinte. Au lieu de concentrer ses troupes pour l'évacuation, comme le lui prescrivaient ses instructions officielles, M. d'Azeglio les répartit dans les anciennes garnisons autrichiennes, occupa fortement Bologne, puis délégua ses pouvoirs à son chef d'état-major, le colonel Falicon, qui gouverna en son lieu et place. De retour à Turin, il dit au roi : « Sire, j'ai désobéi à Votre Majesté. Qu'elle me fasse passer devant un conseil de guerre ! » Victor-Emmanuel lui répondit : « Vous avez très bien fait. » Malgré les recommandations contraires de Napoléon III, les troupes piémontaises furent maintenues à Bologne, et le ministre des Finances du roi, par de larges subsides secrètement alloués, permit aux autorités romagnoles de pourvoir aux services publics. Cette assistance, niée d'abord, fut ensuite hautement proclamée.

Cependant l'empereur d'Autriche et l'empereur des Français avaient déclaré que le Pape serait le président honoraire de la Confédération italienne, et l'on se demandait quel pourrait être le résultat pratique d'une telle combinaison. Il est permis de penser que si la chaire de Saint-Pierre eût été alors occupée par un diplomate aussi habile que Léon XIII, le Saint-Siège, se mettant franchement à la tête de la Confédération, aurait peut-être pu dominer les difficultés politiques et sauver son pouvoir temporel tout entier. Mais Pie IX, dégoûté des idées libérales par la cruelle expérience qu'il en avait faite, considéra le titre de président honoraire d'une Confédération italienne comme un piège, et ne fit rien pour entrer dans les vues de Napoléon III. Des influences contraires à la France et surtout à l'Empereur dominaient à Rome, et rendaient tout accord impossible, au grand désespoir d'une catholique aussi fervente que l'impératrice Eugénie.

Pie IX en voulait à Napoléon III d'avoir demandé à François-Joseph, lors de l'entrevue de Villafranca, que les Légations fussent séparées administrativement des États de l'Élige. Il lui en voulait aussi d'avoir donné à la présidence de la Confédération italienne l'épithète d'honoraire, dont François-Joseph eût désiré la suppression et il en concluait que cet *honorariat* n'était qu'une flatteuse apparence qui cachait de mauvais desseins.

On peut affirmer cependant que Napoléon III, hostile à l'unité italienne, désirait en principe le maintien du pouvoir pontifical. Mais, d'autre part, il était persuadé que Pie IX ne pourrait conserver les Romagnes qu'en y sécularisant son gouvernement.

Le comte de Sainte-Aulaire, ambassadeur du roi Louis-Philippe à Rome, avait ainsi jugé la situation de ces territoires, dans une dépêche du

6 mars 1831 : « Pendant près de vingt ans, les Légations soustraites à l'autorité pontificale, se virent soumises à un gouvernement fondé sur les grandes bases de la civilisation moderne. Le Congrès de Vienne les replaça sous la domination romaine. Une politique éclairée eût tenu compte de la situation où elles s'étaient trouvées pendant un espace de temps aussi considérable, et, par un sage ménagement, leur eût accordé des institutions aussi rapprochées que possible de celles qu'elles venaient de perdre. Bien loin de là, on ne leur rendit pas même les privilèges dont elles avaient joui jusqu'en 1797. En 1828, le Gouvernement français, dans les instructions données à M. de Chateaubriand, signalait déjà en termes énergiques les dangers d'un système aussi funeste. »

Napoléon III était gêné dans la question des Romagnes par les antécédents de sa jeunesse. Sans avoir été littéralement affilié à la secte des carbonari, il avait partagé, en 1831, les passions des patriotes italiens, et s'était associé à l'insurrection des Romagnes. Mais il pouvait dire que, même alors, ce qu'il avait voulu, c'était non point la suppression du pouvoir des papes, mais la sécularisation de leur gouvernement. Son objectif était une papauté réformatrice et anti-autrichienne se mettant à la tête des idées d'émancipation. Tel aurait été également l'idéal de sa mère, la reine Hortense, qui écrivait en

1831 : « Si le Pape était homme à faire des concessions convenables, il serait demain le chef de toute l'Italie. Il dicterait peut-être encore des lois en Europe, et rendrait à la religion, alliée à la liberté, la splendeur qu'elle avait autrefois. »

Ce rêve, Napoléon III le caressait encore, lorsqu'en 1859 il essayait de placer la Confédération italienne pour ainsi dire sous l'invocation du Souverain Pontife. Mais ce n'était là qu'une chimère, et Pie IX se refusait absolument à séculariser tout ou partie de ses États.

D'autre part, l'Empereur ne modifiait rien aux idées exprimées par lui le 18 août 1849, quand il écrivait à son officier d'ordonnance, le lieutenant-colonel Edgard Ney, qui faisait partie de l'expédition de Rome : « La République française n'a pas envoyé une armée à Rome pour y étouffer la liberté italienne, mais au contraire pour la régler, en la préservant contre ses propres excès, et pour lui donner une base solide en remettant sur le trône pontifical le prince qui, le premier, s'était placé hardiment à la tête de toutes les réformes utiles... Je résume ainsi le rétablissement du pouvoir temporel du pape : Amitié générale. Sécularisation de l'administration. Code Napoléon et Gouvernement libéral. » La conclusion de cette lettre célèbre était celle-ci : « Lorsque nos armées firent le tour de l'Europe, elles laissèrent partout, comme trace de leur passage, la destruction des abus de la féodalité et les germes de la liberté ; il ne sera pas dit qu'en 1849 une armée française ait pu agir dans un autre sens et amener d'autres résultats. » Dix ans plus tard, l'Empereur avait absolument le même programme que le Président de la République française.

La divergence de vues qui existait entre Pie IX et Napoléon III ne pouvait que favoriser la marche de la révolution dans les Romagnes. L'acte principal du gouvernement du colonel Falicon fut d'y mettre en vigueur le Code Napoléon. Après avoir émis un emprunt national de six millions de *lire* et créé une cour des comptes, il se retira le 1er août, et un homme qui passait pour avoir la bienveillance de l'Empereur, M. Cipriani, fut nommé gouverneur général. Il décréta l'égalité des cultes, des droits civils et politiques. Le 6 août, les électeurs étaient appelés dans les collèges. L'assemblée fut ouverte le 1er septembre. Sur les 124 membres dont elle se composait, on comptait deux princes, sept marquis, trente comtes, trois chevaliers, vingt-sept médecins, dix-sept avocats, douze professeurs, trois militaires, le reste négociants ou rentiers. L'aristocratie constituait donc à peu près la moitié de cette assemblée. Elle n'en vota pas moins à l'unanimité de 121 votants la déchéance du gouvernement du Saint-Siège et l'annexion des Romagnes à la Sardaigne.

On se demandait avec anxiété si le roi Victor-

Emmanuel oserait accepter cette annexion. Le 15 septembre, les députations de Parme et de Modène vinrent lui apporter la notification des vœux annexionnistes formulés par les Assemblées de ces deux duchés. Le comte San Vitali était à la tête de la députation parmesane, dans laquelle figurait le célèbre compositeur Verdi. Le conseiller Muratori conduisait les députés de Modène. La réponse du roi aux deux adresses ne produisit que peu de sensation, parce qu'elle différait à peine de sa réponse à la députation toscane. Mais on attendait avec impatience celle qu'il allait faire aux Romagnols. Il les reçut à Monza, le 24 septembre. « Je suis reconnaissant, leur dit-il, des vœux que les peuples des Romagnes ont formés, et dont vous êtes les interprètes auprès de moi. Comme prince catholique, je conserverai toujours le plus profond et le plus inaltérable respect pour la suprême hiérarchie de l'Eglise. Comme prince italien, je dois rappeler que l'Europe, considérant que la condition dans laquelle se trouvent les Romagnes demande de promptes et efficaces mesures, il a été contracté avec votre pays des obligations formelles. J'accueille ces vœux, et, fort des droits qui me sont conférés, je soutiendrai votre cause auprès des grandes puissances. Confiez-vous à leur justice, confiez-vous au généreux patriotisme de l'Empereur, qui accomplira la grande œuvre de réparation qu'il a si puissamment commencée, œuvre qui lui assure la reconnaissance de l'Italie... L'Europe reconnaîtra que c'est un devoir et un intérêt commun de prévenir tout désordre en accordant satisfaction aux vœux légitimes des peuples. » Victor-Emmanuel reconnaissait donc que c'était à l'Europe qu'il appartenait de juger la question en dernier ressort.

Deux jours plus tard, le prince de La Tour d'Auvergne écrivait au comte Walewski : « La députation des Romagnes, ayant égard sans doute aux conseils du général Dabormida, a renoncé à profiter de l'invitation qui lui a été faite par la municipalité de Turin de visiter cette capitale avant de retourner à Bologne. Il paraît qu'elle aurait également renoncé au projet de se rendre en France pour présenter à l'Empereur le vote de l'Assemblée bolonaise. Elle se bornerait à envoyer à l'Empereur une personne qui soumettrait d'une manière tout à fait privée à Sa Majesté le résultat des délibérations de cette Assemblée. Le général Dabormida s'est félicité avec moi d'être parvenu à dissuader les envoyés des Romagnes d'une démarche dont le retentissement eût été très grand, et n'eût pas manqué de donner lieu, dans les circonstances actuelles, à de fâcheuses interprétations. »

Victor-Emmanuel et Napoléon III avaient déjà le pressentiment des difficultés de tout genre que leur susciterait la question romaine. Ils n'ignoraient point combien seraient difficiles, sinon impossibles à résoudre, les problèmes que cette question, ardue entre toutes, posait au triple point de vue religieux, politique et social. Les controverses et les passions qu'elle excita devaient être pour le Roi et pour l'Empereur un perpétuel sujet de préoccupation et de tristesse. Pendant tout le règne des deux monarques, il n'y eut plus une seule heure où les affaires de Rome n'aient entretenu dans les intérêts et dans les consciences un trouble qui, aujourd'hui, après trente-neuf ans, dure encore.

XLIV

SAINT-SAUVEUR

Napoléon III ne se laissait pas griser par les flatteries de ses courtisans. Les ovations décernées à lui et à ses troupes ne lui avaient fait oublier ni ce que la guerre a d'horrible même pour les vainqueurs, ni les problèmes presque insolubles que les événements venaient de poser. Ses sentiments humanitaires lui avaient inspiré plus d'une réflexion douloureuse. Son imagination continuait à être hantée par les scènes de carnage dont il avait été le spectateur, et il commençait à douter de la reconnaissance de l'Italie. La lassitude morale était chez lui plus grande que la fatigue physique. Il avait besoin de repos, de recueillement, et voulait méditer en paix sur les questions ardues que la Providence le chargeait d'étudier. Il pensa que l'air des montagnes serait bon non seulement pour lui, mais pour l'Impératrice, qui venait, elle aussi, de passer par bien des émotions, et il résolut de séjourner quelques semaines dans les Pyrénées, d'abord à Saint-Sauveur, ensuite à Biarritz.

L'Empereur partit de Saint-Cloud avec l'Impératrice et le Prince Impérial le 17 août. La suite de Leurs Majestés se composait du colonel marquis de Toulongeon, aide de camp; du capitaine de frégate marquis de Cadore, officier d'ordonnance; des comtesses de Labédoyère et de La Poëze, dames du palais. Le Prince Impérial était accompagné de Mme de Brancion, sous-gouvernante des enfants de France; du général Rolin, adjudant général du palais; de M. Bachon, écuyer, et du docteur Barthez. Il devait quitter ses parents près de Bordeaux et se rendre à Biarritz, tandis que l'Empereur et l'Impératrice se dirigeraient vers Saint-Sauveur.

Le 18 août, Leurs Majestés s'arrêtèrent à Tarbes et couchèrent dans l'habitation de M. Fould, ministre d'État. Les populations venues en foule de tous les points du département et des départements voisins stationnaient en masses compactes autour de la gare, et acclamaient les souverains. Le 19, l'Empereur visita le dépôt d'étalons, le dépôt de remonte et le jardin public, tandis que l'Impératrice visitait la salle d'asile. Tous deux se rendirent ensuite à la cathédrale, et partirent pour Saint-Sauveur.

Saint-Sauveur est un tout petit village du département des Hautes-Pyrénées. Il se compose d'une seule rue montante sur le versant du Som de Laze, au-dessus de la gorge où bouillonne le gave de Gavarnie. Les souverains vivaient là comme de simples particuliers, jouissant des beautés de la nature, et faisaient chaque jour des excursions dans le voisinage. Le 27 août, ils allèrent visiter les ruines de l'antique château de Beaucens, propriété de M. Fould. Un journal du département l'*Ère impériale de Tarbes*, écrivait à propos de cette excursion : « Il était trois heures du soir quand Leurs Majestés sont rentrées dans Saint-Sauveur. Comme c'était l'heure où l'on revient des travaux des champs, beaucoup de paysans s'étaient trouvés sur leur chemin. Tous, malgré la joie et le sentiment de reconnaissance que leur inspire la présence de l'Empereur et de l'Impératrice, se sont fait un devoir de respecter leur incognito. Seulement, de temps à autre, il est arrivé que de vieux soldats n'ont pu se contenir et qu'ils ont laissé éclater le cri de : Vive l'Empereur ! »

Le dimanche 28 août, la petite ville de Luz, qui compte 1,500 âmes, et dont dépend Saint-Sauveur, était en fête, Leurs Majestés venaient y assister à la grand'messe dite par l'évêque de Tarbes, et visiter la vieille église des Templiers, puis la salle d'asile, où un chœur de jeunes filles exécuta une cantate. Citons encore l'*Ère impériale de Tarbes*, pour montrer combien, à cette époque, Napoléon III et l'Impératrice étaient adulés : « A l'église, à l'asile et dans toutes les rues, la foule était immense. Mais, à la fois pleine de discrétion et de sympathie, elle s'ouvrait sur le passage de Leurs Majestés, et ne faisait entendre que ce murmure d'admiration et de bénédictions, élan irrésistible du cœur vers les souverains dont toutes les pensées et tous les actes sont, chaque jour, l'accomplissement d'œuvres de progrès et de bienfaisance. »

Le 30 août, excursion à Gavarnie. L'Empereur monta avec l'Impératrice dans une petite voiture, qu'il conduisait très hardiment dans une route difficile et parfois même dangereuse. Les guides de la montagne, au nombre de vingt, le suivaient à cheval. A Gavarnie, une pièce de canon, servie par d'anciens artilleurs, réveille au loin les échos des montagnes pour annoncer l'arrivée des souverains.

Cependant Napoléon III essayait en vain de se distraire des préoccupations qui l'absorbaient.

A quelques jours de distance, il reçut à Saint-Sauveur deux visites qui le troublèrent : celle du comte Arese et celle du prince de Metternich. L'un était l'avocat de la cause italienne, l'autre, celui de l'Autriche, et ce n'était pas une tâche facile que de leur être agréable à tous deux. L'Empereur trouva moyen de ne décourager ni l'un, ni l'autre.

Le comte Arèse avait été pour Napoléon III un compagnon de jeunesse, un ami de l'exil et un courtisan du malheur. Ce grand seigneur milanais, qui ne demandait rien pour lui-même, mais demandait tout pour l'Italie, avait donné à Louis Bonaparte des preuves de dévouement que Napoléon III n'oubliait point. En 1836, comme le prince, après l'échauffourée de Strasbourg, était transporté aux Etats-Unis, Arese, gagnant en toute hâte Liverpool, s'y était embarqué, et, à l'insu du prince, l'avait devancé en Amérique, de sorte qu'en débarquant le premier visage que le proscrit rencontra fut un visage ami.

La cause italienne ne pouvait avoir un meilleur défenseur que le comte Arese. Dès le mois de juillet, il avait écrit à l'Empereur : « Sire, autorisé et encouragé par votre bienveillance, je viens vous dérober quelques instants, et vous parler à cœur ouvert comme aux jours d'Arenenberg et de New-York. D'abord, je tiens à être rassuré sur l'état de votre santé après tant de fatigues du corps et de l'esprit et aussi sur l'état de l'Impératrice, qui a eu sa part par le cœur à toutes les chances de la campagne. » Le comte Arese essayait ainsi de prouver que l'Italie ne serait point ingrate : « Croyez en ma franchise qui vous est bien connue : Après le premier étonnement, dont tous les esprits ont été frappés à la nouvelle d'une paix si inattendue et qui tronquait de si brillantes espérances, on a fait nu retour sur la réalité de la situation, et l'on a compris tout ce que vous avez fait, tout ce que vous pouvez faire encore pour cette malheureuse Italie, qui vous compte toujours, depuis votre première jeunesse, parmi ses amis les plus sincères et les plus dévoués... Je vous en adjure, Sire, prenez entre vos mains notre cause, et elle triomphera. Vous gagnerez une gloire nouvelle et de nouveaux titres à l'admiration et à la reconnaissance de l'Italie et de la postérité. »

L'Impératrice était fort attachée au comte Arese, mais il avait beaucoup plus de peine à la convaincre que son époux. Ne sachant pas encore que le comte allait venir à Saint-Sauveur, elle lui avait écrit le 26 août : « Je travaille *tant que je puis* à devenir Italienne... Ne craignez-vous pas de prouver à l'Europe que le métier de rédempteur est un métier de *sots*?... L'Empereur même a été un instant *contre le sentiment de son propre pays,* et il lui a fallu raviver des sentiment de générosité et de gloire pour faire accepter à ce pays, encore fatigué des dures épreuves par lesquelles il a passé, une lutte dont la reconnaissance était le seul bien à attendre, et dont un revers aurait pu le frapper cruellement. »

Le 30 août, le comte Arese arriva à Saint-Sauveur. Le principal objet de sa mission était la réponse que le roi Victor-Emmanuel aurait à faire aux délégués toscans. Le comte essaya de prouver que les annexions de l'Italie centrale étaient inévitables, et repartit, emportant sinon des promesses, du moins certains encouragements. Mais à peine avait-il quitté Saint-Sauveur que le prince de Metternich, envoyé par l'empereur François-Joseph, y arrivait, et insistait vivement sur le maintien des arrangements de Villafranca en ajoutant que toute dérogation qui y serait faite aurait pour conséquence l'ajournement indéfini des intentions généreuses de son maître envers la Vénétie.

Napoléon III, très **embarrassé**, hésitait entre les deux voies qu'il pouvait suivre. Il écrivit, le 5 septembre, au comte Arese : « Mon cher Arese, depuis votre départ, j'ai vu le prince de Metternich. J'ai été très content de sa conversation, et je désire en confidence vous en dire le résultat, afin que vous en fassiez part au Roi. Cependant, je vous le répète, il faut que cela reste encore à l'état très confidentiel.

« Je crois que si la Toscane rappelait le grand-duc, on pourrait réunir Parme et Plaisance au Piémont, mettre la duchesse de Parme à Modène, et obtenir pour les Vénitiens une administration italienne, une armée italienne et un conseil provincial. Les Autrichiens seraient donc, par la suite, relégués de l'autre côté des Alpes. De tels avantages méritent, certes, qu'on les examine ; c'est pourquoi j'avais écrit au Roi pour qu'il fût très prudent dans son langage vis à-vis la députation toscane. J'ai vu aujourd'hui la députation de Modène. Je lui ai parlé dans le même sens. J'espère qu'en fin de compte la paix de Villafranca aura affranchi l'Italie. C'est le plus cher de mes vœux. Je fais un article pour le *Moniteur* qui expliquera, j'espère, clairement les motifs de ma conduite. »

Cet article, qui parut dans le *Moniteur* du 9 septembre, est très curieux. Il prouve que Napoléon III avait été sincère en signant le traité de Villafranca, et que son objectif continuait à être l'établissement de la Confédération italienne, dans laquelle la Vénétie serait entrée. L'Empereur s'exprimait ainsi dans l'article, son œuvre personnelle : « Si le traité était sincèrement exécuté, l'Autriche n'était plus pour la Péninsule une puissance ennemie et redoutable contrariant toutes les aspirations nationales depuis Parme jusqu'à Rome et depuis Florence jusqu'à Naples ; mais elle devenait, au contraire, une puissance amie, puisqu'elle consentait de son plein gré à ne plus être puissance allemande de ce côté des Alpes, et à développer elle-même la nationalité italienne jusqu'aux rivages de l'Adriatique. »

La note, après avoir blâmé les hommes qui « plus préoccupés des petits succès partiels que de l'avenir de la patrie commune » entravaient les conséquences du traité de Villafranca, ajoutait : « Quoi de plus simple et de plus patriotique que de dire à l'Autriche : « Vous désirez le retour des archiducs ? Eh bien soit ! Mais alors vous exécuterez loyalement vos promesses concernant la Vénétie. Qu'elle reçoive une vie à elle propre ; qu'elle ait une administration et une armée italiennes ; en un mot que l'empereur d'Autriche ne soit plus que le grand-duc de Vénétie, comme le roi des Pays-Bas n'est que le grand-duc du Luxembourg. Le Gouvernement français l'a déclaré, les archiducs ne seront pas ramenés dans leurs Etats par une force étrangère, mais une partie des conditions de la paix de Villafranca n'étant pas exécuéte, l'empereur d'Autriche se trouvera délié de tous les engagements pris en faveur de la Vénétie. Inquiété par des démonstrations hostiles sur la rive droite du Pô, il se maintiendra en état de guerre sur la rive gauche, et au lieu d'une politique de conciliation et de paix, on verra renaître une politique de défiance et de haine qui amènera de nouveaux troubles et de nouveaux malheurs. »

Abordant ensuite la question du Congrès, l'auteur de la note s'exprimait ainsi : « On semble espérer beaucoup d'un Congrès européen nous l'appelons nous-mêmes de tous nos vœux ; mais nous doutons fort qu'un Congrès obtienne de meilleures conditions pour l'Italie. Un Congrès ne demandera que ce qui est juste, et serait-il juste de demander à une grande puissance d'importantes concessions sans lui offrir en échange des compensations équitables ? Le seul moyen serait la guerre ; mais que l'Italie ne s'y trompe pas, il n'y a qu'une seule puissance en Europe qui fasse la guerre pour une idée, c'est la France et la France a accompli sa tâche. »

Le vainqueur de Magenta et de Solférino semblait douter parfois des résultats de ses victoires. La note que nous venons de reproduire laissait pressentir les perplexités et les inquiétudes qui le préoccupaient pendant son séjour à Saint-Sauveur. Ce document qui, au plus haut degré, portait l'empreinte de son style et de son caractère, faisait deviner un sentiment de tristesse et presque de découragement.

XLV

BIARRITZ ET BORDEAUX

L'Empereur et l'Impératrice quittèrent Saint-Sauveur le 12 septembre, passèrent la nuit à Tarbes, et arrivèrent le 13 à Biarritz, où ils retrouvèrent avec joie le Prince Impérial. Le 18, ils reçurent dans leur villa le roi des Belges, le grand-duc d'Oldenbourg, ainsi que beaucoup d'étrangers de distinction, Russes et Espagnols. Le 19, ils firent une excursion en mer à bord de l'*Aigle*, nouveau yacht impérial construit avec tous les perfectionnements modernes. Ils débarquèrent vers six heures du soir au cap Breton, où la population vint en masse remercier le souverain des travaux d'amélioration qu'il avait ordonnés, et qui assuraient l'avenir du port.

Le séjour de Biarritz plaisait beaucoup à Leurs Majestés, qui déjà y étaient venues en 1857.

Mais le souci des affaires italiennes continuait à troubler l'Empereur. Il était mécontent des obstacles que le gouvernement piémontais opposait à l'exécution du traité de Villafranca, et il voyait avec dépit que ce gouvernement semblait résolu non seulement à annexer l'Italie centrale, mais à refuser, comme compensation dans cette hypothèse, l'annexion de la Savoie et de Nice à la France. Napoléon III ne cacha point au comte Arese la pénible impression que lui causait un pareil état de choses. Il lui adressa, de Biarritz, cette lettre en date du 3 octobre : « Je vous écris aujourd'hui pour vous communiquer un des nombreux rapports que je reçois d'Italie, et qui, tous, dénotent le manque de fermeté du gouvernement piémontais. On ne régénère pas un peuple avec des lampions et des fleurs; il faut de la fermeté et de la justice. Comment expliquer que le gouvernement, qui est si patient lorsqu'on insulte la France et son chef, se montre si décidé en Savoie contre la presse lorsqu'elle demande l'annexion à la France ? Je vous prie de faire des recommandations sérieuses auprès du ministère. J'écrirai bientôt au Roi au sujet des grandes affaires qu'il faut bien terminer. »

Le lendemain, 4 octobre, seconde lettre, plus sévère encore : « Mon cher Arese, je vous écris de nouveau aujourd'hui pour vous communiquer une nouvelle note que je reçois de Milan.

Je vois avec peine, je vous le répète, l'incurie du gouvernement sarde, car cela doit amener nécessairement un refroidissement entre nous, et je vous le dis *sans outrecuidance,* mais il n'y a que *moi seul* ici qui suis dévoué à la cause italienne.

« Le gouvernement sarde ne peut pas arguer d'impuissance vis-à-vis de la presse, puisqu'en Savoie il sait très bien supprimer les articles où les journaux qui ne lui conviennent pas.

« Il est triste de penser que, pendant que je lutte ici tous les jours en faveur du Piémont, on me laisse outrager de toutes les manières de l'autre côté des Alpes. »

Napoléon III n'était pas plus content de Rome que de Turin. Le Pape déclarait ne vouloir pas entendre parler de Confédération italienne tant qu'il ne serait pas rentré en possession des Romagnes, et les rapports devenaient de plus en plus tendus entre le Vatican et le gouvernement français. En revenant de Biarritz, l'Empereur s'arrêta à Bordeaux, où les discours échangés entre lui et le cardinal archevêque de la ville mirent à jour toutes les difficultés de la question romaine.

Leurs Majestés arrivèrent à Bordeaux avec le Prince Impérial le 10 octobre. Malgré le mauvais temps, les populations de la ville et des campagnes se pressaient sur leur passage et faisaient éclater de chaleureuses acclamations. Le lendemain, l'Empereur reçut les autorités. Le cardinal archevêque, Mgr Donnet, prélat très populaire dans son diocèse et très en faveur aux Tuileries, prononça un discours qui attestait les alarmes du monde catholique, tout en exprimant un profond dévouement au souverain.

« Sire, dit le cardinal, lorsqu'il y a huit ans, la ville de Bordeaux vous faisait un accueil si plein d'enthousiasme, les voûtes de notre vieille basilique s'ébranlaient aux acclamations de la foule, nous étions là, mes prêtres et moi, assistant avec joie à ce qui nous semblait être comme le baptême du nouvel Empire. Nous priâmes alors pour celui qui avait arrêté le flot toujours montant des révolutions, qui avait raffermi au front de l'Eglise et du sacerdoce l'auréole d'honneur qu'on voulait lui ravir, et qui avait inauguré ses grandes destinées en rendant au vicaire de Jésus-Christ sa ville, son peuple et l'intégrité de ses Etats. Aujourd'hui nous prions encore, Sire, avec plus de ferveur, s'il est possible, pour que Dieu vous fournisse les moyens, comme il vous en a donné la volonté, de rester fidèle à cette politique chrétienne qui fit bénir votre nom, et qui est peut-être le secret de la prospérité et la source des gloires de votre règne. Nous prions avec une confiance qui s'obstine, avec une espérance que n'ont pu décourager des événements déplorables et de sacrilèges violences, et le motif de cet espoir, dont la réalisation semble aujourd'hui si difficile, après Dieu, c'est vous, Sire, vous qui avez été et qui voulez être encore le fils aîné de l'Église, vous qui avez dit ces paroles mémorables : — La souveraineté temporelle du chef de l'Église est liée à l'éclat du catholicisme, comme à la liberté et à l'indépendance de l'Italie. »

En terminant, le cardinal suppliait l'Empereur d'assurer un triomphe au Christ dans la personne de son vicaire, et ajoutait que « ce triomphe mettrait un terme aux anxiétés du monde catholique, qui le saluerait avec transport. »

Napoléon III répondit : « Je remercie Votre Éminence des sentiments qu'elle vient de m'exprimer. Elle rend justice à mes sentiments, sans méconnaître néanmoins les difficultés qui les entravent, et elle me semble bien comprendre sa haute mission, en cherchant à fortifier la confiance plutôt qu'à répandre d'inutiles alarmes. Je vous remercie d'avoir rappelé mes paroles, car j'ai le ferme espoir qu'une nouvelle ère de gloire se lèvera pour l'Église, le jour où tout le monde partagera ma conviction que le pouvoir temporel du Saint-Père n'est pas opposé à l'indépendance de l'Italie. »

Après ce début optimiste, la réponse de l'Empereur laissait deviner les plus grandes craintes. « Le Saint-Père, disait-il, s'inquiète avec raison du jour qui ne saurait être éloigné où Rome sera évacuée par nos troupes. Car l'Europe ne peut pas permettre que l'occupation qui dure depuis dix années se prolonge indéfiniment, et quand notre armée se retirera, que laissera-t-elle derrière elle? L'anarchie, la terreur ou la paix. Voilà des questions dont l'importance n'échappe à personne. Mais, croyez-le bien, à l'époque où nous vivons, pour les résoudre, il faut, au lieu d'en appeler aux passions ardentes, rechercher avec calme la vérité, et prier la Providence d'éclairer les peuples et les rois sur le sage exercice de leurs droits comme sur l'étendue de leurs devoirs. Je ne doute pas que les prières de Votre Éminence et celles de son clergé ne continuent à attirer sur l'Impératrice, mon fils et moi les bénédictions du ciel. »

L'Empereur recevait, à Bordeaux, un excellent accueil, comme en 1852. Mais on sentait que la situation n'était plus aussi favorable et que l'accord entre le trône et l'autel n'avait plus la même solidité. On constatait qu'à la question italienne, déjà si embrouillée, s'ajoutait la question romaine, plus grave et plus ardue encore. La réponse de l'Empereur au discours de l'archevêque était, en résumé, très inquiétante. On entrait dans une ère de difficultés qui devait continuer jusqu'à la fin du règne, et qui lui a survécu. Napoléon III en avait le pressentiment.

De retour à Saint-Cloud le 12 octobre, l'Empereur y trouva une sorte de congrès de notables italiens qui, comme on le disait alors, cherchaient à faire parler le sphinx. Le 16, il leur donna audience. Il leur exprima le désir de voir Parme annexé au Piémont, et le jeune souverain du duché transféré à Modène, et, plus tard, fiancé à une nièce du duc François V. Quant à la Toscane, il déclara que la restauration du grand-duc s'imposait, avec l'octroi d'une Constitution et l'adoption du drapeau national. Le 20 octobre il adressa au roi Victor-Emmanuel une lettre qui ne parut pas au *Moniteur*, mais fut publiée par le *Times*, puis par le *Constitutionnel*, feuille officieuse. Dans cette lettre, il maintenait les stipulations de Villafranca, sauf sur un point, le duché de Modène, qui serait donné au duc de Parme, comme compensation de la perte de son duché annexé au Piémont. Il manifestait l'espérance que si les prétentions italiennes se trouvaient ainsi limitées, l'empereur François-Joseph accorderait à la Vénétie une large autonomie. Les choses en étaient là quand Napoléon III quitta Saint-Cloud pour se rendre au château de Compiègne où de brillantes réceptions allaient avoir lieu.

XLVI

COMPIÈGNE

Pendant la guerre d'Italie, l'Empereur avait dit à plusieurs officiers : « Messieurs, je vous donne rendez-vous aux chasses de Compiègne. » Il allait tenir sa promesse, et la ville lui préparait un accueil plus brillant encore que de coutume. Le conseil municipal, à l'unanimité, avait voté un crédit illimité pour orner les rues par lesquelles devait passer le vainqueur de Magenta et de Solférino. Il arriva à Compiègne avec l'Impératrice et le Prince Impérial, le mardi 1er novembre. Les autorités le reçurent à la gare. La garde nationale de la ville faisait une double haie. A quelques mètres devant le pont de l'Oise s'élevait un arc de triomphe, avec cette inscription : « A l'Empereur Napoléon III. » On venait de donner le nom de Solférino à la rue qui s'ouvre devant le pont et monte, avec une courbe légère, vers la place de l'Hôtel-de-Ville, un des plus jolis édifices de France. Au-dessous du beffroi apparaît la statue équestre de Louis XII. Dans la rue et sur la place, des mâts élevés de cinq mètres en cinq mètres, étaient reliés par des guirlandes de fleurs et de feuillages. A toutes les fenêtres il y avait des drapeaux. Devant la principale entrée de l'Hôtel de Ville de grands vases de fleurs étaient posés sur des socles en grisaille. A la rue du Pas-de-Saint-Jacques, une allégorie, représentant l'industrie compiégnoise, s'élevait au-dessus de massifs de verdure. La place du Château, plantée de tilleuls et ornée de chaînes que supportent des bornes de granit, était décorée d'oriflammes. Deux régiments de la garde, qui, tous deux, avaient fait la guerre d'Italie, y attendaient le souverain, avec les musiques militaires. Le cortège impérial s'avança au milieu des acclamations. A l'arrivée dans la cour du château, les dames de la halle offrirent à l'Empereur une branche de laurier, à l'Impératrice un bouquet.

Le jeudi 3 arrivèrent, vers cinq heures du soir, les invités de la première série. Parmi eux : le prince et la princesse Lucien Murat, leur fille, la belle princesse Anna, le duc d'Albe et la duchesse, sœur aînée de l'Impératrice, le maréchal et la duchesse de Malakoff, le maréchal Magnan,

M. et Mme Rouher, le comte de Galve, frère du duc d'Albe, M. Billault, le général prince de la Moskowa, l'amiral et Mme Hamelin, le comte et la comtesse de Castelbajac, le marquis et la marquise de Lagrange, et l'un des officiers qui s'étaient le plus distingués dans la guerre d'Italie, le général de Ladmirault.

La première chasse à courre eut lieu le vendredi 4 novembre. Le rendez-vous était au Puits du Roi. L'Empereur n'y parut point, mais l'Impératrice y vint en costume de chasse.

Le samedi 5, les acteurs de l'Odéon représentèrent sur le théâtre du château une comédie en un acte, de MM. Piérson et Auger : *Livre III, chapitre I*, et une comédie en cinq actes, de MM. Adolphe Belot et Villetard, le *Testament de César Girodot*.

Le dimanche 6, les invités de la première série quittèrent Compiègne, et le 7, ceux de la seconde y arrivèrent : prince et princesse de Metternich, lord et lady Strafford, le ministre des Affaires étrangères et la comtesse Walewska, prince et princesse de Beauffremont, maréchal Mac-Mahon duc de Magenta, baron de Talleyrand, maréchal et comtesse Randon, prince Czartoryski et princesse Czartoryska, fille de la reine Christine d'Espagne et du duc de Riançarès, M. et Mme de Grétry, M. Viollet-Leduc, M. Octave Feuillet, etc., etc.

9 novembre. deuxième chasse à courre ; 10,

visite aux ruines de Pierrefonds ; le soir, représentation des *Dettes de cœur*, pièce en cinq actes, d'Auguste Maquet, jouée par les artistes du Vaudeville.

Dimanche 13, dans la chapelle du château, en présence du cardinal Morlot, de l'évêque d'Adras et de l'évêque de Beauvais, prestation de serment de Mgr Menjaud et de Mgr Despretz récemment nommés l'un archevêque de Bourges, l'autre archevêque de Toulouse, et de plusieurs évêques, notamment Mgr Darboy, évêque de Nancy. 14, départ des invités de la seconde série.

Mardi 15, fête de l'Impératrice. Les musiciens de la garde nationale, des lanciers et des voltigeurs de la garde jouent dans le parc. Le Prince Impérial, à la fenêtre, leur envoie des baisers. A huit heures et demie du soir, les grilles du parc sont ouvertes au public, pour le faire jouir de la vue d'un feu d'artifice. Mercredi 16, troisième chasse à courre. L'Empereur est à cheval, l'Impératrice en voiture.

Vendredi 18, représentation théâtrale par les artistes du Gymnase. Dans la loge impériale les invités de la troisième série : Le prince Napoléon, la princesse Clotilde, le prince et la princesse de Metternich, lord et lady Cowley, le prince de Reuss, MM. Emile Augier, Camille Doucet, Jules Sandeau, etc. On joue *Un Petit-Fils de Mascarille*, comédie en cinq actes, d'Henri Meilhac, avec Geoffroy, Dupuis, Dieudonné, Delphine Marquet. Celle-ci a dit dans la journée qu'elle ferait pleurer l'Impératrice. Elle y réussit parfaitement.

On joue ensuite un acte de Labiche et de M. Jolly (Jolly est le pseudonyme de M. Alphonse Leveaux) : *Le Baron de Fourchevif*, avec Geoffroy, Lesueur et Mlle Mélanie. La pièce a du succès. L'Empereur rit d'un bon gros rire que toute la salle entend.

19, conseil des ministres ; l'Impératrice y assiste, 20, départ de la troisième série.

Mardi 22, arrivée de la quatrième série. Ce sera la plus brillante de toutes. La grande-duchesse Marie de Russie en fait partie, et Napoléon III, tient à recevoir magnifiquement la fille de l'empereur Nicolas.

Née en 1819, la grande duchesse Marie venait d'avoir quarante ans. Depuis 1852, elle était veuve d'un cousin-germain de Napoléon III, le duc Maximilien de Leuchtenberg.

Le prince Eugène de Beauharnais, issu du premier mariage de l'Impératrice Joséphine avec le général Alexandre de Beauharnais, et marié à une fille du roi de Bavière, avait, après la chute de l'Empire, trouvé un refuge à Munich auprès de son beau-père qui lui conféra le titre de duc de Leuchtenberg et le nomma premier pair du royaume bavarois. Un de ses fils, le duc Maximilien de Leuchtenberg, né en 1817, épousa en 1839 la grande-duchesse Marie de Russie, et se fixa à Saint-Pétersbourg, où son beau-père, l'empereur Nicolas lui accorda le titre d'Altesse Impériale.

La grande-duchesse, lors de son séjour à Compiègne en 1859, y amena sa fille, la princesse Marie, née en 1841, et ses fils, le duc Nicolas et le duc Eugène (celui qui a épousé la fille du général Skobeleff.)

En partant de Paris pour Compiègne, elle dit à la comtesse Stéphanie de Tascher de la Pagerie de monter dans son wagon. Laissons la parole à la comtesse : « Pour moi, dit-elle, la grande-duchesse est un souvenir de jeunesse, car je l'ai vue à Munich, un ou deux ans après son mariage. Dans ce temps, elle était éblouissante de beauté ; son profil d'une régularité sans pareille rappelait celui de la statue grecque, dont elle avait la taille et les formes... Je l'ai retrouvée belle encore ; les années ne parviendront jamais à détruire la beauté et la régularité de ses traits, de ce profil admirable... En wagon, elle n'a cessé de me parler de Paris qu'elle trouve un séjour enchanté, de l'Empereur qu'elle admire profondément. — Mon voyage à Paris, me disait-elle, n'est nullement politique, mais ma famille est heureuse de prouver à l'Empereur le grand cas qu'elle fait de sa parenté avec lui ; ensuite je tenais à lui présenter mes enfants que je veux qu'il aime un peu et qu'il connaisse. »

Napoléon III, en uniforme, vint chercher la

grande-duchesse à la gare de Compiègne, et la conduisit au château, où il l'installa dans les appartements dits des souverains, dont la façade donne sur le parc, avec la perspective des Beaux-Monts.

La chasse à courre du 23 novembre eut un éclat exceptionnel. La vénerie impériale déploya toutes ses magnificences. Le temps était superbe. La forêt resplendissait des rayons d'un soleil d'automne. Vers midi, les curieux de la ville et des environs accoururent en foule, et leurs voitures se rangèrent aux abords de l'enceinte gardée et réservée pour le service de la chasse. A une heure, l'Empereur, l'Impératrice et leurs invités se réunissaient dans le salon de famille (ancienne chambre à coucher de Louis XV); devant ce salon, les attendaient au pied de la terrasse, dix chars à bancs attelés en poste à six ou à quatre chevaux, et conduits par des postillons poudrés à cadenettes. Le rendez-vous était au Puits du Roi, point de départ de huit grandes routes d'une longueur à perte de vue, c'est le plus beau carrefour de la forêt. Arrivé là, on descendit de voiture et l'on trouva des chevaux de selle. Entre deux des routes du carrefour, près de la haute futaie, la meute impatiente frémissait sous la garde des valets de chiens en grande livrée. Après avoir parlé quelques instants avec plusieurs personnes, l'Empereur et l'Impératrice, en costume de chasse, montèrent à cheval, et donnèrent le signal du départ pour le rembuché où devait commencer l'attaque. Derrière Leurs Majestés galopaient les chasseurs ayant le bouton, c'est-à-dire le droit de porter l'uniforme de la vénerie impériale, habit vert à boutons d'argent, gilet écarlate, tricorne avec plumes noires. (L'Empereur et l'Impératrice avaient seuls les plumes blanches). La grande-duchesse Marie et ses enfants, la princesse Clotilde et beaucoup de dames suivaient en voiture.

Le maréchal Magnan, grand veneur, remplissait les fonctions de sa charge. La chasse fut très bien menée, et l'Empereur acheva le cerf d'un coup de carabine.

« Une chasse à courre, a dit M. Alphonse Leveaux, ressemble un peu à une représentation théâtrale. Elle a, en effet, son public, ses acteurs, une action suivie avec des incidents imprévus et un dénouement, toujours le même par exemple, et passablement triste. Ajoutons à cela une brillante mise en scène, des décors admirables avec continuels changements à vue, de merveilleux effets de lumière que donne le feuillage doré par les teintes d'automne. Je vois pourtant une critique à faire, mais elle est grave, car elle porte sur le sujet même de la pièce, sur le dénouement, sur cet infortuné cerf que cinquante braves et hardis cavaliers s'acharnent à poursuivre jusqu'au moment où il tombe épuisé de fatigue. Il est vrai que s'il tarde à mourir, on le sert d'un coup de carabine, pour qu'il ne souffre pas trop longtemps. C'est très bien, et cela d'ailleurs ne regarde pas la loi Gramont (la loi protectrice des animaux), mais il semble qu'une chasse à courre est un divertissement qu'il ne faudrait pas soumettre à de trop sérieuses réflexions. »

Le soir, dans la cour d'honneur du château, la curée froide eut lieu avec un plus fastueux cérémonial que de coutume. A huit heures, les fenêtres du premier étage s'ouvrirent. L'Empereur, l'Impératrice, la grande-duchesse et la princesse Clotilde parurent au balcon. Des torches répandaient une vive clarté à reflets verdâtres. Les porte-flambeaux, les valets de chasse, les piqueurs étaient en grande livrée, avec perruque poudrée. Deux fois ramenés, les chiens, aboyant avec fureur, s'élancèrent une troisième fois sur les débris du cerf et les dévorèrent. Ce spectacle semblait beaucoup plaire à une foule de curieux auxquels on avait ouvert les grilles de la cour d'honneur.

Le lendemain 24 novembre, les artistes du Théâtre-Français représentèrent le *Duc Job*, comédie en quatre actes de M. Léon Laya. La salle présentait un très brillant coup d'œil. La loge impériale, précédée d'une première galerie où étaient admises exclusivement des dames en toilette de bal, remplissait le fond de la salle dans toute sa longueur. Tous les invités de la série, c'est-à-dire environ soixante-dix personnes, y trouvaient place. Au-dessus de la loge impériale et de la première galerie étaient les premières loges occupées par les invités de la ville et des environs. Il y avait en outre un rang de secondes loges occupées en grande partie par des gens de service. Le rez-de-chaussée se composait d'un orchestre, d'un parterre pour les officiers, jusqu'au grade de capitaine inclusivement, et d'un amphithéâtre placé entre le parterre et la loge impériale, à deux mètres au-dessous, et réservé aux généraux, officiers supérieurs et fonctionnaires civils; tous étaient en uniforme. Quand l'Empereur parut un peu avant neuf heures, toute la salle se leva. Pendant les entr'actes, les personnes placées au parterre et à l'amphithéâtre se levaient et tournaient le dos à la scène, faisant face à la loge impériale. Des valets de pied en grande livrée et poudrés présentaient des rafraîchissements.

Admirablement joué par Provost, Got, Monrose, Worms, Mme Nathalie et Mlle Emilie Dubois, le *Duc Job* eut beaucoup de succès. La scène du déjeuner entre le duc et le marquis de Rieux, l'oncle et neveu, produisit surtout un grand effet. C'était l'Empereur qui donnait le signal des applaudissements. Il fit venir les artistes dans le petit salon placé près de la loge impériale et les complimenta.

Parmi les invités de la série, figuraient la

princesse Clotilde, le duc et la duchesse de Bassano, le ministre des Affaires étrangères et la comtesse Walewska, le général comte de Kisseleff, ambassadeur de Russie, le prince Pierre Troubetzkoy, attaché à la grande-duchesse, le comte et la comtesse de Pourtalès, le comte de Morny. Celui-ci fut rappelé à Paris, le 25 novembre, par une dépêche qui lui annonçait la naissance d'un fils (le duc de Morny actuel).

Le 26, la grande-duchesse Marie de Russie, prit congé de l'Empereur et partit enchantée de l'accueil qu'elle avait reçu.

Le lendemain arrivèrent les invités de la cinquième et dernière série, qui n'offrit aucune particularité remarquable. Le 28, il y eut une chasse à courre, à laquelle l'Empereur n'assista point. L'Impératrice y vint malgré une pluie battante. Le 29, les artistes du Vaudeville jouèrent *Jobin et Nanette*, pièce en un acte de MM. Michel Carré et Léon Battu, et les *Petites Mains*, trois actes, par Labiche et Edouard Martin. Félix, Parade, Saint-Germain et Mlle Pierson se firent applaudir.

Le dimanche 4 décembre, l'Empereur, l'Impératrice et le Prince Impérial quittèrent Compiègne pour se rendre à Paris. Le bataillon des voltigeurs de la garde était rangé en bataille dans la cour d'honneur du palais. Le régiment des lanciers de la garde occupait sur deux lignes la place du château.

Les élèves du collège et les pensions des deux sexes étaient échelonnés sur la place Saint-Jacques et dans la rue Meunier. Les cent-gardes et un peloton de lanciers escortaient les voitures impériales.

XLVII

LA FIN DE 1859

Quand l'Empereur était à Compiègne, le traité de paix définitif avait été signé, à Zurich, le 10 novembre, par l'Autriche, la France et la Sardaigne. Les signataires étaient, pour l'Autriche, le comte Karoloji et le baron de Meysenberg ; pour la France, le baron de Bourqueney et le marquis de Banneville ; pour la Sardaigne, MM. des Ambrois et Jacteau. Les trois puissances s'engageaient à « favoriser de tous leurs efforts la création d'une Confédération entre les Etats italiens, qui serait placée sous la présidence honoraire du Saint-Père et dont le but serait de maintenir l'indépendance et l'inviolabilité des Etats confédérés, d'assurer le développement de leurs intérêts moraux et matériels, et de garantir la sûreté intérieure et extérieure de l'Italie par l'existence d'une armée fédérale.

« La Vénétie qui reste placée sous la couronne de S. M. Impériale et Royale Apostolique formera un des Etats de cette Confédération et participera aux obligations comme aux droits résultant du pacte fédéral, dont les clauses seront déterminées par une assemblée composée de représentants de tous les Etats italiens. »

L'article relatif aux princes dépossédés était ainsi conçu : « Les circonscriptions territoriales des Etats indépendants de l'Italie, qui n'étaient pas parties dans la dernière guerre, ne pouvant être changées qu'avec le concours des puissances qui ont présidé à leur formation et reconnu leur existence, les droits du grand-duc de Toscane, du duc de Modène et du duc de Parme sont expressément réservés entre les hautes parties contractantes. »

La paix signée à Zurich eut pour conséquence la nomination du prince de Metternich comme ambassadeur de François-Joseph auprès de Napoléon III. Le nouvel ambassadeur remit ses lettres de créance le 14 décembre : « J'ai le ferme espoir que les relations heureusement rétablies entre l'empereur d'Autriche et moi ne peuvent que devenir plus amicales par l'examen attentif des intérêts des deux pays. Depuis que j'ai vu l'Empereur, j'attache, de mon côté, un grand prix à son amitié personnelle. »

Le prince de Metternich avait trente ans ; la princesse vingt-trois. Par leur jeunesse, leur haute situation, leur charme personnel, le mari et la femme devaient briller à la cour des Tuileries. Napoléon III cherchait, chose difficile, à être bien à la fois avec Vienne et avec Turin.

Au fond, le traité de Zurich laissait tout en suspens. L'un des signataires, le baron de Bourqueney, avait dit, en revenant à Paris : « Je vous rapporte *une paix*, mais non la paix. » Enhardi par l'impunité accordée à ses agissements, le gouvernement piémontais avait placé tous les Etats de l'Italie centrale et les Légations sous l'autorité de son commissaire, M. Buoncompagni. Les partisans de l'ancien droit n'avaient plus qu'un espoir : le Congrès. Napoléon III avait écrit de Compiègne à Victor-Emmanuel, le 9 novembre : « Le Congrès va être convoqué ; lui seul peut trancher les difficultés présentes... Montrez de l'énergie et prouvez que la paix signée est chose sérieuse. En agissant autrement, vous perdrez l'Italie. » On croyait que le Congrès se réunirait à Paris en janvier. Les grandes puissances, le Pape et tous les souverains italiens devaient y être représentés.

Le comte de Cavour s'apprêtait à se rendre à Paris comme premier plénipotentiaire du roi Victor-Emmanuel. Il écrivait à un de ses amis, M. de la Rive : « Si vous venez à Paris cet hiver, vous me trouverez à l'hôtel Bristol ; j'ai retenu juste l'appartement qu'occupait en 1856 le comte Buol, car vous savez que j'ai toujours aimé à envahir le territoire autrichien.

Dans une dépêche adressée au comte Walewski, le prince de La Tour d'Auvergne, ministre de France à Turin, disait : « La nomination de M. le comte de Cavour comme plénipotentiaire, vivement désirée par l'opinion libérale en Italie, n'a pas été moins favorablement accueillie par les hommes modérés. La *Société du Whist*, de Turin, dont la plupart des membres appartiennent à la haute aristocratie piémontaise, et qui avait fait jusqu'ici à la politique de M. de Cavour une très vive opposition, vient de le choisir pour son président... Il ne m'a pas dissimulé la satisfaction qu'il éprouvait d'avoir à représenter l'Italie dans un congrès européen. Il m'a dit que sa confiance dans l'Empereur était entière, qu'il était persuadé que Sa Majesté ne voudrait pas laisser incomplète l'œuvre qu'elle avait commencée, et défendrait jusqu'au bout, devant le Congrès, la cause de l'Italie. Faisant ensuite allusion aux rapports personnels qu'il avait eus, à une autre époque, avec l'Empereur, il m'a assuré qu'il conservait pour Sa Majesté les sentiments de la plus respectueuse reconnaissance; il a nié énergiquement avoir tenu les propos violents qu'on lui avait prêtés à la suite de la paix de Villafranca... Il disait, il y a peu de jours, au général de La Marmora, que si, alors, il eût un instant pensé que les choses dussent aller comme elles ont été, il n'eût pas cru nécessaire de se retirer. »

Au moment même où, en Europe, tout le monde croyait à la réunion imminente du Congrès, Napoléon III avait acquis la conviction que cette assemblée diplomatique le mettrait dans le plus grand embarras et l'obligerait à se brouiller soit avec l'Autriche, soit avec le Piémont. D'après le Cabinet de Vienne, le programme devrait être tracé d'avance, et, sous aucun prétexte, on n'en pourrait sortir ; le but serait de confirmer les anciennes conventions, et non de les détruire.

Le Gouvernement prussien ne laissait pas ignorer que l'attachement du prince-régent au principe légitimiste ne permettrait pas l'approbation des entreprises récentes. Quant à la Russie, elle s'éleverait, au nom de la solidarité des couronnes, contre des annexions contraires au droit international.

Tous les souverains italiens, à l'exception de Victor-Emmanuel, considéré par eux comme un usurpateur, se rangeaient du côté de l'Autriche. A Naples régnait, depuis le 22 mai, un jeune souverain, François II, que toutes ses sympathies rattachaient à la Cour de Vienne. Il avait épousé une sœur de l'Impératrice femme de l'empereur François-Joseph. Menacé par la révolution, il avait en horreur la politique piémontaise et regardait Victor-Emmanuel, comme un adepte et un complice de Mazzini. Des liens d'amitié tout spéciaux existaient entre la Cour de Russie et la Cour de Naples. L'empereur Nicolas avait été l'ami du roi Ferdinand, père de François II, et l'empereur Alexandre II témoignait au jeune souverain un très grand intérêt. Appuyé par la Russie et par l'Autriche, le roi de Naples ferait inévitablement cause commune avec les princes de l'Italie centrale et avec le Pape. Quant à Pie IX, il demandait avant tout qu'on lui rendît les Légations, et il ne reconnaissait ni à un Congrès, ni à aucune puissance humaine le droit de le spolier de ses Etats.

Gêné par les promesses qu'il avait faites à François-Joseph, lors de l'entrevue de Villafranca et par les stipulations toutes récentes du traité de Zurich, Napoléon III n'aurait pu sans être taxé de duplicité, appuyer dans un Congrès les ambitions de Victor-Emmanuel. Quant à l'Angleterre, elle soutenait en apparence les aspirations italiennes, mais le jour où il faudrait passer des paroles aux actes et prêter un concours effectif au Piémont, elle n'aurait rien de plus pressé que de se dérober. Elle voulait bien favoriser la cause italienne, mais à condition qu'elle n'aurait elle-même aucun sacrifice à faire et aucun danger à courir. Tenir dans un Congrès la balance égale entre la réaction et la révolution était chose impossible. Décidé à ne pas recommencer la guerre, Napoléon III n'eut plus qu'une idée : empêcher la réunion d'un Congrès qui ne pouvait avoir d'autre issue que l'échec de la cause italienne ou la reprise des hostilités.

Une brochure anonyme publiée à Paris, le 22 décembre, sous ce titre : *le Pape et le Congrès*, allait changer la face des choses. Annoncée à sons de trompe par les feuilles officieuses, cette brochure à sensation avait évidemment Napoléon III sinon pour auteur, du moins pour inspirateur. « Ce n'est pas moi qui l'ai écrite, dit-il lui-même à plusieurs personnes, mais j'en approuve toutes les idées. »

Rien ne pouvait être plus désagréable à Pie IX que cette publication, qui lui prodiguait des hommages, mais demandait que les Romagnes lui fussent enlevées, et disait à propos de son pouvoir temporel : « Plus le territoire sera petit, plus le souverain sera grand... La puissance du Pape résultera moins de sa force que de sa faiblesse. » Des cris de colère furent poussés. L'évêque d'Orléans, Mgr Dupanloup, publia une réfutation indignée de la brochure. Le 30 décembre, le *Journal de Rome*, organe du Vatican, déclara que : « c'était un véritable hommage à la Révolution, une thèse insidieuse pour les esprits faibles et inhabiles à reconnaître le poison caché, un sujet de douleur pour tous les bons catholiques : « Le Congrès était devenu impossible. On ne pouvait demander au Pape de se faire représenter dans une assemblée diplomatique où il s'agirait de faire enregistrer son expropriation comme un fait accompli. A l'exception de l'Angleterre, les puissances non catholiques elles-mêmes, blâmaient l'opuscule qui remettait tout en question.

Le duc de Montebello, ambassadeur de France à Saint-Pétersbourg, écrivait au comte Walewski, le 31 décembre : « La brochure *Le Pape et le Congrès* produit un effet déplorable. Le prince Gortchakoff me disait hier soir : — Je ne comprends pas que vous hésitiez à faire mettre un désaveu formel au *Moniteur*. C'est un ami qui vous parle ainsi : l'Europe a besoin de repos ; si vous la troublez ainsi périodiquement, vous inspirerez appréhension à tout le monde, et vous finirez par vous aliéner vos meilleurs amis ! »

La brochure avait été publiée à l'insu du comte Walewski, dont elle choquait toutes les idées. L'Empereur gouvernait contre son propre gouvernement. Le ministère des Affaires étrangères n'était plus qu'une façade, un trompe-l'œil. Ne voulant pas être l'instrument d'une politique blâmée par lui, le ministre allait être obligé de donner sa démission.

Napoléon III, après de longues tergiversations, avait pris son parti ; il renonçait à une Confédération italienne dont personne ne voulait, et il désespérait d'obtenir pour la Vénétie un régime italien autonome. Persuadé qu'une restauration des princes dépossédés ne pourrait s'effectuer que par la force, il s'était décidé à permettre au Piémont de s'annexer leurs Etats, mais à une condition, c'est que la compensation de cet agrandissement serait l'annexion de la Savoie et de Nice à la France. Les jalousies des puissances, surtout de l'Angleterre, devaient rendre bien difficile cette combinaison, sans laquelle la France se regarderait, avec raison, comme dupée et comme mystifiée. La tâche de la diplomatie allait être aussi ardue que l'avait été celle de l'armée, et la réalisation du nouveau programme impérial devait rencontrer des obstacles de toute nature, non seulement au dehors, mais dans l'intérieur de la France.

L'année 1859 avait commencé par les alarmes qu'avait fait naître l'allocution de l'Empereur à l'ambassadeur d'Autriche. Elle se terminait au milieu des inquiétudes et des controverses causées par la question italienne, surtout par la question romaine. Une grande indécision régnait dans les esprits. Bien des gens se demandaient si les victoires de Magenta et de Solférino ne seraient pas stériles pour la France. Déconcertée par les problèmes qui restaient à résoudre, l'opinion publique demeurait anxieuse et troublée. L'Empereur n'ignorait point combien il aurait de la peine à la satisfaire. Il comprenait que tant de sang versé pour une guerre, objet de si violentes critiques, ne lui serait pardonné par la France que si elle recevait, pour prix de ses efforts et de ses sacrifices, un agrandissement territorial, dont l'amour-propre du pays pourrait s'enorgueillir.

FIN

TABLE DES MATIÈRES

		Pages
	Introduction	v
I.	Le commencement de 1859	1
II.	Le mariage du prince Napoléon	8
III.	La princesse Clotilde	18
IV.	La brochure anonyme	24
V.	Le discours du Trône	32
VI.	Les partisans de la Paix	40
VII.	L'Angleterre et le Piémont	47
VIII.	La Prusse et la Confédération germanique	54
IX.	La Russie	62
X.	Le carnaval	69
XI.	Quatre bals costumés	78
XII.	Le carême	87
XIII.	La semaine sainte	99
XIV.	La semaine de Pâques	109
XV.	Le début de la guerre	119
XVI.	Le départ de l'Empereur	127
XVII.	Gênes et Alexandrie	135
XVIII.	Montebello	143
XIX.	Palestro	148
XX.	Turbigo	157
XXI.	La bataille de Magenta	163
XXII.	Le lendemain de Magenta	176
XXIII.	L'entrée à Milan	183
XXIV.	Melegnano	191
XXV.	Avant Solférino	198
XXVI.	La bataille de Solférino	214
XXVII.	Après Solférino	228
XXVIII.	L'impératrice régente	236

XXIX.	Le prince Napoléon	247
XXX.	La situation diplomatique	256
XXXI.	Les derniers jours de la guerre	263
XXXII.	L'armistice	270
XXXIII.	L'entrevue de Villafranca	281
XXXIV.	Les préliminaires de la paix	289
XXXV.	La démission de M. de Cavour	299
XXXVI.	Le retour de l'Empereur	305
XXXVII.	Saint-Cloud	316
XXXVIII.	La rentrée des troupes d'Italie	330
XXXIX.	La fête de l'Empereur	345
XL.	La Toscane	353
XLI.	Parme	366
XLII.	Modène	372
XLIII.	Les Romagnes	378
XLIV.	Saint-Sauveur	388
XLV.	Biarritz et Bordeaux	398
XLVI.	Compiègne	405
XLVII.	La fin de 1859	417

IMP. CH. LÉPICE, 8-10, RUE DES CÔTES, MAISONS-LAFFITTE

www.ingramcontent.com/pod-product-compliance
Lightning Source LLC
Chambersburg PA
CBHW071058230426
43666CB00009B/1752